北京八达岭长城

北京古北口蟠龙山长城

北京司马台长城

辽宁丹东虎山长城

河北九门口长城

河北山海关

河北山海关老龙头

河北秦皇岛板厂峪长城砖窑

河北迁西喜峰口关

河北金山岭长城

河北易县紫荆关

山西雁门关外

山西偏关长城与黄河

山西左云镇宁楼

山西娘子关

陕西榆林镇北台

甘肃嘉峪关城

新疆库车克孜尔尕哈烽燧

明代戚继光像

长城漫话

董耀会 著

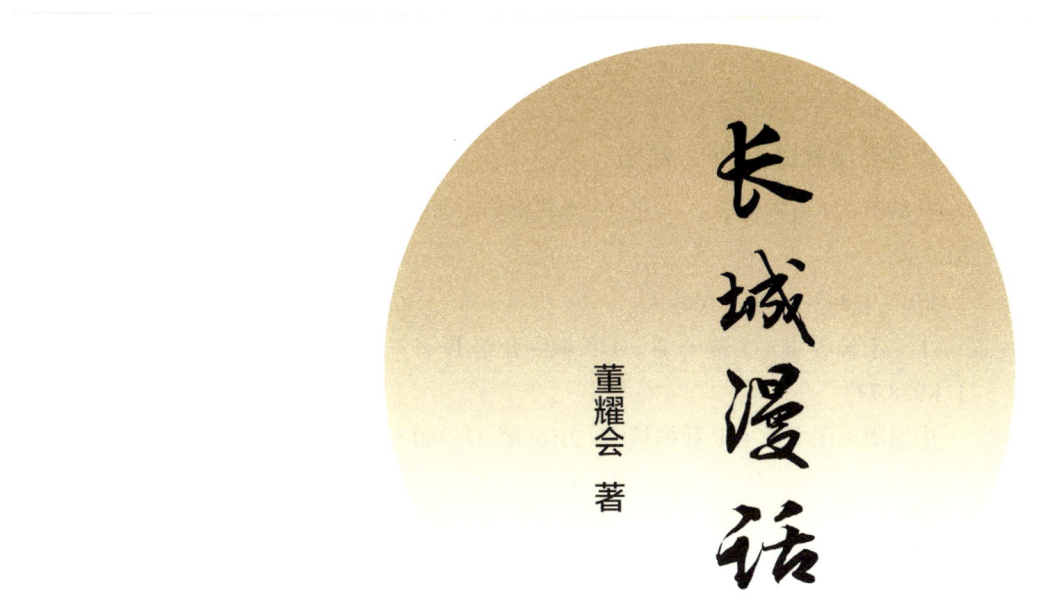

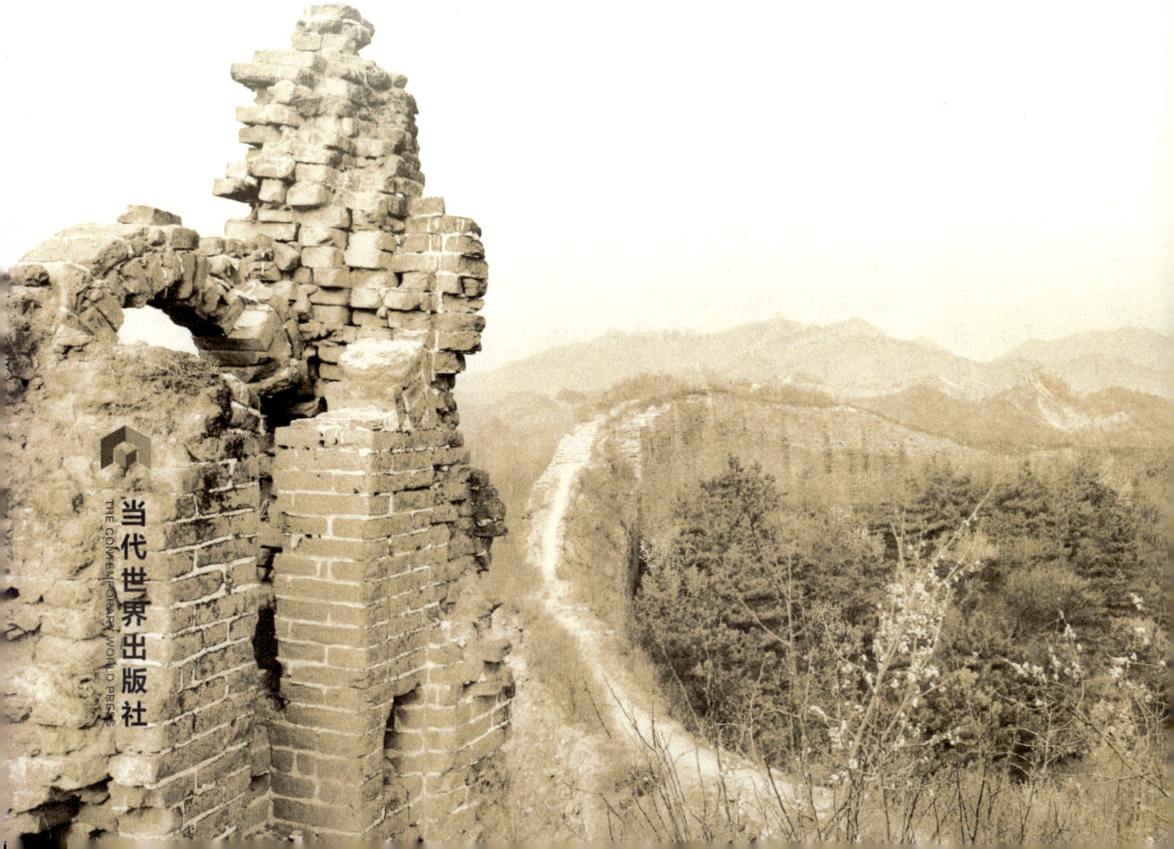

当代世界出版社
THE CONTEMPORARY WORLD PRESS

图书在版编目（CIP）数据

长城漫话 / 董耀会著 . -- 北京：当代世界出版社，2017.1

ISBN 978-7-5090-1166-9

Ⅰ . ①长… Ⅱ . ①董… Ⅲ . ①长城—介绍 Ⅳ . ① K928.77

中国版本图书馆 CIP 数据核字 (2016) 第 276480 号

书　　名：	长城漫话
出版发行：	当代世界出版社
地　　址：	北京市复兴路 4 号（100860）
网　　址：	http：//www.worldpress.org.cn
编务电话：	（010）83908456
发行电话：	（010）83908409
	（010）83908455
	（010）83908377
	（010）83908423（邮购）
	（010）83908410（传真）
经　　销：	全国新华书店
印　　刷：	北京华联印刷有限公司
开　　本：	710 毫米 × 1000 毫米 1/16
印　　张：	21
字　　数：	215 千字
版　　次：	2017 年 3 月第 1 版
印　　次：	2017 年 3 月第 1 次
书　　号：	978-7-5090-1166-9
定　　价：	42.00 元

如发现印装质量问题，请与承印厂联系调换。
版权所有，翻印必究，未经许可，不得转载！

自序

伟大，也要有人懂

鲁迅说过一句话："伟大也要有人懂！"长城无疑是伟大的，可我们真的懂得长城的伟大吗？大家都热爱长城，可是对长城的历史和长城在历史上发挥的作用又知道多少呢？长城之伟大可以用两个"长"概括：第一是长城体量之长，万里长城万里长；第二是长城历史之长，从春秋战国开始，长城已有两千多年的历史。

我们为中国悠久的历史而自豪，长城见证了中国悠久的历史。我们为中华灿烂的文化而骄傲，长城是中华文化的代表。1984年5月4日，怀着对长城的崇敬，我和伙伴吴德玉从山海关老龙头出发，跋山涉水历时508天徒步考察明长城，至今我已走了30多年的长城，读了30多年有关长城的书，时时感受长城的万里长，孜孜了解长城的千年史。

一

中国的长城到底有多长？国家文物局和国家测绘局已公布了其准确的长度：明代长城，东起辽宁丹东的虎山，西至甘肃的嘉峪关，总长8851.8千米。今天国家认定的尚存遗址遗迹的历代长城长度是21196千米，分布于北京市、天津市、河北省、山西省、内蒙古自治区、

辽宁省、吉林省、黑龙江省、山东省、河南省、陕西省、甘肃省、青海省、宁夏回族自治区、新疆维吾尔自治区等共15个省（直辖市、自治区）。

长城的历史到底有多长？据文献记载，从公元前656年就已建有长城，至今长达2600多年的历史。长城产生于春秋战国时期，列国争霸和兼并战争中的互相防守使长城修筑进入了第一个高潮。接下来就是秦、赵、燕三个诸侯国，在农牧交错地区修建起防御游牧势力侵扰的长城。秦灭六国统一天下后，秦始皇连接增修了战国长城，始有"万里长城"之称。此后的汉代、北朝时期直至明朝都修建了长城，明朝是至今最后一个大规模修建长城的朝代。

为什么明长城只有8000多千米，有遗址遗迹的历代长城却达到2万多千米？这是因为，历代长城并非都修在同一条线上，如秦始皇长城和明长城就完全位于不同线路，秦始皇长城在北边，明长城在南边，两者南北相隔数百公里。

二

认识长城，不仅要理解长城长度有多长、历史有多悠久，还要明白为什么中国古代要付出如此巨大的艰辛，持续地建筑和使用长城。

修建长城与中国的地理环境有关，中国处在一个相对独立和封闭的地理空间。东边和南边的大海，西面和西南的喜马拉雅山等山脉，构成了当时令人难以逾越的自然屏障。北方虽有荒漠，却跟广袤的草原相连接，强大的游牧民族威胁着中原人民。

人类文明一般伴随农业的产生而发展起来。古代中国如此，古埃及、古印度、古希腊、古罗马也是在由渔猎、采集向农业定居生活的过渡中形成并发展出各自的文明。中国古代文明形成过程中，初期定居农业形成的冲突，主要是不同部落联盟之间的战争。春秋战国时期各诸侯国之间为相互防御而建的长城，即属于这种战争的继续和发展。

战国时期，秦、赵、燕三个诸侯国建起防御匈奴等游牧势力的长城，开始了农耕民族对游牧民族的防御。秦汉时期创造了更为发达的农耕文明，与此同时，游牧民族也向草原文明迈进。而同期产生并发展起来的万里长城，其作用主要是在农耕向北扩展之后，规范、协调农耕和游牧两种生产方式所带来的矛盾和冲突。古代中国中原地区农业始终是立国之本，保护农耕就是保护国家经济命脉。从战国以来，长城一直肩负着这项使命。

三

毫无疑问，修建长城的主要作用是保护农业社会和农业生产。同时，有了相对和平的环境，也有利于草原游牧社会的稳定。一位从事农业发展史研究的学者认为，中国是世界栽培植物起源地之一，也是世界上土地利用率较高的国家之一。

根据自然生态环境的差异，经过长时期的调适和耕作结构的调整，中国形成了几个主要农业区域。其中重要的是北方的华北平原、关中平原，西部的成都平原，以及长江中下游平原。

华北平原是黄河流域农业文明的起源地，从辽金开始逐渐成为中国北方的政治中心。关中平原农业生产十分发达，从西周到唐代一直是全国的政治中心。长城的作用之一，就是直接保障和影响华北平原和关中平原，间接保障和影响了长江中下游平原。中国古代农业之所以能取得如此之高的成就，长城对农耕的保障作用也是其中一个重要因素。

四

长城是中华文明的象征,见证了中华民族从多元到一体的过程,伴随着中华民族的形成和发展。长城内外广大地区更是中国古代各民族碰撞与融合的舞台。中国具有人口众多和中华民族多元一体两大特点。这两大特点,都与长城地区有着密切联系。

长城地区农牧民族的碰撞与交流,促进了中华各民族之间的融合,有利于多民族统一国家的形成和发展。从这个意义上说,长城地区在中国历史发展进程中具有特殊的地位。长城这一军事防御体系是北方农耕地区的安全保障,多处于王朝的边缘地带,被视为王朝政治权力和势力范围的标志。长城保障农耕经济区的安全和稳定,亦保障了王朝的税赋。

大家经常讲到丝绸之路,汉代开通丝绸之路的同时一直向西修建长城,以保障这条东西方交往大道的畅通。古代的商旅从西方到东方,经千里戈壁,踏万里黄沙,风餐露宿,历经艰辛困苦。我们试想一下,如果没有长城的保护,骆驼商队再经常面对被抢被杀的危险,这条商路自然也就没有人敢走了。

五

在人类社会生活和人类文明的发展过程中,人类始终面临三大基本问题:生死存亡、文明发展和延续、构建文明发展秩序。长城存在的价值,与解决人类面临的这三个基本问题息息相关。

生死存亡是人类第一大基本问题。对于长城的修建者来说,不能解决生死存亡,一切都无从谈起。长城内外不同族群的利益有大小之分，有轻重之别。但是，与生死存亡相比，任何利益都处于次要位置。有序地交流与发展，总体上符合跨长城农牧双方的长远利益。

文明秩序的构建是人类第二大基本问题。人类有合作发展、寻求双赢或多赢的愿望，也有为了追求利益而互相排斥、对抗甚至争斗的行动。长城的存在调整了农耕和游牧两个民族之间的冲突，减少了双方发生战争的次数，部分地解决了不同文明之间的冲突问题。

文明的发展和延续是人类第三大基本问题。长城的存在对中华文明的发展和延续提供了保障。中国文明的起源和文明社会的形成，是一个连续性的发展过程，长城自产生之始就伴随着中国文明的发展。中国作为一个有着五千年文明史的古国，世世代代劳作、生息、繁衍在这片辽阔的土地上，保持着几千年绵延不断的历史进程，形成了独特的文化脉络与体系。

六

说到长城，人们首先想到的是攻打和戍守坚固的城墙，或永不散去的烽火硝烟。其实这并不全面，实际上发生在长城上的战争次数很少，在长城上打仗的时间就更少了。长城是一种预防战争的手段。

长城由绵延伸展的一道或多道城墙，一重或多重城堡以及沿长城密布的烽燧、道路、各种附属设施，巧妙借助天然险阻而构成。长城防御体系以城墙为主线，以关隘为支撑点，点线结合，纵深相贯。每道长城都长达千里甚至万里以上，所以从总体上说，长城是一项既绵长又巨大的防御工程。

从农耕和游牧民族碰撞与融合的意义上说，长城承载着中国人独特的情感和心理追求。那就是对和平的渴望，人心所向，不想打仗。

　　有了长城,战争的数量大幅度减少了,战争的规模也大幅度减小了。所以,我们说长城是和平的象征。

　　我陪同过很多外国朋友参观长城,陪同美国前总统克林顿、布什等外国政要参观长城时,都曾向他们介绍长城是和平的象征。道理很简单,如果想打仗,就直接用兵,不会投入这么大的人力、物力修筑长城,长城的修建者不可能背着长城去打别人。

　　2007年1月10日,我陪同以色列前总理奥尔默特参观八达岭长城时,他问我:"为什么要把长城建得如此坚固?"我说:"这反映的是中国古代长城修建者一种世世代代都不想打仗的愿望。"我解释说,如果只是权宜之计,就不必要费这么大的劲儿把长城建成固若金汤的样子了。在绝大部分时间里,不想打仗是长城内外的共同愿望。

七

　　2009年,国家文物局和国家测绘局首次联合公布了明长城的"家底":在总长度8851.8千米中,保存一般的有1104.4千米,保存较差的有1494.7千米,保存很差的1185.4千米,已经完全消失的有1961.6千米。历史上修建最好的、距现在时间最近的明长城,保存较好的城墙比例也只有8%,而已经永远消失的长城高达31%。

　　长城遭受破坏,主要有自然和人为两种因素。自然因素主要是地震、山体滑坡、洪灾、流沙、风雨侵蚀、植物生长等。人为因素由来已久,尤其是20世纪五六十年代开始人们拆毁长城的建筑,用于别处。那时候人们不认为是破坏,还认为是做好事,是废物利用。

　　今天也依然有些人为的行为会对长城构成破坏,比如说修建公路时把长城扒开豁口,有些工程建设在穿越长城的时候也会随意破坏长城。长城现在作为旅游资源越来越被人们所认识，但是在旅游开发的过程当中，有些错误的做法也对长城构成了破坏。

为了加强长城的保护力度，规范与长城相关的各种社会行为，2006年9月20日国务院颁布了《长城保护条例》，这一条例在当年12月1日就正式开始实施了。国务院为一个单体的文化遗产发布专门的行政法规，《长城保护条例》是第一部，到目前为止也是唯一的一部，但社会对《长城保护条例》的认识还很不够，更不要说执行了。

长城作为大地性的文物，与其他文物有很大的区别，比如《长城保护条例》中明确规定，国家对长城实行整体保护。过去有人也曾提出，保护一些尚存比较好的长城就行了。中国的长城之所以在全世界有这么大的影响，重要的原因就是万里长城万里长，如果长城仅仅有几个点，万里长城的价值和意义就大打折扣了。即便这样，长城依然在不断地损毁减少，令人痛心。

《长城保护条例》还第一次明确了长城保护的主要责任是各级政府，同时也明确了要充分地调动、鼓励各种社会力量参与到长城保护当中来。对各级政府规定了明确的要求，比如说长城保护规划要纳入到各级政府的社会经济发展的总体规划，长城保护的经费要列入各级政府的财政预算。但到现在为止，《长城保护条例》颁布10年了，这项工作依然没有得到很好的落实。

要为子孙后代留住长城，把这个重要的文化遗产传承下去，确保中华历史文化血脉不至于在我们的手中毁损掉，这是一个特别复杂的课题。最关键也最简单的一个前提是，我们得了解长城，得懂长城，然后才能保护好长城。在这本书里，我就和大家聊聊长城，共同感受长城文化的魅力。

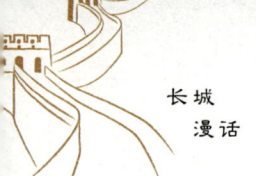

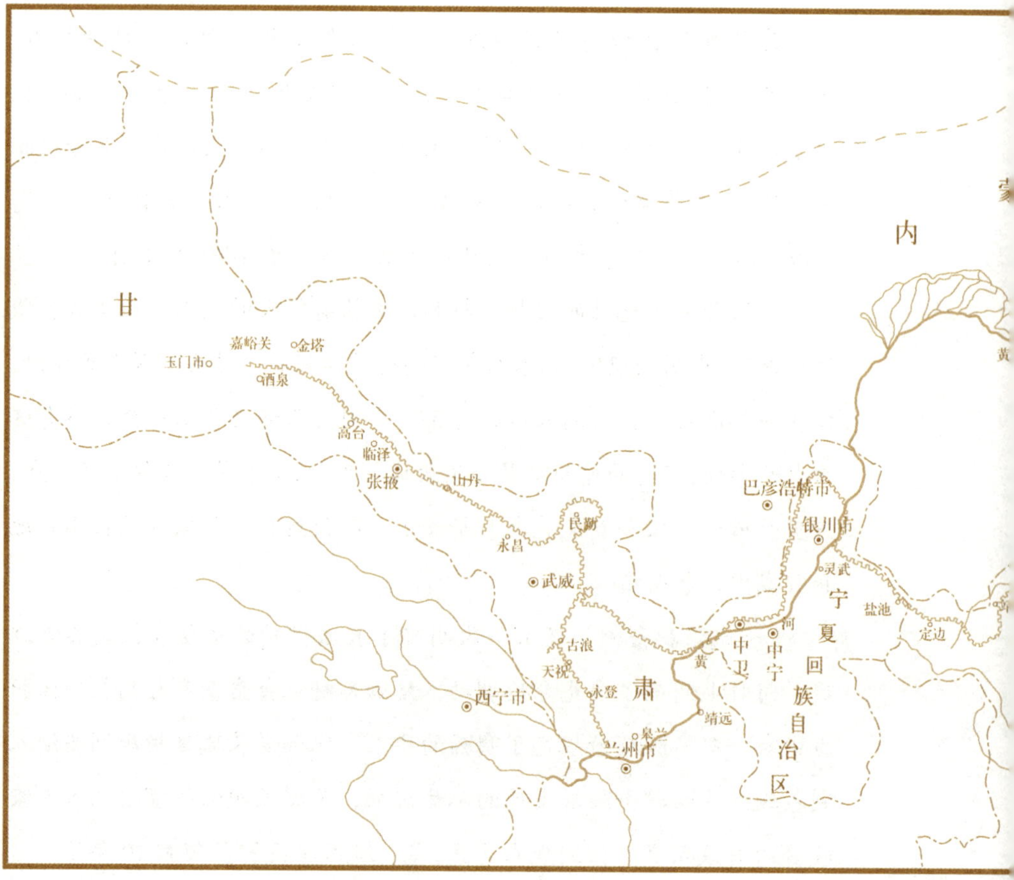
甘
内
嘉峪关
金塔
玉门市
酒泉
高台
临泽
张掖
山丹
永昌
民勤
武威
古浪
天祝
永登
肃
西宁市
兰州市
靖远
黄
河
中卫
中宁
巴彦浩特市
银川市
灵武
宁夏回族自治区
盐池
定边

自 序

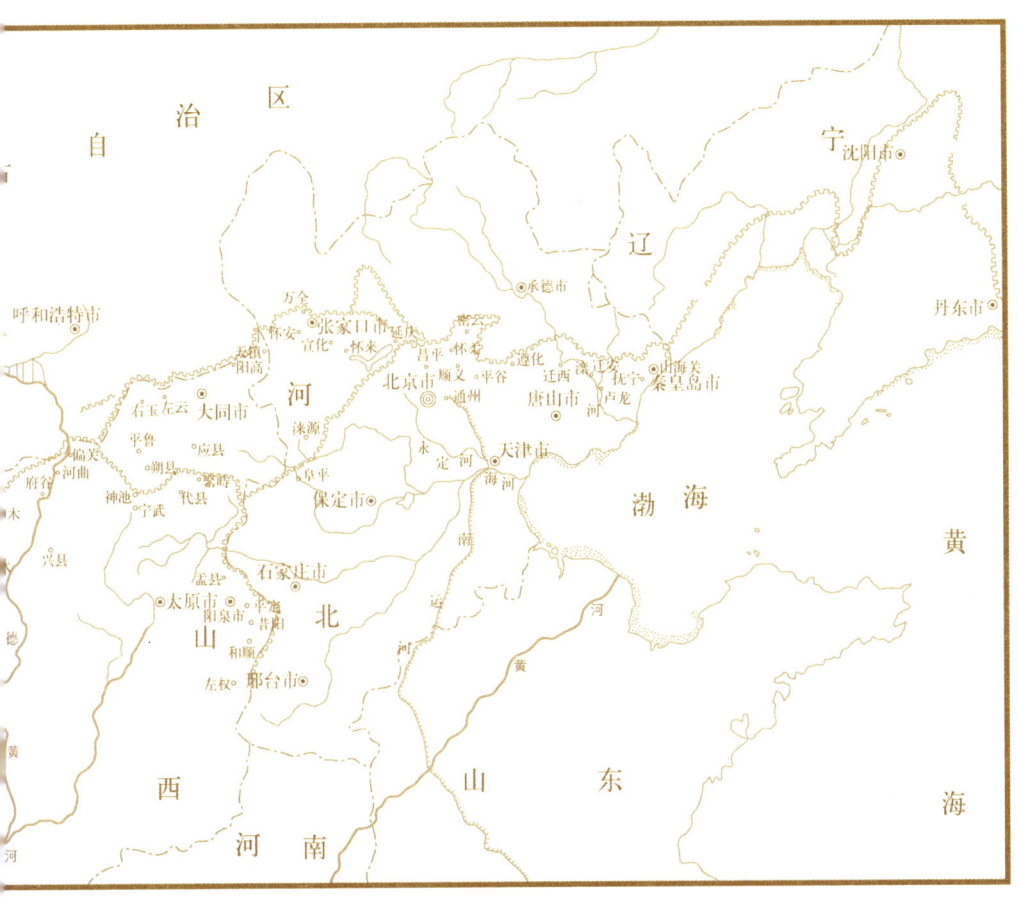

明长城总图

目录

第一章　　走近长城 / 001

第二章　　明长城东端 / 007

第三章　　九门口往事 / 023

第四章　　天下第一关 / 033

第五章　　思乡四百年 / 049

第六章　　沧桑喜峰口 / 057

第七章　　夕照黄崖 / 063

第八章　　京北之险 / 069

第九章　　戚继光的心事 / 079

第十章　　岁月之痕 / 089

第十一章　鹰飞倒仰 / 099

第十二章　关沟 / 107

第十三章　世界闻名的一段长城 / 115

第十四章　土木之变 / 125

第十五章　大好河山 / 135

第十六章	宣化的校场 / 145
第十七章	紫荆花盛放的地方 / 153
第十八章	红妆与长城 / 159
第十九章	大同烽烟 / 167
第二十章	西口 / 177
第二十一章	雁之门 / 185
第二十二章	河边小城 / 193
第二十三章	悠远的唢呐 / 203
第二十四章	长城线上的生意 / 213
第二十五章	岁月兴庆府 / 219
第二十六章	三关口 / 227
第二十七章	西风故城 / 235
第二十八章	马踏飞燕 / 245
第二十九章	张中国之掖 / 257
第三十章	醉卧沙场君莫笑 / 267
第三十一章	明长城西端 / 275
第三十二章	阳关故人 / 287
第三十三章	追寻长城的悠远 / 297

第一章

走近长城

除了人们再熟悉不过的长墙，山海关、八达岭、嘉峪关那几座天下闻名的关口，长城还有哪些不为人知的故事或秘密呢？

长城是中国人最熟悉的一处历史古迹，可藏在长城深处的那些精彩故事，普通人却很难轻易了解到。长城的意义，需要我们走进长城文化的深处才能感受得到，是引发我们感怀和感动的那些东西。

长城前后修了两千多年，也被使用了两千多年，很难一下子说清楚在这么长的时间里长城的身上究竟都积淀了些什么。

30多年了，我一直行走在各地的长城上。我特别喜欢在安静的月夜里欣赏长城，长城静静地横亘在月下。上千年的老墙，不言不语。秋风轻拂两旁的树叶，沙沙作响。

不知有多少人也曾经生活在长城两边，但能确定的是，当年很多人也会像我一样，站立在同样的月下。虽然不知道当年的他们都想了些什么，可置身在这样一个场景里，我就有了和古人对话的感觉。

我常年奔走在全国各地的各个历史时期的长城上，有过各种各样的心情，但从来不曾有过怀旧的感伤。因为长城有太多的未解之谜了，那些等着我们去解读的长城之谜，带给我的永远是新鲜。我特别喜欢从这个角度琢磨长城和我们这些当代人的关系。

长城是个特殊的人文概念，几乎和每个中国人的文化生活如影相随。做个中国人，就不得不了解长城，特别是探究长城文化的深处，从细节上认识长城。

长城代表着传统。从长城的身上，你能体会得出，那些曾经修建和使用长城的人们经历了什么、想的是什么、为什么苦恼、为什么喜悦。

这是一件很有趣的事，就像猜谜一样，古人给我们出了一道谜语，然后把线索埋藏在山海关、八达岭或其他不知名的长城段落上，让你通过行走长城找出谜底。

游览长城就是在识读中国的人文传统。一个人，一个族群，都不能离开传统。这就是长城最突出的现实价值。

太阳之下没有新事。很多事情因新奇而让我们兴奋，可对于长城来说一点都不新鲜，那些事情不知在它身边已经重复发生多少次了。两千多年了，虽然人和事不断再现，但只是换了衣冠而已。

一个人只能活几十年，一生中还有好多时光是在彷徨中摸索，从容享受人生乐趣的时间并不多。其实我们大部分时间探究的那些事理，长城在它两千多年的人生里已经探究得很明白了。而长城也很想把这些宝贝传给我们，只是它还想跟我们玩个寻宝游戏，谁有耐心和灵性，谁就能拿到宝贝。

在两千多年的时间里，为什么有数不清的人可以不知疲倦地重复着修建长城的劳作？

修建长城的那些人里，一定有很多人是无奈的，他们但凡有办法，也不会继续从事这种劳作；也一定有一些人是兴奋的，他们可能是长城工程的设计者、组织者，或是积极的参与者，他们乐见这一伟大工程成为现实；而被长城阻隔在另一边的人民也一定是不情愿的，这道墙阻挡了他们的战马和羊群。

现在经常说起安全和秩序问题，其实两千多年前，那些修建长

城的人们就在思索这件事了。即使在修筑长城已经不再成为一个政治任务的今天,安全和秩序问题依然没有得到彻底意义上的解决。从这方面讲,我们和历史上修建长城的古人仍然立在同样的起跑线上,想的和做的事情相差不多。

曾经生活在这片土地上的古人,认为只有一个"天下","天下"的中心就是他的家国,修建长城就是为了"天下"安宁。当今我们只是把古人认为的"天下"换成了"全球"而已。

面对安全、秩序和发展问题,我们不得不像古人那样,仰望同一个月亮,问天,问地,也问自己——怎样才能拥有一个真正安全的生存环境?怎样才能拥有一个让所有人都满足的答案?

长城存在的意义,就是古人穿越时空,透过长城这个载体,给予我们的某种指引。"指引"的内容是什么,因人而异,不同的人对长城有不同的看法,也就解读出不同的意义。在长城上,你感受到的精彩可能对别人来说毫无价值,你随手扔掉的东西也可能被他人当作珍宝,只要自己感觉有所得,便好。

现在我就带着大家,从东到西,漫步长城,边走边聊,说说长城上的那些关隘、长墙,以及那些曾经精彩的人和事。

行走在长城上,只要用心,就真的可以听到古人和平时期的欢声笑语和战争时期的战鼓厮杀。关山万里,让我们一起去长城上寻找被岁月掩埋的历史。

有生就有死,长城也一样,总要一步步走向衰败,这是一定要接受的现实。

我们翻开家传的老相册,看着奶奶的照片,看她从女婴到女童,再到妙龄少女。她在最美的年华当了母亲,再后来又成了祖母,满头白发，两颊枯皱。这是一个自然的发展过程，人与万物都要经历这个过程，当然也包括长城。岁月风雨中衰败的长城，正在安详地回味着两千多年岁月的喜怒哀乐。

我们可以去领略穿插在每一块长城砖里的故事，去体验长城的灵性。长城的残垣断壁，既述说着岁月的无情，也彰显着不屈的品性。

大家都知道，长城其实是一个军事攻防的产物，是那些古代政权为了维护自己利益而修建的防御工事。

长城自公元前7世纪左右开始修建，大多时候是一个防御性很强的军事工程。明朝末年之后，统治者不再大规模修筑长城，其军事防御作用也就慢慢淡化了。特别是冷兵器时代结束，现代军事装备登场，新时代的来临，长城固有的军事防御功能也就基本完结了。

漫长的时空里，长城经历过城墙内外不同民族间的交往，也看到了太多的无奈和血腥。历朝历代的文学作品里都少不了长城，一提到长城，表现出来的多是伤感和惆怅。

不过，军事作用停止之时，长城文化之魂却突然前行了，并且大放异彩。进入20世纪，长城在中华民族的精神文化方面开始起到越来越大的作用，特别是在中国受到外来侵略的危难时刻，长城鼓舞着国人为民族而战，那首广为传唱的《大刀进行曲》就特别能表现人民在长城附近抗战的英勇斗争精神。

我曾多次到北京北部的古北口长城脚下祭奠牺牲在那里的长城抗战英雄，没有人知道这些英烈叫什么名字，只知道他们在长城脚下为保家卫国献出了生命。

今天的长城已经成了世界各国游人向往的旅游胜地，"不到长城非好汉"已经成为中外游人熟知的一句名言。

全国各地的长城,历朝历代的长城,修建得都不一样。即使同一段的长城或是长城的同一处地方,在春夏秋冬时给你的感受也不尽相同,有时如激扬的交响乐,有时如悠扬婉转的轻音乐,不同的韵律却演绎着相同的感动。

不管你站在长城的哪一处,不管你有什么样的感受,只要触摸到长城,历史就不再是尘封的记忆了。感受长城的历史,就是感受你自己的精彩。如果在体验长城的时候能产生这样的心情,那便是触摸到了长城的真谛。

第二章

明长城东端

长城
漫话

咱们的整个行程，就从辽东长城开始，在明长城东端鸭绿江边的虎山起步吧。

京城以东的长城，包括明长城的辽东镇全部、分出昌镇和真保镇后的蓟镇长城，基本上处于今天的辽宁省、河北省、天津市、北京市。这段明长城关隘设置很密集，也是明长城最有故事的地段。

这里军事地位很重要，加之燕山等山脉沟谷纵横，为了控制交通要路，长城关隘修建得数量很多，质量也都很高。

虎山长城位于明长城辽东镇的最东端。

在长城上修建关隘，是为了控制出入。万里长城上的关隘太多了，各有特色，趣味十足。像山海关、嘉峪关、雁门关等，关城特别雄伟。而杀虎口、三关口等，非常险要，扼守着要地。虎山长城也自有特色。

辽东有长城，很多人是近些年才知道这件事的。我的家乡在山海关，少年时听惯了"万里长城东起山海关"这个"权威性"的说法，直到喜欢上长城之后，才知道山海关外还有长城。

辽东长城在明代历史文献里就有好多明确的记载，只是到了清初，就不再提及这段用以防御他们的长城，之后便渐渐被历史所淹没了。

明辽东防区主要在辽宁省境内，东起鸭绿江，西到山海关，地理位置特别重要。如同一条巨大的臂膀，横亘在北京以东，构成一道拱

第二章
明长城东端

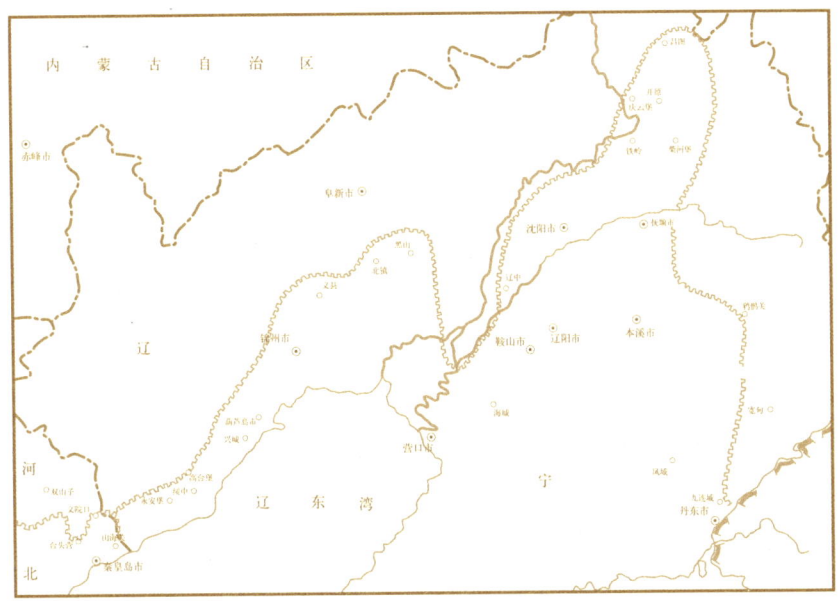

辽宁省所辖明长城图

卫关内的军事屏障。

明长城从鸭绿江畔开始，盘旋上虎山以后向北转而向西，自此一万多里的长城就穿山越岭，横跨沙漠，纵跃戈壁，一直抵达甘肃的嘉峪关。

20世纪90年代初，经过专家的考古发掘，确认定了虎山长城为明万里长城的最东端。2009年，国家文物局和国家测绘局公布了明长城的具体数据，认定明长城由辽宁虎山到甘肃嘉峪关，从东向西经辽宁、河北、天津、北京、山西、内蒙古、陕西、宁夏、青海、甘肃十个省（自治区、直辖市），途经156个县域，总长度8851.8公里。

"8851.8公里"这个数字虽然是总长度的代表，实际上这其中有2232.5公里只是利用了险峻的山体，并没有真正修建城墙，人工墙体

009

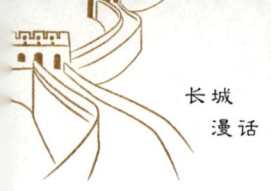

的长度是 6259.6 公里。

从丹东市区出发，沿着鸭绿江岸往上游再走大约 20 公里，在江南岸就能看到矗立着一座峭拔、挺立的山峰，这座山就是虎山。

虎山原来叫作马耳山，因为两个并排高耸的山峰很像两只竖起来的虎耳，所以又叫虎耳山，后来人们就习惯性地称其为虎山。

虎山临江的一面很陡峭，山的背面从半山腰开始，与另一座矮一点的山峰相连，长城就依靠着虎山峭壁，以此为起点，一直顺着山势而建，再向内地延伸。

辽东地区历史悠久，而且对于关内中原王朝的战略意义极大。

战国时期的燕国长城，就已经修到了辽东。秦汉时期，中原王朝更是极力向东西两侧延伸势力，对河西和辽东进行开拓。秦始皇时代的万里长城、汉代万里长城，和明长城一样，都向东伸展，跨越了整个辽东半岛。

我们现在看到的虎山长城，是依据考古确定遗址后重新修筑的。总体来说修得不错，既把考古遗址留了下来，又能让人们通过新修的长城感受到历史。虎山峰顶上矗立着一座烽火台，登上烽火台远眺，远处江雾朦胧，无限风光入目，令人心中顿生豪气。

今天的虎山长城已经成为著名的旅游景区。历史把虎山长城留在这里，见证着辽东大地上的风云变幻和鸭绿江上流逝的岁月。

辽宁省境内的明长城，是明朝为了防备东北蒙古兀良哈部和后来兴起的女真各部而修筑的。长城从山海关外长城向北的延长线，经辽宁省绥中县境内的锥子山，过葫芦岛、锦州、阜新、盘锦、鞍山、辽阳、沈阳、铁岭、抚顺、本溪、丹东等地，一直抵达鸭绿江畔。

明代辽东长城不是同时动工修成的，而是陆续修建完成，最初修

第二章
明长城东端

筑的仅是靠近山海关的一段长城。

明成化五年（1469年），为了对付蒙古族进攻，明廷命令辽东总兵韩斌动用大量的人力物力，连接起辽河流域的边墙，并且继续向东修建辽东边墙，一直修到鸭绿江边。

韩斌除了在抚顺到鸭绿江一线修建城堡，同时还砍伐林木，增设了长城墩台，修补断缺的城墙，充实军力。最终形成烽候相望、远近互援、彼此呼应的辽东长城防御体系。

到了成化六年（1470年），东州、瑷阳等地的长城还在不断修筑。成化八年（1472年）八月，还发生了女真人袭击修筑边墙的军士，杀死160余人的事件，直接惊动了皇上。后来在成化十五年（1479年）、弘治十五年（1502年）、嘉靖二十五年（1546年）；又补修了山海关到开原、瑷阳，开原到鸭绿江一带的长城。

经过多次增修补建，辽东长城就渐渐完备起来了。

坚固的长城增强了辽东明军的防御能力，但防御能力并不等于军事实力的全部，防御能力的增强并不等于解决了所有军事问题。如果长城建筑得很坚固，其他方面却是豆腐渣，那再强大的长城也只能是个摆设。

谁都知道，衡量军事实力要看军队数量、装备质量、训练水平、战斗能力等多个方面。战斗力是军事实力的根本，军队数量与装备质量是军事实力的基础，军事训练是提高军事实力的主要手段。

长城这种军事防御工程，具有增强防御能力、完善攻守的作用。长城能不能发挥作用，受很多方面因素的影响，其中政治因素的作用往往比军事因素的作用还要大。

仅从军事的角度来说，长城能不能发挥作用，也不仅仅取决于长

城是不是坚固。

长城没法跑,不能走,修建在什么地方,就固化在那里了,修建好之后能不能起到应有作用,取决于长城戍守和作战的军事力量,也就是要看戍守长城一方和进攻长城一方各自的军事实力、军事潜力和进行战争的军事能力处于一个什么样的状态,还要受整体政治条件制约。

辽东长城修建得是不错,但能不能如明朝官员们期望的那样,还要靠实战检验,"工程检验员"就是进攻辽东长城的蒙古、后金军队。

纵观中国历代的统一会发现这样一个有趣的特点,大多是北方统一南方。

三国由晋统一,南北朝由隋统一,五代十国由宋统一,宋金对峙由元统一……从分裂到统一的过程,通常都是由北方力量完成。

南方首次统一北方,是由明太祖朱元璋完成的。

朱元璋先消灭了几支起义军,然后再分路北伐,进攻元都。

元代至正二十八年,也就是明洪武元年(1368年),朱元璋的军队很顺利地攻克了元大都(今北京),元顺帝被迫退回"塞北"。

元王朝虽然被推翻了,可是军事实力依然很强大。元顺帝还控制着完整的政治机构和强大的军队,占有东到呼伦贝尔湖,西到天山,北到额尔齐斯河和叶尼塞河上游,南到现在长城一线的广阔地域。

那时,在陕西、甘肃有河南王扩廓帖木儿的18万军队。在辽东方面有右尉纳哈出指挥的20万军队。在云南还有元宗室梁王的一支军队。

元顺帝以辽东和陕甘为左右翼，居中调度，时刻都想卷土重来，再主中原。

所以在明朝初年，明军和北元战事不断。

洪武三年（1370年），元顺帝死去，其子爱猷识理达腊即位，称作昭宗，名号还是大元皇帝。这时，明军打败了扩廓帖木儿指挥的陕甘地区元军，扩廓帖木儿带领余部撤到和林。

为了彻底消灭对中原威胁最大的扩廓帖木儿军队，明军在洪武五年（1372年）正月，出动15万兵力，分三路攻击漠北。

朱元璋派大将军徐达作为中路，出雁门关攻和林；派左副将军李文忠作为东路，出居庸关攻应昌；派征西将军冯胜作为西路，出金兰（今甘肃兰州）攻甘肃。

明军的这次大规模出击，并没有获得预期效果。中路的徐达军队，在杭爱岭北被扩廓帖木儿军打败。东路的李文忠部，在不知道中路已败退的情况下，孤军深入漠北，在蒙古军队强大攻势下奋战而回。只有西路的冯胜，从金兰西进，打通了河西走廊。明王朝就是从这时起，放弃敦煌，划嘉峪关为界，开始经营河西防务。

明军这次信心满满，大举进攻漠北，但就整体而言是以失败告终。这次失败使朱元璋认识到，就他当时的力量是不可能解决掉北元军事力量的。

虽然明朝后来又组织了多次对北元的征战，但都采取以攻为守的战略，并没有改变总体防御的局面。

当时的中原地区由于先前连续不断的战争，人口锐减，大宅土地荒芜，南方地区的生产力也遭到了空前破坏。明朝要想巩固住统治地位，就得缓和社会矛盾，恢复生产。这就从根本上决定了明朝无力彻底解

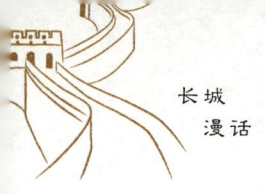

除蒙古方面在塞北的威胁和压力,修建长城就成了一个顺理成章的合适选择。

洪武四年(1371年)二月,元朝辽阳行省的领导人刘益归降了明朝。刘益这个人,目前在史料中未见详细记载,在《明史》中只有"元平章刘益以辽东降"小量记述,证明他在辽东当过官职。明朝就这样接替元朝,在辽东地区行使起管理权。

同年七月,明朝在辽阳城(今辽宁辽阳)设置了辽东都卫,并任命马云、叶旺为都指挥使,镇守辽东,管理辽东诸卫。马云、叶旺到了辽东以后,着手修建城郭,训练军队,兴建辽东防御工程,从这时开始,长城东端的军事防区在辽东地区开始布局。后来建的鸭绿江边的虎山长城,就是辽东长城的最东段。

北元势力退回草原后,朱元璋确定的政策是"固边自守、相机外延"。不过,朱元璋的指导思想重点是"固边自守",这一点在明朝军队攻克大都时表现得十分清楚。当时朱元璋颁旨,命军队不要追击,主要做好固守,防止侵扰。

取得了中原统治权后,朱元璋命令手下将帅们一定要缮治城池,加强防守。于是就开启了明朝在长城地区置卫所、修城池、建烽燧、守隘口的基本防御战略。

朱元璋的子孙们都很听他的话,强化防守的国家战略为之后的历代皇帝接受和延用,于是长城得以越修越坚固了。

朱家子孙在修长城一事上和朱元璋保持了高度一致,使朱家政权的北部边防得到稳固,所以说朱元璋的决断是很高明的。

但朱元璋还有一些很高明的主张没有被他的继承者们坚持下来,比较可惜。比如朱元璋担心由于太监干政,影响朱家社稷,就专门铸了一块铁牌,悬挂在宫门上,铁牌上写着"内臣不得干预政事,预者斩"。可这块牌子没起多大作用,从明永乐年间(1403年—1424年)起,宦官就逐渐得势了。直到崇祯皇帝吊死煤山,明朝的大小宦官们都一直非常活跃。可以想象,朱元璋在另一个世界看着他一手确立的朱明天下被前赴后继的太监们搅得混乱不堪,还祸及长城,该急成什么样。

辽东镇就多次受太监破坏。《明史》为太监作传并不多,但其中却有《高淮传》。高淮,天津宝坻县人,娶妻几年后就进宫当了太监,并逐渐得到万历皇帝的赏识。

万历二十七年(1599年),高淮奉旨前往辽东,负责监管、征收辽东的矿税。朝廷规定辽东地区矿税为3.6万两白银,高淮完成了朝廷下达的指标,也顺带为自己敛财2.1万余两白银。他手下的人即便效仿者少,贪腐总数也了不得。这些人把本来经济繁华的辽东搅得商贾断绝、城邑罢市、闾里萧条、人迹稀少。

万历三十六年(1608年)四月,高淮因发放劣马、扣除军粮,引起辽东镇长城守军哗变,苦大仇深的人甚至喊出了"誓食淮肉"的口号。同年六月,锦州、松山等长城沿线守军也因不满高淮克扣军饷而造反了。

高淮恶人先告状,诬告广宁前屯卫将领唆使士兵追杀税使、哄抢贡粮,万历皇帝偏听偏信降旨"抓"办。无辜的将领被逮,更激怒了辽东将士们的怒火,一时间高淮设在山海关的"辽东税府"衙门被围。

朝野上下一片声讨高淮的呼声,万历皇帝知道众怒难平,只好再次降旨抓人,这回被抓的却是高淮了。

辽东长城在明万历时代以前的主要防御对象是蒙古各部族，后来转为防御逐渐强大起来的女真族。

明万历四十六年（1618年）四月，努尔哈赤在兴京（今属辽宁抚顺）"告天"誓师，宣读了"七大恨"讨明檄文，对明朝宣战。

努尔哈赤的"七大恨"是恨明朝，那么明朝怎么招惹了努尔哈赤，让他这么恨呢？

努尔哈赤说，一恨明朝无故杀害他的父祖；二恨明朝偏袒叶赫和哈达部，欺压了建州部；三恨明朝违反双方划定的范围，还强令他抵偿所杀人命；四恨明朝派兵保卫叶赫部，抗拒建州；五恨得到了明朝支持的叶赫部背弃盟誓，将其"老女"转嫁给蒙古；六恨明朝逼他退出垦种的柴河、三岔、抚安之地，不许他收获庄稼；七恨明朝官员作威作福。

看来努尔哈赤恨意满满，怒火填胸，但这更多是努尔哈赤作为一个政治人物的恨，并不只是个人情感的恨，他发布"七大恨"是为了点燃女真部攻击明朝的这把火，从而实现他的政治图谋。

随后，努尔哈赤就分兵两路，攻击明长城防线。他派左四旗攻东明、马根单等城堡，自己亲率右四旗和护军营攻抚顺城。

努尔哈赤先是以要在抚顺开设马市为名，麻痹明军，再派士兵藏在车中，向城门接近，当城中军民出城赶集市时，再突然杀入城内。之后，努尔哈赤指挥大军攻至城下，内外夹击守军。明军守将李永芳见大势已去，被迫出城投降，抚顺城失守。

五月，努尔哈赤又率军连续攻陷了明长城的抚安堡、花包冲堡、三岔儿堡等大小11座城堡。

七月,努尔哈赤率军攻打明军的鸦鹘关、清河堡。清河堡号称天险,明将邹储贤领兵一万,据堡而守,发射炮火轰击后金军。

明军的炮火虽然很猛,但当时火炮威力毕竟有限,而后金军凭借着优势兵力,只在板车的掩护下就接近了城墙,凿挖城角,攻入城中。邹储贤率兵迎击,终因力不能支,战死于巷战,所率明朝士卒全遭杀戮。

明朝怎能容忍这个局面,于是决定出兵惩罚女真人,任命兵部左侍郎杨镐为辽东经略,准备大举进军赫图阿拉,彻底消灭努尔哈赤。明朝为这次战争投入的兵力仅援军就有8.7万人,加上叶赫兵一部、朝鲜军队1.3万人,共约11万。虽然,明军号称20万之众,战斗力却很差。后金的兵力约6万人,却都是精兵强将。

万历四十七年(1619年)二月,明军分四路围剿后金,意图会师赫图阿拉。努尔哈赤采取了"凭你几路来,我只一路去"的作战方针,集中八旗优势兵力打歼灭战,分头击败了明军。这就是历史上著名的萨尔浒之战。

萨尔浒之战改变了明与后金力量的对比,自此后金从战略防御转为战略进攻,连着攻陷了开原、铁岭各城,并乘胜攻取辽宁各地,一举突破了明长城防线。

从此,明辽东镇长城的辽河以东地区,一直处于明与后金的拉锯状态。今天你攻进长城来,明天我打出长城去。但很快,形势急转直下,明朝的防线只能一步步退缩了。

此时的明朝军事防线只有辽东地区的西部,明王朝最后几十年的主要军事力量都调到了这里。如果山海关以东的长城防线被后金军队攻溃,后金的兵马就会如滚滚洪流,涌入山海关,很快就能吞没华北

大地,涌进北京城。

后来,历史上演的也正是这一幕。当时,长城防御体系并非不够坚固,但在政治、军事力量等多方面因素的共同作用下,在后金军队的滚滚洪流面前,明朝政权竟然岌岌可危。

万历末年,明朝官员孙承宗作为辽东经略时,面对残局挺身而出,并且力挽狂澜,他积极整治军队,修缮长城关隘城堡,止住溃败之势,渐渐稳住阵脚。

之后,孙承宗又向朝廷建议集兵18万,夺回并分守瑷阳、抚顺、清河各处要地,还挑选精悍兵卒,轮番袭扰,使后金军疲于奔命,然后再择机进攻。

从这个计划可以看出,就连雄心勃勃的孙承宗也不敢奢望一下子就能收回东至鸭绿江畔的长城一线。

孙承宗在辽东的一年多时间里,后金方面果然没敢轻举妄动。

明天启元年(1621年),明熹宗朱由校即位,太监魏忠贤擅权。在魏忠贤一派的诬陷迫害之下,明朝名臣熊廷弼也被罢官。后金乘机攻占了沈阳、辽阳等大小70余座城池,已经兵强马壮的努尔哈赤,大张旗鼓地迁都沈阳。

明朝这边,却由魏忠贤手下的阉党分子高第接替了孙承宗,出任辽东经略一职。

高弟这个人并不懂军事,从来就没打过仗。上任后,他推翻了孙承宗的部署,下令撤掉宁锦防线,把山海关外的兵力全部撤到关内。

于是，山海关外驻防长城的明军将士，除了镇守宁远城的袁崇焕一部外，都撤到了山海关里，明朝山海关外的军事防御实际上顷刻瓦解了。

面对努尔哈赤军队的强大攻势，明朝并不缺少士兵，也不缺少能统兵征战的官员，袁崇焕就做出了一个很出人意料的决定，他抗命不从，坚决守卫宁远城。

结果努尔哈赤的十几万军队竟然攻不下袁崇焕万余人防守的宁远城。努尔哈赤也在这场战斗中被明军火炮打伤，数月后不治而死。

要知道，在天启、崇祯年间，明王朝内忧外患，多需要袁崇焕这样满腔热血、尽忠报国的人力挽狂澜、拯救危局。

袁崇焕率明军，在辽东屡次挫败后金军队，被后金视为心腹大患，必欲除之。可出人意料的是，明崇祯皇帝竟然于崇祯三年（1630年）以谋叛的罪名把袁崇焕抓了起来，数月后还以最残酷的千刀万剐的形式将其处死。

令人叹息的是，袁崇焕没有战死沙场，却死于自己拼命效忠的明朝皇帝之手。

崇祯皇帝在煤山自缢前，曾经留下了一句话，叫作"朕非亡国之君，诸臣皆亡国之臣"，他话中的含义显然是在指责手下大臣误国。后世有好多人同情崇祯皇帝，认为他很勤政，也不奢靡，一登基就铲除了魏忠贤的阉党，比他之前的天启皇帝强得多。但他把明朝灭亡的责任都推卸给大臣，肯定不合适，单就处死袁崇焕一事就很不应该，显示了他刚愎自用的性情。

此前，是袁崇焕勇于承担职责，守卫孤城宁远，挫败了努尔哈赤。崇祯皇帝处死袁崇焕之后，皇太极长出一口气，他的强硬对手终于在

崇祯皇帝的帮助下解决掉了。

有个说法是,崇祯皇帝是像三国演义的蒋干中计一样,中了皇太极的反间计,认为袁崇焕要投奔皇太极才杀了袁崇焕。这个说法就如同说后来的吴三桂为了陈园园才冲冠一怒投靠了清军。都只是说法而已。

崇祯皇帝应该看得很清楚,袁崇焕一直在全力抗击皇太极,当然明白袁崇焕不可能来个180度转向,突然投奔了皇太极。崇祯帝之所以杀掉袁崇焕,首要的因素是认定袁崇焕私下里结党,而且是和朝中的内阁大学士钱龙锡结党,这应该是令崇祯帝惊惧不已的一个判断,才促使他动了杀心。

钱龙锡是朝中影响力很大的重臣,袁崇焕则是长城防御一线上握有重兵的军事统帅,这两个人结起党来,祸患非同小可。当初袁崇焕正是在钱龙锡的极力推荐下,得以出任明朝辽东镇军事统帅的。后来,袁崇焕以不听号令为理由,杀掉了另一位明军主帅毛文龙,也被崇祯怀疑他是在钱龙锡支持下才做的。

再加上袁崇焕被审讯时,被问到钱龙锡与毛文龙被杀一事的关系时,竟然很坚决地说,这事完全是自己一人的主张,咬定与钱龙锡没有任何关联。这就更让崇祯帝怀疑他这是在全力保护同党。

中国历史上有不少的功臣被以"谋反罪"被杀头,其中有很多的人是被冤枉的。其实他们有没有谋反的事实,有没有谋反的想法,并不是最关键的问题。在皇上眼里,最重要的是看你有没有谋反的实力,有这个实力,就构成了对皇权的威胁。

崇祯帝后来搞清楚了,袁崇焕并没有与钱龙锡结党,钱龙锡侥幸躲过一死。袁崇焕死了,钱龙锡想谋反也没有了谋反的实力,更别说对皇权的威胁。

崇祯帝这个人既多疑又刚愎自用，大臣人人自危，这给善于察言观色者施展才能提供了机会，他这样的帝王虽然勤于政事，却无法力挽狂澜。在李自成、皇太极和崇祯帝的"共同"推动下，明朝灭亡就很自然了。

不论是天启年间的党争问题，还是崇祯时期的滥杀朝臣与边将，都是政治上出了问题。明朝政治腐败时，孙承宗、袁崇焕这样忠于朝廷、忠于传统价值观的官员和将领，是没有出路的。这种情况下，长城修建得再坚固也没有用。

当然，在同样实力和同样情况下，修长城比没修长城要好，长城坚固些比长城破败损毁好，这是毫无疑问的。

长城垮，则明朝亡，但长城并不仅仅指城墙。明朝辽东地区的运转和维系，就是由于过度依赖长城固化的防御体系，却在不断的内耗中失去最后的防御能力的。

明朝的灭亡，与长城是否坚固基本无关，是一个持续渐进的过程。最后，支撑一个王朝精神的长城体系崩坍了，在清军和李自成农民军的夹击下，明朝只能气尽而亡了。

第三章

九门口往事

我们走过辽东长城,来到山海关北部的崇山峻岭中。这里有一条九江河从大山深处流出,从河北流向辽宁。此处的长城是辽宁与河北两省的分界线。

九江河上矗立着一座九孔城桥,陡峭的山岭上盘旋着一段至今保存比较完好的长城,这就是九门口长城。

长城很多段线都建在山区,长城的关隘就是封堵既能流水也能通行的山谷,所以长城沿线关隘中有许多扼控河流的水门。九门口,就是长城水门中一处最具有代表性的地方。如今九江河已经干涸了,明清时期这条河水还是很大的,特别是在每年的雨季。

九门口位于今河北省秦皇岛市抚宁区,南距古城山海关15公里,是山海关防御体系的组成部分,可以说与山海关是唇齿相依的关系。

九门口一带的长城,最初是在北齐时代修建的。九门口明长城则是在明洪武年间(1368年—1398年)由大将军徐达指挥修筑的,后来又进行了多次修复加固。

现在的考古发掘中,在九门口出土了很多铁炮、石炮、青花瓷碗等文物,这些器物就是明代军事防御情况和军士驻守长城生活的反映。

今天的九门口长城旅游景区,实际由辽宁省绥中县管辖。因为在20世纪80年代全国开展"爱我中华,修我长城"活动时,辽宁社会

第三章

九门口往事

我们走过辽东长城,来到山海关北部的崇山峻岭中。这里有一条九江河从大山深处流出,从河北流向辽宁。此处的长城是辽宁与河北两省的分界线。

九江河上矗立着一座九孔城桥,陡峭的山岭上盘旋着一段至今保存比较完好的长城,这就是九门口长城。

长城很多段线都建在山区,长城的关隘就是封堵既能流水也能通行的山谷,所以长城沿线关隘中有许多扼控河流的水门。九门口,就是长城水门中一处最具有代表性的地方。如今九江河已经干涸了,明清时期这条河水还是很大的,特别是在每年的雨季。

九门口位于今河北省秦皇岛市抚宁区,南距古城山海关15公里,是山海关防御体系的组成部分,可以说与山海关是唇齿相依的关系。

九门口一带的长城,最初是在北齐时代修建的。九门口明长城则是在明洪武年间(1368年–1398年)由大将军徐达指挥修筑的,后来又进行了多次修复加固。

现在的考古发掘中,在九门口出土了很多铁炮、石炮、青花瓷碗等文物,这些器物就是明代军事防御情况和军士驻守长城生活的反映。

今天的九门口长城旅游景区,实际由辽宁省绥中县管辖。因为在20世纪80年代全国开展"爱我中华,修我长城"活动时,辽宁社会

第三章
九门口注事

各界捐款复修了这段长城。30多年前我刚开始关注长城保护工程时，就经常去那里。

长城自东向西，像巨龙般翻越雄峻的高山，跨过湍急的河流，都是遇山连绵不断、遇水巧妙设防。九门口长城就是遇山不断、遇水不绝的典型。

九门口关也叫一片石关，这是因为它的又一个建筑特点而得名。

九门口关是在九江河上修筑的九孔城门，河水从长城内穿过九孔城门，向长城外流去。河床上铺砌着花岗岩的过水条石，河水就从上面漫过。这里的建筑真是独具匠心，设计者取法自然，因地制宜。

为了巩固地基，硬化常年遭水冲击的河床，工匠结合当地的地理条件，在百多米宽的九江河床上铺了约7000平方米的过水条石。

所铺的条石一律都是纵行铺砌，条石边缘与桥墩周围的过水条石四面凿有燕尾槽，用铁水浇注成燕尾形铁楔相连接。这样一来，就把铺在河床上的条石连为一体了。这片远看形成整体的过水条石就是"一片石"名称的来历。

一片石河床上横跨着九座泄水的城门，城门上架着一条巍然高起的水上城桥。两个泄水门洞中间的桥身，是由窄到宽的分水型体建筑。桥城两端各筑有一座围城，远看恰似两座桥头堡。九座水门每个门洞宽约5米，河床水面至券旋石高约7米，再加上垛口高达10米。

有资料显示，初建九门口关的时候并没有同步建造这两座小城。两座城是在天启六年（1626年）所筑，正是明朝防御清军进攻的关键时期。

九门口关城由墙体、内城、九江河上的九孔护城汇水城门组合构成。

关城的内城周长约1000米，墙高约8米，墙身是砖石结构，顶宽约5米，底宽约6米，外侧有垛口，里侧有女儿墙，看上去特别壮观，是一座壁垒森严、宜守难攻的坚固关隘。

对于古人建筑长城时的奇妙构思常常让我们惊叹不已。今天的许多游客看到长城后，无不发出由衷的赞叹："太伟大了，这么大的工程当初是怎么修建的啊？"

古人在修建长城时，首先考虑的当然是其军事功能，在此基础上，还要筑得坚固雄伟、美观大气。

在长城的建筑材料选用和建筑结构设计上，最基本的原则是就地取材、因材施用。

修建全线长城的结构方法主要有夯土、石筑、砖石混合等形式。在沙漠中还利用了红柳枝条、芦苇与砂粒层层铺筑的结构，真称得上是巧夺天工。在今甘肃玉门关、阳关和新疆境内，还保存了两千多年前西汉时期长城构造的遗迹。

长城在施工过程中，慢慢长线，工地一定很多，施工管理就成了一项十分复杂的工作。为了便于管理，历代多采取分段包修、各负其责的办法。当时的指挥者怎样做施工前的准备工作，我们不得而知，但肯定是要事先绘制施工图纸、制定技术和操作规范。让施工者了解设计要求及细部、节点的具体做法，弄清有关技术资料以及对长城工程质量的要求，才能保证施工的正常有序进行。

在长城相关文献和碑刻中，我们发现了一些"样楼""样墙"方面的史料或文物，记录的就是修建长城时如何做施工前的培训。

在修筑长城的过程中，一般的建筑材料都是就地取材。当地有什么材料，就用什么材料建。由于长城沿线地理状况不同，有高山峻岭，

第三章
九门口注事

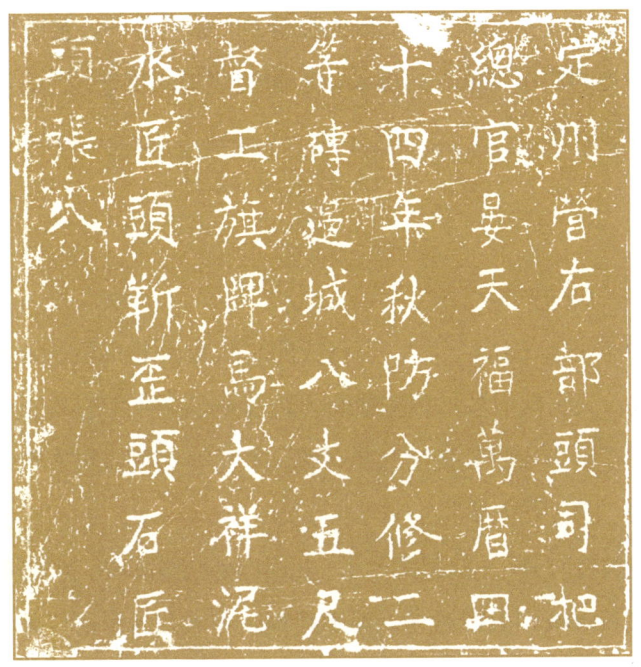
河北省青龙县长城修建碑文

也有沙漠戈壁和黄土高原。为了避免建材长距离运输，节约人力物力，明朝以前修筑的长城在山区均采用石砌，在平地则都用黄土夯筑。不像现在，建设工程所需材料再远都没关系，都能想办法运来。在今内蒙古包头市固阳县北色尔腾山脊上的秦始皇长城，因山上无土，全是岩石，修建时就地开采石块，垒砌城墙。

明代修筑长城所用的建筑材料，除了土石之外，还有大量的砖、瓦和石灰。这些建筑材料也都是就近开设石场、窑场，采石和烧制砖、瓦、石灰。在北京市八达岭长城、河北省秦皇岛市等地的长城附近，都发现过当年专门开设的采石场和砖窑。

规模庞大的长城就是这样建起来的。长城雄伟的外观所产生的建

筑美感,是长城今天依然具有极大震撼力的原因之一。尤其九门口关,就是巧妙地利用了河流、山体及山河相衔之地的特殊地形,就地取材而建的雄伟关城。

崇祯十七年(1644年),李自成的军队攻占北京后,分兵长途奔袭山海关。吴三桂引多尔衮率领的清兵入关,清兵首先攻占了九门口,对李自成军队形成内外夹击之势,终使长途奔袭的农民军败北,这就是著名的"一片石大战"。

每当黄昏时分,一抹斜阳西下,九门口外山风阵阵,树木刷刷作响,河水倒映着古城和山野风光,美不胜收。今天,这里已经闻不到任何血雨腥风的味道,可站在关城上,却不难想象曾经金戈铁马、血溅山河的激烈场面。

长城再坚固,也挽救不了一个已经从内部腐烂的垂死王朝。吴三桂与陈圆圆的故事,并不能构成清王朝崛起的动力与机遇。清兵入关早晚要成行,不管有没有吴三桂这个人物。

李自成兵败九门口,接着大败于山海关,很快又兵溃京城,主要原因还是流寇思想造成的结果。

刚刚夺取政权时,李自成和将领们并未考虑如何巩固政权,而是一进城就开始腐化堕落,贪享荣华富贵。农民政权从内部腐烂之时,就注定了日后失败的必然。

在1924年的直奉大战中九门口也是一个非常关键的战场。第二次直奉大战是直系军阀与奉系军阀为争夺北京政权而进行的战争,两军交战的主战场在山海关外。奉系军队前敌总指挥张学良的指挥部，就设在山海关外的孟姜女庙。山海关的正面战场，直奉双方都集中了主力部队。直系部队凭借有利地形，居高临下，可攻可守，奉军始终攻不破直系军的防线。

在山海关正面，形成胶着对峙局面的时候，奉军两位大将郭松龄和姜登选，却为是否攻打九门口而闹起内讧。在战争间隙，奉军召开了一次军事会议，郭松龄主张突袭九门口，而军长姜登选不同意把正面部队调到九门口。两人争得脸红脖子粗，最后竟然对骂起来。

郭松龄坚持自己的意见，亲自率三个步兵团和一个山炮营突袭九门口，以最快速度向守军发起猛烈攻击，获得成功后一举扭转战局。奉军部队由九门口入关，很快就占领了进可攻退可守的石门寨，对直军主力形成包围之势。

九门口、石门寨的失守，打乱了直军的战略部署。处于劣势的直军，正当准备与奉军最后一搏的时候，传来了冯玉祥北京兵变的消息。直系第三军总司令冯玉祥，10月23日于开赴古北口的途中突然回师北京，包围了总统府，监禁了总统曹锟，发动了震惊中外的"北京政变"。

在山海关前线督师的吴佩孚，急忙撤军回救北京。奉军张宗昌部已于28日攻克长城冷口关，进占滦县，截断了山海关一线的直军归路。郭松龄部又从石门寨直扑秦皇岛，于是山海关一线的直军土崩瓦解，溃败下来。

直军将领冯玉荣因失守九门口，服毒自杀，吴佩孚得知后大惊失色，直系兵败如山倒，第二次直奉战争以奉军的胜利宣告结束。这场战争，完全是使用枪炮的战争，奉军坚取九门口足以证明其军事地位的重要。

人们说起长城,首先会想到其军事用途,进而联想到战争。作为军事防御工事的长城,想必是三天两头地发生战争吧?

中国历史上究竟发生过多少次战争呢?我们可以参照一下解放军出版社2002年出版的《中国历代战争年表》中的统计。自公元前30世纪的传说时代,到1911年清朝灭亡,近5000年的时间里,共发生了3806次战争,其中:

公元前30世纪到公元前2070年的传说时期,发生5次;

公元前2070年到公元前771年的夏、商、西周时期,发生45次;

公元前770年到公元前476年的东周时期,发生395次;

公元前475年到公元前221年的战国时期,发生230次;

公元前220年到公元207年的秦朝,发生10次;

公元前206年到公元24年的西汉时期,发生124次;

公元25年到公元220年的东汉时期,发生277次;

公元220年到公元265年的三国时期,发生71次;

公元265年到公元316年的西晋时期,发生84次;

公元317年到公元420年的东晋时期,发生272次;

公元421年到公元580年的南北朝时期,发生178次;

公元581年到公元617年的隋朝,发生88次;

公元618年到公元906年的唐朝,发生193次;

公元907年到公元960年的五代十国时期,发生73次;

公元960年到公元1127年的北宋、辽、金、西夏时期,发生255次;

公元1127年到公元1279年的南宋、金、蒙时期，发生294次；

公元1280年到公元1368年的元朝，发生208次；

公元1368年到公元1643年的明朝，发生578次；

公元1644年到公元1911年的清朝，发生426次。

鉴于研究方法和认识角度不同，可能对于中国历代战争的统计还会有其他不同的结果，但中国古代军事行动的总体状态不会产生太大差异。

不过，发生在长城这里的事实却是，在历史上大部分的时间里，长城附近是很少发生战争的。即使是发生过战事的长城某些段落，与其保持和平的时间相比，战事持续的时间也是微乎其微。

中国古代战事频繁，打仗的时期远远长于不打仗的时期。可在长城这里，作为一个用于战争的设施，自修筑后却很少发生过战争，真是耐人寻味。

其实，这种结果究其原因，恰恰体现出长城的作用。修建长城的目的是"非战"，是为了求得不打仗或少打仗，而历史事实也总体符合长城修筑者的预期。

不管怎么讲，战争还是不发生的好。望着九门口山峰之上，古长城巨龙一般腾越于崇山峻岭间。登上城楼，侧耳静听那山风声、松涛声、虫鸣鸟啼声，一派自然和谐的景象总会引人遐思。若这世间能消灭战争，洗尽甲兵永不用，该有多好！

不是不想和平，而是仅靠和平的愿望是难以实现和平的，这个道理早被古今中外大量的历史事实证明过多少回了。

不管威胁来自内部还是来自外部，想打仗的一方与想和平的一方，在力量对比失衡的时候，是不可能取得和平的。

　　面临战争威胁的时候,不想打仗的一方往往是实力较弱的一方。在没有足以遏制战争的实力时,仅强调和平的愿望,决不可能缓解威胁,也不可能为和平创造条件。

　　即便是不想打仗的一方与军事进攻方达成了某些协议,实力强的、发动军事进攻的一方也不一定遵守协议,他不管防御方是否严格执行了协议。要想获得和平,还得靠实力,古时修建的长城就构成防御方实力的一部分。

第四章

天下第一关

长城漫话

我的家乡在山海关,它位于明代万里长城唯一与大海相交汇的地方。30多年前,那里曾是海军的一个雷达站。1984年我和吴德玉徒步考察明长城之前,多次来到老龙头,曾经在这里的沙滩上写过"长城,我爱你"。决心徒步长城出发那天,我又在沙滩上写下了几个大字——"老龙头,等我从嘉峪关回来再看你!"

把这些虽简单却是最想说的话写在沙滩上的情形,我至今仍记忆犹新。那些字虽然当时就被海水带走了,它却一直留在了我的心里。

存在心底的记忆比写在沙滩上更久远,我相信这份感觉不会被大海冲刷掉,更不会被岁月消磨掉。一份感觉成为信念,留在心底,才会永恒。

以前一些词典和教科书里都说:万里长城东起山海关,西至嘉峪关。这么解释有一个很重要的原因,山海关和嘉峪关都是明初洪武年间修建的,那时候山海关外的辽东镇还没有设立,更没有修建长城。

山海关是明代万里长城几个最重要的关隘之一,因建在东北通往京城的大道上,成为华北出关的要冲。古人为此称赞它"两京锁钥无双地,万里长城第一关"。

山海关的确很壮观,形容山海关有句话叫作"天开海岳,倚燕山,襟渤海",冀辽在此分界,这么说是很合适的,一下子就把山海关的气势给烘托出来了。

山海关古时称榆关,也叫渝关,又名临闾关,向北是辽西走廊西段。这里地势极其险要,为古碣石所在地,所以史家又称其为"碣石道"。

明朝洪武十四年(1381年),大将、中山王徐达在此督造建关。由于关城北倚燕山,南连渤海,处于山海之间,所以就叫山海关。山海之间只有不足8公里的狭长通道,中间坐落着山海关城,一夫当关万夫莫开。

清乾隆二年(1737年),山海关更名为临榆县,归永平府管。

山海关城东门城台上的城楼,就是山海关的标志性建筑——天下第一关。耸立在长城之上的天下第一关城楼,大气磅礴,雄视四野。

古时这里没有任何高层建筑,登上城楼,放眼望去就能俯视山海关城全貌及关外的原野,还有远处湛蓝的天空。

悬挂于城楼门上的"天下第一关"匾额,长约5.9米,每个字高约1.6米,为明代著名书法家萧显所书。五个楷书大字,笔力苍劲浑厚,与威严的城楼风格浑然一体,堪称古今巨作。

我们感受到的长城文化,实际上由两方面构成:一是非物质形态的长城文化,如长城精神、长城文学艺术等;另一种是物质形态的长城文化,如墙体、关城、长城铁炮石炮等。

被大家熟知的山海关、八达岭、嘉峪关等关隘建筑,都被当作长城文化的符号和标志,成了长城文化物质形态的集中体现,山海关的"天下第一关"匾额也是长城文化的标志物之一。

我们感受长城有很多方式,可以用眼观察,可以用手触摸,可以用心感悟。而用眼观察是首要的,任何人在任何时候感受长城,首先就是用眼看,看到的首先就是长城的物质文化形态。

我们都听惯了"非物质文化","物质文化"听上去似乎比较别扭。

修长城要烧制城砖，砖就是物质，就是长城文化的物质载体，而烧制砖的工艺就是非物质文化。

长城的每一处细节都很有趣，只要你去探究，总能在长城的一个个角落里找到震撼。高大的关城、坚实的墙体是长城文化，所用的一砖一石也是长城文化。我们关注的往往是雄伟壮丽的建筑、豪迈的英雄、史诗般的事件，但造房子、烧城砖、养马、种庄稼等也是很有趣的、值得研究的。

俗话说"外行看热闹，内行看门道"，对于探究长城文化来说，大多数人是外行，如果普通人能从长城的一砖一石上找到乐趣，一定会很激动。事实上长城的每块砖石都大有文章呢，比如长城上的很多砖上都有文字，这些文字反映了很多历史信息，说明了古人建造长城的日常细节，体现了古人内心的某些想法，能让我们透过物质形态的长城读出它背后许多隐形的东西。

走进山海关古城的街道和小巷，能看到很多特色民居。这些民居建筑大多为明清风格，古色古香，使古城显得更加典雅。

山海关的城池周长约4千米，整个城池与长城相连。站在山海关古城墙上向北望去，能清楚地看到角山长城的雄姿，朦胧中还可见南边蔚蓝色的大海。

天下第一关城楼南北建有靖边楼、牧营楼和临闾楼。天下第一关城外还建有瓮城、东罗城等建筑。

古城四面开门，东、西、南、北四门分别称镇东门、迎恩门、望洋门和威远门，今天四门俱存。四座城门上，原先都筑有高大的城楼，因年代久远，或毁于战火，或毁于天灾，到现代仅存镇东门城楼。近几年，山海关城墙经过维修，已经得到了完全恢复，同时还复建了关城的南

第四章
天下第一关

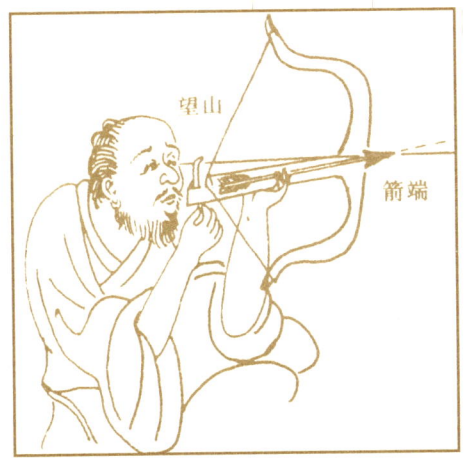

弩机射击图

门和西门上的城楼。

　　漫步在与城楼相连的长城之上,你一定会被先人的伟大和非凡智慧所震撼。山海关东门面向关外,是这道关口最为重要的城门,由外至内设有卫城、罗城、瓮城和城门四道防护层。城门为巨大的砖砌拱门,位于长方形城台的中部,城台高约12米。城楼高约13米,宽约20米,进深约11米,为砖木结构的二层楼重檐歇山顶建筑。城楼上层西侧有门,其余三面设箭窗68个,平时以窗板掩盖。

　　山海关汇聚了万里长城的精华。这里除山海关关城之外,还有几处长城奇观,如老龙头和角山长城。

　　老龙头是长城入海处,放眼望去,碧海金沙,气势磅礴。老龙头与角山长城遥遥相望,傲然对视在山海之间。

　　角山在山海关城的北面,山峰高耸,峭壁险峻。这里有"榆关八景"中的"山寺雨晴,瑞莲捧日"及奇妙的"栖贤佛光"等景观,都含有

037

很丰富的文化内涵。

角山长城从山脚的旱门关到大平顶约1536米长，现在已经成为登山爱好者锻炼身体的一个好去处。

如果细心端详山海关一带长城的建筑，你一定能体会出古人的良苦用心。他们为什么如此修长城？为什么在某处使用某种建筑材料？为什么修成这样而不是那样？都是有原因的。修长城不能随意而为，每项工程都有周密的计划，并且要按照一定的规矩来施工，绝不是某个帝王一拍脑门儿随口决定的。

修建角山长城时大部分是就地取材，就近采用山上的毛石，局部为烧制的城砖和长条石砌垒。

角山形势异常险要。长城走势，或低缓蜿蜒，或直入云天，远望如带倒挂山峦，非常壮观。角山长城的墙体高度一般为7-10米，平均宽度为4-5米，在山势陡峭之处，干脆就利用山崖自然形成，代替砌筑，最窄到2.7米宽。这些墙段从外侧看上去十分险峻，易守难攻；内侧又十分低矮，便于士兵迅速登墙作战。

明朝经过了十几代皇帝，期间几乎是没有停顿地修筑万里长城。隆庆年间（1567年-1572年），戚继光任蓟镇总兵、右都督时，明朝对长城的修筑达到了如火如荼的程度。这期间修筑的长城，不仅坚固，而且美观。山海关一带的长城，也在这个时期得到了重新规划和修缮，坚固、实用、美观兼得。

长城在什么地方修筑关隘也是很有讲究的。关隘是长城沿线的驻

第四章
天下第一关

兵据点，建在具有战略地位、战术价值的敌我必争之地，讲求的就是一夫当关，万夫莫开。

通常，长城关隘有的建在高山峻岭之上，以封锁山岭的峪口；有的建在深沟峡谷之中，以封锁咽喉要地。只有在地势十分险要之处设置关隘，才可以达到用较少兵力抗击较多敌人的防御目的。

如同山海关一样，大多数的长城关隘都构筑有关城。较大的关隘及关城，是在长城防御体系中起骨干作用的战略据点。有时长城被局

塞门刀车，是一种守城器械。前刀壁上装有24把钢刀，使用时将车推至城门缺口处，既可杀伤敌人，又可挡住敌方的矢、石。

部攻破，但构成若干支撑点的关隘仍被守军独立坚守着，进攻之敌便不敢深入了。

长城作为漫长的防线，有个别地段关口被攻破是很自然的事情。守卫长城的一方把兵力分散到沿线各处，攻击长城的一方却可以集中兵力攻打长城的某一处，破长城而入就很自然了。但攻破长城的一个点，进入长城内，并不意味着长城防御体系就彻底失效了。明代的蒙古、后金对手，都多次攻破长城，结果还是退回到长城之外，原因就是山海关这样众多的长城防御支点仍被明军独立坚守着，进攻之敌在长城内盘桓太久，就有被围歼的危险。

清军最后攻破山海关，从而入主中原，其实也要归功于里应外合的作用。李自成领导的农民起义在长城内把明朝搅得天翻地覆，清军在长城外攻势如潮，明朝政治自身又腐败透顶，多方面因素交织一起，山海关修得再坚固也挡不住明王朝的倒台。

长城修建到明朝时，关隘、关城的修筑不论设计还是施工都十分成熟，防御功能也已经高度完善。明长城在沿线上修筑了抚顺关、山海关、黄崖关、古北口、胜金关、嘉峪关等关隘和要塞。为了加强京师的防卫，还在京畿内外的长城线上修筑了著名的内外三关。内三关为居庸关、紫荆关和倒马关，外三关为偏关、宁武关和雁门关。

明朝对于修建长城，的确是如醉如痴。

长城关隘的关城，大都由方形或多边形的城墙及城门、城楼、城台、瓮城组成。平原地区的较大关城都建有环绕其外的护城河和罗城。战略地位极重的关隘前后都设有附属城堡，作为这些关隘的外围阵地。

关城的大小根据地势条件和重要程度不同而异，一般都能驻扎和部署较多的兵力，储备足够的兵器、食粮和军用物资，以便直接供应

第四章
天下第一关

关城所管辖范围内的长城线上的防御作战。

关城城墙一般都十分坚固。山海关城内外城墙都是用条石做基础，青砖包砌，内由黄土夯筑。高大坚固的城墙不仅能有效地阻挡攻城之敌，还可以使人望而却步，我们今天站立在山海关城墙下面贴着长城向上看，也会产生这样的感觉。城墙上还设有供骑兵和步兵上下城墙的马道和梯道。面对如此高大坚固的长城，古代的士兵们仅靠冷兵器就想攻入，真是太难了。

城门是进出关口的通道，平时可通内外，战时则是反击敌人的出口。早期的城门多用木过梁，元朝以后改用砖或石块砌成圆形门拱。城门洞上一般镶有石匾，镌刻着关城或关门的名称。两扇厚重的木城门外面包有铁皮，用巨钉嵌镶，里面装有门闩及锁环。

城门上方所筑的城门楼，威武耸立，既是观察和指挥中心，也是

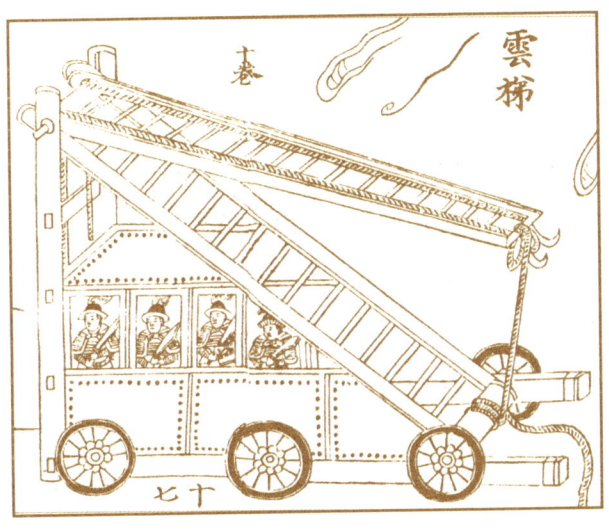

攻城云梯

战斗据点。城门楼多为两三层木结构或砖木结构的建筑物,屋顶多为悬山式、歇山式结构,这样既能适应战斗的需要,又能满足审美的要求。一般来说,军事攻防工具都是冰冷残酷的,但长城这种军事建筑却处处展现着古人的审美观,这真是一件奇妙的事情。

山海关城的四座城门外,都构筑有一个方形小城,墙高与大城相同。小城似瓮,故称瓮城。瓮城的作用是增大防御纵深、加强城门的防御能力。瓮城门的方向与主城门的方向多为垂直设置,即使敌人攻进瓮城门,也无法长驱直入攻打主城门,同时也便于四面城墙上的守兵向下射杀敌人。

在瓮城之外构筑的一道封闭的环形城墙,叫作罗城。罗城是一道比较长的城墙,不仅能掩护瓮城,还能掩护主城迎敌的部分城墙。山海关城外就建有东罗城和西罗城。敌人进攻山海关城,罗城就是第一道防线。

山海关城外四周还挖了一条环城壕沟,引灌河水,形成人工护城河,作为城墙的屏障。护城河的挖掘一般是在修建城墙时就设计好的,按计划挖掘土方修筑城墙,城墙修好了,护城河也形成了,一举两得。

山海关城外的护城河深约6米,宽约15米。护城河迫使敌人必须涉水过河才能到达城下,增加了敌人的攻城难度,提高了守军的防御作战能力。

明朝建立以后,山海关成了元朝东北方向残余势力不断侵扰的首冲之地,所以才把长城修得如此坚固。

明洪武二年(1369年),北元的大将也速乘明军不备率领一支骑兵突袭永平府辖境。洪武六年(1373年)冬,爱猷识理达腊麾下的骑兵攻入山海关和辽宁绥中县一带,元军所过之地满目疮痍,有的地方断绝人烟。

明洪武十三年（1380年）冬，平章完者不花和乃尔不花率数千蒙古骑兵从今秦皇岛卢龙县北部的桃林口进犯到永平府境内。明军在阻击元军时，永平卫指挥刘广的战马被射中，刘广坠地被杀。千户王辂受伤以后，仍然指挥着明军与增援部队会合，分兵截击元军退路，并把元军击败。失败的元军只好从沿海通道夺路而逃，王辂率兵乘胜追击，在今天的山海关一带生擒了完者不花，乃尔不花侥幸逃走。

如果没有长城防御体系，面对北元军队的进攻，明军将会非常被动，所以山海关等地的长城才越修越坚固。

崇祯十七年（1644年），农民军领袖李自成攻克北京后，很快就下令发兵山海关。历史上颇有争议的吴三桂，时任辽东总兵。彼时山海关已经成了一座孤城，这边是李自成的农民军，那边是虎视眈眈的清军。

李自成并没有急于发动进攻，而是让被扣在京城的吴三桂的父亲吴襄写信劝降吴三桂，并且承诺给吴三桂封官赏银。吴三桂收到父亲的信后，权衡利弊再三，最终决定率所部明军归降农民起义军。

历史忽急忽缓的步伐行走到这里，似乎盘桓了一会儿，给我们留下一个思考空间。当时如果没发生其他周折，吴三桂直接归顺了李自成，双方合兵一处打败山海关外的清军，后果会怎样？

历史只是开个玩笑而已，当我们兴奋地讨论这个假设时，他只狡黠地眨了一下眼，就转身继续前行了。于是，当年吴三桂率领军队准

备入京谒见李自成，行至永平（今河北省卢龙县）的时候，却遇上了从京城逃跑出来的家人。

吴三桂从家人口中得知，身在北京的父亲吴襄已经被农民军给拘禁起来，并且还被拷打，爱妾陈圆圆也已经被李自成手下的大将刘宗敏给抢走了。吴三桂又惊又气，当即下令大军退回山海关。

对于吴三桂的做法，清人吴梅村有这样的诗句"恸哭六军俱缟素，冲冠一怒为红颜"，他认为吴三桂降清的原因是为了陈圆圆，而李自成失败的根源就在于部下与吴三桂争风吃醋，刘宗敏抢了吴三桂的女人，逼反了吴三桂。

历史当然不可戏说，那么真是这样吗？

吴三桂是明朝锦州总兵吴襄之子，当时由于家族关系荫袭军官，明崇祯时为辽东总兵，封平西伯，镇守山海关。吴三桂少年英武，善于骑射。传说曾有过这么一件事，一次吴襄带领五百名士兵出锦州城巡视时，不料陷入了数万清军的重围之中，锦州城内的祖大寿借故城内兵少为由，拒不相救。吴三桂闻后只带了二十多名家丁奋勇冲出城，一阵厮杀，竟然成功地把吴襄救了回来。对于此事，皇太极很是感慨，说要是能得到这个人，何愁得不到天下。

事实上，吴三桂降清并非只为陈圆圆一人，他的转变有着复杂的原因。另外，他也不算是叛明降清，那时的崇祯皇帝已经在梅山自缢，明朝已亡于李自成之手。

吴三桂在赴京路上听到家人说陈圆圆被抢，就立即回到山海关与清军结盟，表面看降清是因爱妾而为，但究其根源主要是李自成政权对明朝贵族的政策影响了吴三桂对政治、军事形势的判断，从而做出了降清的决定。

第四章
天下第一关

当明朝已经覆灭，吴三桂率领尚有强大战力的明军孤悬山海关时，他最能倚重的当然是尚在手中掌控的军权。

吴三桂本来已经准备投降李自成，但当他发现李自成称王后政策混乱，军心不齐，实不可靠，才转而选择了投降清朝。冲冠一怒可以说只是个诱因。

历史本来给了李自成和清军平等的机会，李自成、皇太极都有问鼎天下的可能，而李自成的农民军应该说更有优势，但李自成没有把握好这个机会。除了军事力量强弱、政治决策得当与否等原因外，决定其成败的另一个因素，就是没能得到掌握地方实权的官绅阶层的支持。农民军在打下京师之后，仍然采取"追赃助饷"的政策，从京城到地方州县，继续极力打击有钱、有权的官绅士大夫。

在京师，大顺军抓了明勋戚、大臣、文武官员 800 余人，由刘宗敏、李牟等审讯。明确规定大学士要交赃银 10 万两，部院官员及锦衣卫官员要交 7 万两，科道官员要交 3 万 –5 万两，翰林交 1 万两，部属以下交 1000 两，并处决了明勋卫武职官员 500 余人。这样一来，便是将大量有实力有影响的人完全推到了自己的对立面。吴三桂在山海关投清，很大程度上就是李自成这些错误做法促成的。

吴三桂加紧操练军兵，扯起了为明崇祯皇帝报仇的大旗，发誓要与李自成决一死战。李自成获知吴三桂变卦的消息，于是亲自率领了 10 万农民军征讨山海关。

吴三桂知道自己手中只有山海关一座孤城，没有办法抵挡住李自成的 10 万大军。为求自保，他当然会想起一直在山海关外准备进攻中原的清军。

吴三桂派人投书清摄政王多尔衮，表示愿意献出山海关。多尔衮

接到吴三桂的投降书大为惊喜。这山海关地势险要,易守难攻,清兵一直都没有攻下。现在,吴三桂在李自成的重压下主动投降,真是意外之喜,这样的大好机会他怎能放弃。

于是,多尔衮下令清军快速发往山海关,却也敢不冒进,担心吴三桂的投降有诈,便暂时驻扎在山海关城外15里处。不久,李自成率领的农民军与吴三桂的军队在山海关城西的一片石,展开了一场大决战。在山海关城东的欢喜岭,多尔衮看到吴三桂和李自成真的打起来了,才审时度势地下了最后的决心。待吴三桂下令打开山海关城门,多尔衮便亲率8万清军长驱直入这座此前清军久攻不下的关城,合力攻击李自成军队。

李自成见败势已定无法挽回,便率兵逃走,农民军全线崩溃,几乎全军覆没。可以说,就是李自成推动吴三桂降清,成全了清军,使他们兵不血刃地取得了山海关,从而改变了历史。

提到长城,人们马上会想到两个人,一个是最初修长城的秦始皇,另一个就是哭倒长城的孟姜女。

从当年山海关外多尔衮屯兵的欢喜岭向南望去,可以看到不远处有一座孤立于平原的小山,这座山名叫凤凰山,孟姜女庙就建在这座山的顶上。中国民间传说孟姜女千里寻夫哭倒长城800里的动人故事,在这里演绎到了极致。

孟姜女庙又称贞女祠。据县志记载,孟姜女庙创建于宋代以前,明万历、崇祯年间都重修过。1924年直奉大战时,奉系前敌总指挥张学良的司令部就设在孟姜女庙,战斗结束后,张学良出款再次整修了庙宇。

孟姜女庙是一座灰砖青瓦木结构的小庙,面积相当于农村宽敞的宅舍大小。因庙居山顶之上，由底向上筑有108级台阶，极具气势。庙有前后两殿，前殿塑孟姜女像，后殿原供着观音菩萨。前殿的前廊柱上有一副谜一般的对联，上联是"海水朝朝朝朝朝朝朝落"，下联是"浮云长长长长长长长消"。

游人至此，初读此联大多迷惑不解。其实这幅对联的作者是充分利用汉字一字多音、多义特点，在"朝"和"长"两个字上做足了文章。"朝"是每天的意思，又是"潮"的通假字；"长"是生长的意思，又是"常"的通假字。这样此联便读作：海水潮，朝朝潮，朝潮朝落；浮云长，常常长，常长常消。

自孟姜女庙向南去大海4公里远，海中有一高一矮两座礁石，当地称其为姜女石，其矮者为孟姜女坟，高者为碑。

姜女石又被称为碣石。1954年毛泽东在北戴河海滨所作《浪淘沙·北戴河》有一句"往事越千年，魏武挥鞭，东临碣石有遗篇"，"碣石"这个历史地名再次引起学术界及相关领域的密切关注。关于碣石，传统的说法主要有两种：一是认为碣石是一块石，即被称为姜女石的礁石；一是认为碣石是一座山，即今秦皇岛昌黎城北的碣石山。

1982年，在姜女石附近发现了与秦始皇有关的建筑遗址。谁也没想到，一个是修长城的人，一个是哭倒长城的人，两位冤家竟以这种方式走进了后人的视野。这处秦至西汉前期的建筑遗址被称为碣石宫，其中最大的一处被确定为秦始皇东临碣石的驻跸之地。碣石宫中轴线的南端正对着海中的姜女坟，相距400余米。

每当人们行走长城之上，总有各种各样的感受。可说一部悠悠长城史，多少风流人物来来往往，恰如潮水起落，又如浮云长消。

舍大小。因庙居山顶之上，由底向上筑有108级台阶，极具气势。庙有前后两殿，前殿塑孟姜女像，后殿原供着观音菩萨。前殿的前廊柱上有一副谜一般的对联，上联是"海水朝朝朝朝朝朝朝落"，下联是"浮云长长长长长长长消"。

　　游人至此，初读此联大多迷惑不解。其实这幅对联的作者是充分利用汉字一字多音、多义特点，在"朝"和"长"两个字上做足了文章。"朝"是每天的意思，又是"潮"的通假字；"长"是生长的意思，又是"常"的通假字。这样此联便读作：海水潮，朝朝潮，朝潮朝落；浮云长，常常长，常长常消。

　　自孟姜女庙向南去大海4公里远，海中有一高一矮两座礁石，当地称其为姜女石，其矮者为孟姜女坟，高者为碑。

　　姜女石又被称为碣石。1954年毛泽东在北戴河海滨所作《浪淘沙·北戴河》有一句"往事越千年，魏武挥鞭，东临碣石有遗篇"，"碣石"这个历史地名再次引起学术界及相关领域的密切关注。关于碣石，传统的说法主要有两种：一是认为碣石是一块石，即被称为姜女石的礁石；一是认为碣石是一座山，即今秦皇岛昌黎城北的碣石山。

　　1982年，在姜女石附近发现了与秦始皇有关的建筑遗址。谁也没想到，一个是修长城的人，一个是哭倒长城的人，两位冤家竟以这种方式走进了后人的视野。这处秦至西汉前期的建筑遗址被称为碣石宫，其中最大的一处被确定为秦始皇东临碣石的驻跸之地。碣石宫中轴线的南端正对着海中的姜女坟，相距400余米。

　　每当人们行走长城之上，总有各种各样的感受。可说一部悠悠长城史，多少风流人物来来往往，恰如潮水起落，又如浮云长消。

第五章 思乡四百年

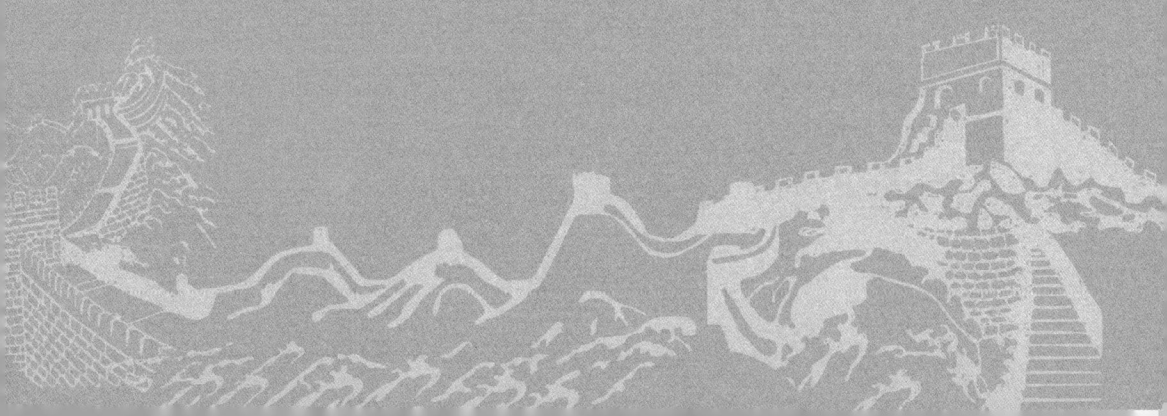

我们欣赏长城时,带着不同的心情,就有了不同的角度,然后就有了不同的感受。

有些人更欣赏那些沉睡在山野的长城,神往于长城的原汁原味。长城身边有嶙峋的怪石、险峻的山谷、飞泻而下的瀑布、丰茂苍翠的植被,比起游人如织的长城景区,确实能让人获得非凡的体验。

走过山海关向西北,来到板厂峪,就会看到一处这样的长城景观,这里也是明长城中自然状态保存得较好的地段之一。

板厂峪境内的长城3.5公里连绵不断,是很典型的原始状态的古长城。这段能完整体现古老风韵的长城,是历史留给我们不可再生的无价之宝。

板厂峪长城地处河北省秦皇岛市抚宁区的东北部山区,横亘于险峻的山梁,墙体基本是以条石为基础,外包砖墙,宽约5米,高约10米。墙顶外侧有垛口,内侧有女墙,每隔250米至500米就建有一座敌台,每隔500米至1000米就筑有一座空心敌楼。

对于一座座屹立在山顶的敌楼,参观者需仰视才能看见,足见其险。最险要的是长城外侧的深山峡谷,人们攀登陡窄高悬的台阶时需手脚并用才能通过。

板厂峪山势奇险,长城的墙体多建在陡峭的山坡上,随山势建有很陡的梯道，以便士卒爬上爬下。梯道外侧的垛墙，或降或升，错落有致，十分壮观，令人惊叹不绝。

在板厂峪还能看到用于防御敌方马队进攻的长城拒马阵。拒马阵分布在板厂峪西峪南线的长城北侧，布设于一条山间沟谷西侧的开阔地中。每个拒马坑均由石块垒砌而成，长约3-3.5米，宽约2.5-3.2米，深约0.8米，占地面积约8-10平方米。拒马坑之间的石墙宽约0.9-1米。300多个矩形拒马坑依"品"字形或网络状密集相连，组合成了防御严密的拒马阵，足见当初设计者的智慧。

有很多拒马坑至今仍保存完好，在拒马坑内曾多次出土过保存完好的铁蒺藜和陷马陶筒。拒马阵在长城防御体系中对阻挡北方游牧骑兵有着很重要的作用。

板厂峪有三大特色：森林油绿，山体峥嵘，长城神秘。板厂峪本来是一座名不见经传的平凡山村，却因这里埋藏着迄今保存最完整的长城砖窑而闻名。板场峪目前是发现长城砖窑遗址数量最多的地方。

长城砖窑的窑口直径约3.5-6米，窑深约3.5米。窑顶距地面约0.25米，顶部由焦土、碎砖等分隔层覆盖，从已经被揭开的窑顶可见由厚重的青砖筑成的窑壁。经过了几百年的密封，一层层码存待用的长城砖完好如初。现存窑里的长城砖有多种规格，重的约10.5千克左右。据估算，每座窑内的长城砖约有5000块。

此外，当地文物普查队还在板厂峪发现了保存完好的明代民居、16处古寺庙遗址，以及古制石厂窑遗址、古炼铁炉遗址，出土了大量的明代兵器和筑城工具。在板厂峪长城附近还出土了许多种铜铳和铁铳，对研究长城历史十分珍贵，特别是一支长度仅有10厘米的铜铳，过去很少发现。

板厂峪有这么多长城砖窑,进一步说明了长城的建筑材料均是就地取材。在崇山之中开山取石垒墙;在平原黄土地带则取土夯筑城墙;在沙漠地区便用芦苇或柳枝条进行层层铺沙修筑。古人发挥其聪明才智,即解决了建材稀缺的问题,而且所筑的城墙还十分坚固。

此外,砌墙所用的大量砖、瓦、石灰和木料等,除就地设窑烧制或砍伐外,官府还办有专门供应建筑材料的部门。居庸关出土的石刻便记载了有关窑厂和办料署等名称。

修筑长城所用材料的运输限于当时的条件,主要靠人力和驴、马、骡等畜力,如用人力挑、抬,毛驴、马匹等进行驮运;也采用一些简单的机具,如畜力车、手推车、绞车、走索和飞筐等。当搬运大石料时,便利用斜坡地、滚木、撬杠等办法进行拉运。长城的墙体、敌楼、烽火台,就是用这样的简单机具修建起来的。

板厂峪长城近几年一再引起社会关注的另一个新闻,就是这里处处都留有当年戚家军官兵的活动痕迹。时至今日,这些来自南方将士的后裔仍然生活在长城脚下。

戚继光出身将门,17岁的时候就承袭父职,出任登州卫(今山东省蓬莱市)指挥佥事。在他的军旅生涯中,曾于浙江和福建一带率军打击倭寇侵扰,多次驰骋沙场,屡建战功,后率领手下英勇善战的南方子弟兵来到北方修筑长城,戍守边地。明代从南方奉调而来的戚家军并非只有军人,由于修筑长城的工程量特别巨大,守卫边地也是一项长期任务,出于稳定军心的考虑,明廷还安排了官兵家属随军。因此就有很多家庭在北方边塞之地定居下来，他们的后代也就在这里世代繁衍生息。

在数百年的时间里，南军士兵后裔一边经营着家庭，一边戍守长城，虽然思念故土，怀恋远在南方祖地的族人，却无法回乡。他们只能把这种殷殷之情埋藏在内心，并以家谱、碑刻和口口相传等形式，把南方祖地先人的姓名、事迹和地名地址告诉后辈，期望着落叶归根，有朝一日把蕴藏在子孙后辈血脉中的幽幽乡愁送归故里。

据记载，这些南方军人以义乌人为主，他们虽然扎根在北方大地上，但沧桑的岁月并没有彻底抹去心中的思乡之情，年复一年这种情感世代相传，直到今天，南方士兵的后裔们仍然承继着祖辈的记忆。

当初戚继光的军队中为什么会有那么多义乌士兵呢？原来，他任浙江台金严三府参将时，对于金华和义乌一带的情况比较熟悉，感觉义乌人性情好胜，勇猛顽强，正是理想的士兵人选。

嘉靖三十八年（1559年）九月，戚继光首次来到义乌，就在当地官绅的协助下，从农民和矿工阶层中招募了四千新兵。这些人长期受到倭寇、海盗的扰掠，对为害甚烈的倭患有着切肤之痛，因此在战场上对敌时，更激发出高昂的斗志。

戚继光在训练士兵时，还有一套非常成功的做法：一是"明军法"，如果由于军队作战不力而战败，主将战死了，其偏将也要被处死；二是"定奖赏"，为了激励官兵的战斗精神，论功行赏，对于在战场英勇杀敌或立下战功者给予奖励，对阵亡官兵的家属也给予优厚抚恤；三是"严军纪"，戚家军所到之处一直都很受百姓拥护和支持，原因是戚家军打击了匪患，解除了对民众安全的威胁。戚继光还规定，凡军队出征时士兵扰民的，一律处死；四是"练武艺"，戚继光熟读兵书，精通练兵之要，对于属下士兵进行严格训练；五是"排战法"，戚继光

针对战场的地形地势，根据兵力情况和敌我特点，演练了"鸳鸯阵"等阵法，作战时机动灵活运用，以己之长克敌之短。

戚继光这套办法很有成效，由于严格按照这个体系进行军队训练，所以在日后作战时戚家军才能所向无敌。

明隆庆初年（1567年），蓟镇长城沿线受蒙古族武装的进攻，明廷于是选调戚继光北上抗敌。

隆庆二年（1568年）十一月，为了增强军力，戚继光又派遣官员到义乌招募了三千士兵。第二年的二月间，这批南方而来的士兵抵达蓟镇，军容整齐，纪律严明，即使栉风沐雨也巍然挺立，让来自其他地方的蓟镇官兵非常敬服。

万历十年（1582年），支持戚继光的内阁首辅大学士张居正病逝。不久戚继光遭到排挤被调往广东，后来又被罢职，于万历十五年（1587年）十二月在孤独中离开了人世。

戚继光虽然离开了他致力经营的长城防御体系，可是戚家军的后代却在这片土地上繁衍生息，一直坚守在长城身边。如今，那些南方军人的后裔就生活在长城附近的村子里。在董家口、城子峪、九门口、义院口、驻操营、板厂峪等处，都有长城后裔聚居。

时隔400多年后，北方长城脚下的义乌军人后裔又同南方祖籍乡人建立起了联系。相隔千里的两地人，南去的寻根访祖，北上的探访先人足迹，血肉深情，一时竟成传奇。自然力是最为强大的，时间和风雨会慢慢把人工痕迹冲刷掉，可是留存在血脉深处的文化印迹却始终没有消失。这些长城守卫军人的后裔们，依然坚守着古老的长城，因为长城上有他们先辈留下的足迹。

所以说，长城是矗立在这片土地上最有价值的一座人文纪念碑，它记述着历史上生活在长城两边先人的喜怒哀乐，也记述着他们在长城线上血与火碰撞融汇的进程。

除了先秦时期诸侯国相互防备而建的长城以外，长城基本上都是定居族群（特别是中原人）为了防御机动性强的游牧族群而建的，是为了保护定居文明不被破坏而建的，是为了保护安全、秩序和发展而建的。现在，古人建的长城又成了我们追寻历史文化记忆的载体。

我们在赞美长城的同时，并不否认当初长城的修建给社会和人民带来的不良影响。对长城一味赞美或一味否定，都是不应该的。

在中国历史上，长城也不都是正面的形象。孟姜女哭长城、边关苦役的故事、"君独不见长城下，死人骸骨相撑柱"这类诗作，都生动地表达了人民对长城的负面看法。

不仅中国人评价长城，外国人也评价长城，比如法国思想家伏尔泰曾说："中国在我们基督纪元之前两百年就建筑了长城，但它并没有抵挡住鞑靼人的入侵。中国的长城是恐惧的纪念碑。"

长城真是恐惧的纪念碑吗？

长城是世界认知度最高的文化符号之一，因而难免会引来各种各样的说法：有人说长城是中国古代统治者用老百姓血肉筑成的土围子；有人说长城是中原统治者抵御游牧民族进入自己势力范围的院墙；有人说长城是劳民伤财的无效工程，并不能阻挡北方民族军队的攻入，只能安慰一下长城内官民战战兢兢的心。

对长城一味地简单贬低，都会得出"恐惧的纪念碑"之类的结论。长城就实实在在地建在那里，你可以赞美，也可以指责，但首先你得了解长城，得走进长城文化的深处。对长城任何形式的评判，都应该建立在全面了解长城的基础上。

第五章
思乡四百年

它记述着历史上生活在长城两边先人的喜怒哀乐，也记述着他们在长城线上血与火碰撞融汇的进程。

除了先秦时期诸侯国相互防备而建的长城以外，长城基本上都是定居族群（特别是中原人）为了防御机动性强的游牧族群而建的，是为了保护定居文明不被破坏而建的，是为了保护安全、秩序和发展而建的。现在，古人建的长城又成了我们追寻历史文化记忆的载体。

我们在赞美长城的同时，并不否认当初长城的修建给社会和人民带来的不良影响。对长城一味赞美或一味否定，都是不应该的。

在中国历史上，长城也不都是正面的形象。孟姜女哭长城、边关苦役的故事、"君独不见长城下，死人骸骨相撑柱"这类诗作，都生动地表达了人民对长城的负面看法。

不仅中国人评价长城，外国人也评价长城，比如法国思想家伏尔泰曾说："中国在我们基督纪元之前两百年就建筑了长城，但它并没有抵挡住鞑靼人的入侵。中国的长城是恐惧的纪念碑。"

长城真是恐惧的纪念碑吗？

长城是世界认知度最高的文化符号之一，因而难免会引来各种各样的说法：有人说长城是中国古代统治者用老百姓血肉筑成的土围子；有人说长城是中原统治者抵御游牧民族进入自己势力范围的院墙；有人说长城是劳民伤财的无效工程，并不能阻挡北方民族军队的攻入，只能安慰一下长城内官民战战兢兢的心。

对长城一味地简单贬低，都会得出"恐惧的纪念碑"之类的结论。长城就实实在在地建在那里，你可以赞美，也可以指责，但首先你得了解长城，得走进长城文化的深处。对长城任何形式的评判，都应该建立在全面了解长城的基础上。

第六章

沧桑喜峰口

　　介绍了板厂峪长城，下一站是著名的喜峰口。现在，长城的喜峰口关隘和城堡都已经被潘家口水库给淹没了，只有两侧山上的长城衬托温柔恬静的水面，述说着昔日的金戈铁马和热闹繁华。

　　讲到长城沿线的关隘，很少有能用"繁华"一词的地方，但是山海关可以用这个词，因为它曾经是连接东北和华北的贸易通道；喜峰口也可以用这个词，因为它曾经是滦河航运的枢纽。从海上运来补给长城沿线的粮饷、军备物资，先顺滦河运到喜峰口，再分为陆路配送到各地。

　　发源于冀北山地的滦河，纵贯于河北东部，是河北省较大的河流之一。喜峰口位于河北省迁西县西北50多公里处，雄踞在滦河河谷与长城相交之地。

　　喜峰口左右两侧高山对拱，地势十分险要，自古以来就是兵家必争之地。明朝时，喜峰口是北方蒙古族兀良哈三卫（朵颜、泰宁、福余）进贡的主要通道之一，兀良哈三卫对此地的地理环境非常熟悉，所以后来他率兵马屡次攻打长城时，喜峰口都被选作首攻之地。明朝攻击兀良哈三卫时也常常兵出喜峰口。

　　明朝永乐年之后，原来已经归附于明的一些蒙古部族纷纷脱离明朝自立。明宣德三年（1428年），长城外原属于明朝大宁都指挥司管辖的兀良哈三卫公开叛明，宣宗皇帝就亲率大军，北出喜峰口，征讨蒙古族兀良哈部。明嘉靖十年（1531年），兀良哈三卫联合攻打喜峰口，从此明朝加派重兵，戍守喜峰口。

明隆庆三年（1569年），兀哈良三卫兵进喜峰口，镇守蓟镇的总兵官戚继光率军赶走了三卫之兵。明万历初年（1573年），蒙古族军队再攻喜峰口，戚继光率部出青山口，在喜峰口外击溃来军。

喜峰口是明朝洪武初年（1368年）时大将军徐达在燕山首建的32座关隘之一。后来明朝历代都不断修建强化喜峰口的防御建筑。景泰三年（1452年）七月，明朝还在喜峰口关门上建了一座约13米高的镇远楼。

喜峰口的建筑结构十分独特，这里的长城关防有三重，三道关门之间由坚固的石基砖墙连结成一体，城与墙的六个接触点均有空心敌楼驻兵戍守，西城墙与长城主体相连，关城、长城墙体、烽燧构成了完整的体防御系统。

作为长城防御的构成要素，烽燧报警系统也是相当重要的，包括喜峰口在内的长城内外各处都有烽燧分布。当一处发现敌情时，通过烽燧系统传递信息，可以调集数十里乃至数百里内的兵力，共同迎击敌人。

喜峰口关东南有石筑的喜峰城，城高约6.6米，西、南各有一门，城建在滦河之东。滦河过去经常泛滥成灾，淹没田地，冲毁民宅，严重时甚至冲毁过喜峰口和潘家口的长城城墙。据方志中记载，连关城的铁皮大门也曾被泛滥的洪水冲走过。潘家口水库建成之后，滦河洪灾才被治服。

喜峰口是燕山山脉东段的隘口，古称卢龙塞。东汉末期曹操和辽西的乌桓作战，东晋时前燕慕容儁进兵中原，都经过卢龙古塞。

相传，古时有位在外谋生的年轻人久不归家，他父亲四处寻找，花费好长时间，踏遍千山万水，终于在卢龙塞找到了他。父亲与儿子相逢时紧紧拥抱，因大喜过望，乐极而死，身后被葬于此处，人们将卢龙塞改称为喜逢口，后来慢慢地又被叫成了喜峰口。

喜峰口长城在最初修建时，设计者出于军事上的考虑，把喜峰口分为关城和城堡两个部分。在长城防御体系中，关城与堡城分设是一种很常见的现象。城堡坐落在群山包围的盆地里，城堡四面的墙用条石砌成，有两丈多高，非常坚固。关城建在城堡的北面，三面靠山一面临河。

古时候，车马行人要想进入关城，都必须通过把守严密的三道门。喜峰口关城戒备森严，可谓固若金汤。

今天，站在山峰上俯瞰喜峰口，你会看到非常奇特的景致。喜峰口关城部分被淹没在水中，枯水期水面上也仅露出一小部分残墙断壁。长城顺着逶迤的山势一直伸向水岸边，便俯身扎入碧水之中，入水约两公里后又从对岸冒了出来，顺着山势攀上山脊，向西继续盘旋于崇山峻岭之间。

这段入水长城像是一条巨龙俯身汲水之后又仰首向上升腾。水下长城的形成，是因为1976年引滦入津时，在这里修建了潘家口水库，水库蓄水后，喜峰口关城便被淹没于水中，只在枯水季节时才能露出部分关城残址。

由于有水，喜峰口长城沿线山上的植被非常茂盛。不同季节，丰茂的植被会渲染出不同的景色。站在喜峰口一侧的山上放眼望去，湖光山色，长城在山峦翠绿中起伏。潘家口水库碧绿宁静的水中倒映着青山与长城，景色非常好看。

第六章
沧桑喜峰口

喜峰口今属于河北省唐山市迁西县，当年戚继光的蓟镇总兵府也在迁西，一个是长城防御最前沿阵地，一个是负责指挥一千多里长城防御线的司令部，两者相距约30公里。修筑长城防御体系最理想的结果是不战而屈人之兵，让进攻者面对坚固强大的防御体系知难而退，长城便发挥了其应有作用。

不战而屈人之兵，是以强大的军事实力、作战潜力为基础的，是以良好的备战状态为前提的。要想做到不战而屈人之兵，就要做好战争准备。如果己方没有很好的备战状态、军事实力和持续作战的潜力，威慑作用就是纸老虎，不堪一击。

戚继光驻守蓟城的时候，曾经在蓟州汤泉（今河北省遵化市）举行过一次大规模的军事演习。这次历史上著名的汤泉练兵，将威慑作用发挥到了极致。明隆庆二年（1568年），戚继光奉命以都督同知总理蓟州、昌平、保定诸镇练兵事务，不久又兼任蓟镇总兵官，他上任后即着手整饬并加强长城沿线防务，提出要用三年时间训练出一支进可攻、退可守的10万车步骑的部队。

隆庆六年（1572年）冬，戚继光在汤泉一带组织了有10万精兵参加的大演习，并邀请了长城外蒙古族首领来参观。连营数十里的明军进行实兵对抗演练，蒙古将领们亲眼目睹了戚继光部队用战车拒敌、步兵应敌、骑兵逐敌的长城防御战斗部署。

通过演习，明朝军队充分显示了精良装备和武力，向蒙古部族首领展现了强大的军事实力。这就相当于明确告知对方，明军已经做好了抵御侵扰的准备，让对方在强大的武力威慑下不敢轻举妄动。长城沿线部队连续进行操练和演习，实际上是对敌方采取的一种威慑行动。

长城
漫话

　　每一段长城,都有着传奇历史和动人故事。提到喜峰口长城,人们就会想到悲壮的长城抗战,还有那首震撼人心的《大刀进行曲》。在喜峰口长城,你看到的不仅是砖石长城,还有英雄儿女在民族危亡时刻所表现出来的无所畏惧的牺牲精神。长城在现代饱受战火洗礼,为抵抗日寇的侵略也发挥了作用。

　　1933年春,日本侵略军占领热河后,向喜峰口进犯,没想到在这里遭到中国军队的顽强阻击。中国军队虽然武器落后,没有重武器,枪还够不上每人一杆,子弹也很少,但是白天利用有利地形与敌人血战,夜里凭借着大刀袭击被阻在长城之外的侵略军,焚烧了日军大批武器和辎重,歼敌千余人。中国士兵用大刀杀敌,取得了喜峰口战役大捷,鼓舞起民族士气,由此产生了著名的《大刀进行曲》。

　　当时,在喜峰口至罗文峪的长城战线上,中国将士屡次打败日军的进攻。同一时期,长城沿线的冷口和古北口守军也对日军发起英勇反击。日军受挫后,一面转而进攻察哈尔东,攻占多伦、沽源、宝昌、张北诸县,一面派兵改由山海关方向进犯滦东。4月初,日军攻陷石门寨、海阳、秦皇岛等地,使长城前线上的中国守军陷于腹背受敌。

　　虽然长城阻击日寇的抗战失败了,但中国军人的铁血精神却永垂不朽,一曲豪迈悲壮的大刀进行曲一直传唱到今天。

第七章

夕照黄崖

走过喜峰口，一路向西就到了天津市境内的黄崖关长城。

20世纪80年代初，我来到黄崖关时，正值春末夏初的一个傍晚。渐渐西坠的残阳下，黄崖关矗立在满山郁郁葱葱的树木和香气四溢的花丛之中，彼时的黄崖关还未复建，只有一些残垣断壁在夕阳余照下诉说着历史的沧桑。

今天，雄伟的黄崖关经过修复已完整地呈现给了游人，关城与东西两侧的悬崖峭壁互为依托，显得是那么巍峨险峻。城墙逶迤高耸，墩台、敌楼和烽火台挺拔摩云，好似一把巨型铁锁牢牢锁扼在关崖。金色夕阳映照之下，长城如金饰铜裹，蔚为壮观。

黄崖关位于天津蓟县北25公里的崇山峻岭之中，出关向北是河北省兴隆县。发源于兴隆县茅山峪的河水，横切燕山南流，河谷为峰峦林立的燕山山脉上的一条重要通道。黄崖关便横亘在这条谷地之上，切断了这条沟谷通往燕山南北的道路。它是明代蓟镇长城的险要之关，也是天津境内唯一的大型关城。关城东侧山崖的岩石多为黄褐色，每当夕阳映照，岩石就会反射出一片耀眼金光，素有"晚照黄崖"之美，关城因此而得名。

黄崖关始建于明朝永乐年间，最初建得较为简单。嘉靖二十九年（1550年）庚戌之变后，大修长城之际，黄崖关得以扩建。此后，长

第七章
夕照黄崖

城向两侧延伸，东到马兰关，西接将军关。戚继光大修蓟镇长城时，也在这里修建了大量的空心敌台，现在长城上还留有隆庆四年（1570年）修建空心敌台时所立的石碑。万历十五年（1587年）垒砖包砌了黄崖关关城，万历十九年（1591年）又砖包了黄崖关两侧的长城城墙，至此前后经过180多年，黄崖关的规模才最后定形。

黄崖关城随山形地势而修建，总体呈不规则的刀把形，城南墙的西半部向南凸出，实测城周长约890米，南北最长处不足270米，东西最宽处200多米。为了加强关城的防御能力，关城中间还砌有一道南北向的隔墙，将城分为东西两部分。东城门外还筑有一座瓮城。

相传黄崖关有九门九洞，实地勘察的确如此。关城有东、西、南三座城门，都设在东城，加上东西城隔墙上的两座小门和四座水门，正好是九门。城门和水门皆砖券拱洞，亦可称为九洞。

黄崖关从东至西依次由瓮城、外城和内城三部分组成。城墙东、西、南三面设通衢城门和城楼，北城墙因防御需要未开设城门，而是在城台上建了一座北极阁（当地人俗称其为关帝庙）。

城里街道并不作棋盘式布局，而由数十条死巷、活巷、丁字巷互相交错构成，人们称其为八卦街。按照八卦形制修建了关城，以乾、坎、艮、震、巽、离、坤、兑的图形和方位分布，乾卦区还修建了百将、百家墨迹碑林和毛泽东诗词碑林。

关城南门上嵌有一方楷书"黄崖关"汉白玉额匾。1984年我们在这里考察时，这块石匾还被放在村中心的井台上，当作人们在井里取水时的垫脚石。南面有一座牌楼，牌楼的匾文阳面为"蓟北雄关"，阴面为"金汤巩固"，北城墙向东延伸到水关。

水关是一座五孔桥式的建筑，上面砌有雉堞，下面券筑拱形水洞。

065

水关全长约75.5米,通高约12.15米,控扼沟河谷地,东连太平寨,西接黄崖关城。上有垛口、射孔,下有铁栅栏,水能够流动,而人马不能跨越。战争一旦爆发时,可凭此迎战敌兵,平时则驻关收税。

很可惜如今这座水关坍毁得只剩北城墙遗址了。西侧的长城边墙,因地制宜地建筑了砖墙、石墙,以及险山墙、劈山墙等多种形式的城墙。

沿线的敌楼、墩台有方形、圆形、砖筑、石砌等多种类型,大小共有20座。其中距离关北一公里远,迎风站立在孤峰上的凤凰楼,为砖砌、圆形,底径约16.1米,高约18.3米。凤凰楼分上下两层,顶建砖结构的楼橹铺房,因年久失修,墙垣颓圮。20世纪80年代,经天津市政府和各界人士共同集资,又把它给修复起来了。

继续向东是太平寨长城,太平寨位于黄崖关东南方10公里处的小平安村里,海拔高度约400-500米,控扼着黄崖关城东侧的险峻沟谷。这里有个引人注目的方形敌楼,名为"寡妇楼"。相传有12位士兵的妻子因丈夫修筑长城而数年不归,就结伴到边关去寻夫,历尽千辛万苦,寻到长城脚下时,看到的却是一个个立在山上的墓碑,亲人早已为修筑、守戍长城而献身了。这12位坚强的女性,强抑悲痛,决定献出抚恤金,支援修长城,并继承丈夫遗志,参军戍边,以身报国。

在长城沿线有很多类似的传说,个个都是凄婉而又动人的故事啊。

在太平寨长城入口处的瓮城前广场上,树立着与长城有着不解之缘的戚继光石像,像高8米有余,身着戎装,气宇轩昂,栩栩如生。

黄崖关长城以关城为中心,向沟河两崖延伸,东向至半拉缸山,有悬崖为屏障;西向至王帽顶山,有峭壁为倚靠,全段长城建筑在海拔700多米的山脊上。这一段长城的建筑特点是台墙有砖有石,敌楼有方有圆,砌垒有空心有实心。关城塞堡、敌台水关,应有尽有,又

第七章
夕照黄崖

接山跨河，设计布局十分巧妙，集雄峻宏伟和壮丽奇秀于一身。

登上黄崖关，令人感受最深的是风景的奇美和壮观，望着眼前的和平景象让人很难想起这里曾经是古战场。

要知道，修长城如此浩大的工程，需要巨大的人力和财力才能完成，继而保证整个防御体系的运营。如果不充分考虑社会承受能力就大兴土木，必然会激化矛盾，修长城和打仗都得向百姓摊派银两，特别是辽东战事越来越激烈时，各项摊派层出不穷，每次征派银两，少则数十万两，多则数百万两。

明万历中期以后，恰遇气候寒冷加剧的时期，粮食产量骤然下降。北方的酷寒驱使降雨区域普遍南移，导致全国各地几乎连年遭灾。朝廷不仅征派银两，还要抽丁充军，结果大批农民被迫走上逃亡之路或与官府为敌的造反之路。

修筑长城是一项超大型的工程，不得不动用数以百万计的军队和劳役，需要大量的经费，需要大量的粮食。所以大规模修建长城的时期，朝廷虽然无奈，但还是要增税赋、征粮草，确保长城修建工程的进行。

当修建长城和守卫长城的经费需求超出了国库的支付能力，朝廷常常会通过增加田赋、多课盐税、以钱赎罪、卖官鬻爵等增加社会负担的方式来解决问题，这些在明朝的史料里有很多记载。

明朝从宣德九年（1434年）到崇祯二年（1629年）近二百年中，先后9次增加田赋，每亩田赋达到12厘。沉重的田赋已达到百姓不堪忍受的程度。

  明朝中后期，盛行通过官职买卖筹措经费，解决财政困难。官职买卖以官衔的大小明码标价，不同的官爵卖不同的价钱。正德三年（1508年），修筑长城边关墩堡需要50万两银子，朝廷拿不出这笔经费，就出售官职，出价150-600两，可以授与都指挥、佥事等以下官职。

  从这些情况可以看出，长城在发挥军事防御作用的同时，难免会加重当时社会的政治负担、经济负担，甚至会引发其他矛盾，这也为后期明朝的灭亡埋下了伏笔。

第八章

京北之险

长城
漫话

顺着长城一路走来，就会发现，越接近京畿，长城就修得越坚固。京畿长城就是包括蓟镇长城的西部，以保卫北京为主要任务的长城地段。

司马台长城位于北京密云东北部与河北省滦平县的交界处，东起望京楼，西到将军楼，原称司马台暖泉口。它建于明洪武初年（1368年），属明代九镇中蓟镇古北口路管辖。

我曾多次寻着长城的踪迹，攀越这里的山峰。在山下仰望司马台长城，城墙背倚蓝天，横亘在东西两侧的山峰上。长城之上，浮云悠悠。抬头望去，奇峰突起，又高又险，令人不禁联想起李白的《蜀道难》。依我看司马台长城和蜀道比，并不逊色。

攻击和防御是战争的两个基本形态，一般来说，长城上的驻军处于防御状态，而攻打长城的一方处于主动地位，作战中的攻击和防御往往又会相互转换，这就要求进攻方要有防御力量，防御方也要有攻击力量。不管怎么说，守卫长城是一种以防御为主的作战形态，而利用好长城和地势，就可以组织好有效的防御。

长城防御作用有一个不断完善的过程，这个过程与来自北方游牧骑兵的威胁是相对应的。长城防御部队必须要找到解决军事压力的方案，以满足防卫安全需要，司马台长城防御工程的建设就是这种针对性解决方案的一部分。

第八章
京北之险

历史上，明长城的九边又称作九镇，是明朝设立的九个长城防御区域，这九镇分别是辽东镇、蓟镇、宣府镇、大同镇、太原镇（也叫作山西镇）、延绥镇（也叫作榆林镇）、宁夏镇、固原镇（也叫作陕西镇）、甘肃镇。这九镇辖互相连，从而形成长城全线的多兵把守。

九边图摹本（局部图）

后来，明廷陆续又在蓟镇中分设了昌镇和真保镇、山海镇，从固原镇中分出了临洮镇。蓟镇是明长城中最重要的一镇，也是万里长城最坚固、最雄伟的一镇。蓟镇管辖区域在没有拆分出昌镇和真保镇时，包括了目前北京的东、北、西三面的长城一线。早已誉满中外之旅游胜景的山海关、八达岭、居庸关、金山岭、慕田峪等长城段，当时均属于明代没有拆分前的蓟镇管辖。

明朝建立后，洪武六年（1373年），大将军徐达负责山西、北平一带的防御，修建了自当时的永平、蓟州、密云向西2000多里的120多座关隘。

洪武十四年（1381年）春，徐达又派明军燕山诸卫屯兵15100多人，修筑了从山海关到北京北部的32座关隘。

明初洪武、永乐年间，蓟镇辖位修筑的仅限于北京东北和西部燕山山脉，以及军都山脉上的长城关塞隘口，沿线很少地方筑有阻隔山谷和连接关隘的城墙。

明初经营边地防务、修建防御工程的主要目的，并非如后期那样的完全消极防御，寄希望于一道长城防御线就可以一劳永逸。当时经营边关，建立起有效防御的目的，是为了保存和发展自己的力量，取得一定优势后，再主动发起进攻。所以修建长城时，投入的人力、物力都很有限，工程量也不是很大。

自明英宗以后，明朝开始走向衰落，而蒙古族瓦剌部的绰罗斯·也先继承了父位，自称太师淮王，自西而东统一蒙古族各部之后，便开始频繁向南攻击。

在这种情况下，明朝就不得不强化长城防御了。正统三年（1438年）、正统十四年（1449年）、景泰元年（1450年）、天顺元年（1457年）、

第八章
京北之险

天顺八年（1464年）几次修筑蓟镇长城时，京畿地区都是重点。到了嘉靖、隆庆、万历年间，蓟镇长城发展到了顶峰。

明朝建都北京，明廷自然得全力修建包括司马台在内的蓟镇长城，确保京畿地区的安全。今天我们看到的八达岭、慕田峪等长城，也基本定型于这个时期。

据《明史》中记载，蓟镇在嘉靖二十七年（1548年）时称镇。认真考虑发现，这个记载是个错误，其实早在永乐年间，这里就已经有了常设的总兵官。自隆庆二年（1568年）戚继光驻守时起，改为总理练兵事务，兼镇守总兵官，治所就在今河北省迁西县西北景忠山下的三屯营。

为了加强内长城的防御能力，特别为保障明朝昌平陵寝宝地的安全，明廷分别于嘉靖三十年（1551年）、嘉靖三十八年（1559年）在蓟镇所辖长城中分出真保镇和昌镇。昌镇负责北京正北陵区一带的长城防御，真保镇负责镇守紫荆关、倒马关、龙泉关和故关段的长城。

真保镇防御地段长达390千米，西自紫荆关沿河口，向东连接昌平镇边界。向西抵故关鹿路口，接山西平定州界。昌镇有230千米，负责居庸路、黄花城路段的内长城防务，东自慕田峪，连石塘路蓟州界，西抵居庸关边城，接紫荆关真保镇界。

从长城防御重点的安排，我们可以看得出，明朝面临来自北方的军事压力有多么大。

司马台长城全长约5.4千米，有敌楼35座，以关口为中心分为东

西两部分。这是按照现在的景区范围划分的。东段到望京楼，全长约3千米，有敌楼16座，这段长城十分险峻，是其最精华的地段。西段与河北省滦平县整修的金山岭长城相接，其间布设空心敌楼很密集，相对司马台关口以东的长城，这段地势要平缓很多。

司马台长城沿刀劈斧削般的山脊修筑，惊险无比，尤其是云梯和天桥两段，更是险中之险。云梯是单面墙体，长约50米，坡陡、墙窄，呈直梯状沿山脊上升，两侧是百丈深渊。百级云梯的东面是天桥，长约100米，宽仅约30厘米，两侧是悬崖峭壁。

这段长城建筑，构思精巧缜密，设计科学合理，结构与形制新颖奇特，造型美观实用又风格各异，基本上是依险峻山势，随山势而变化，以险制塞，利用自然屏障砌筑。能在这样的险峻峰岭之上修筑出这般壮美的长城，其可谓杰出的能工巧匠。

品味司马台长城可以悟到古人修筑长城的一个重要原则，那就是"因地形，用险制塞"，就是要选择有利地形，因地制宜地设计施工。长城走向、建筑体量、选用材料等，都要根据所经之地的战略地位、地形特点，按实际情况灵活确定。尽量利用高山、大江大河、深谷作为天然屏障，与人工构筑的长城配合使用，互为补充，既可提高作战能力，御敌抗敌，又可节省物力、人力，达到事半功倍的防御效果。

有的山脊外侧是悬崖，本身就可以起到很好的防御作用，长城修到这些地方，就利用原来的悬崖峭壁稍加修整，或筑些简单的矮墙，使敌人根本没办法攀爬上来。这样的险塞是最能发挥长城作用的地方。

司马台长城最高的敌楼可属望京楼，海拔达986米。站在此楼之上，远山近水尽收眼底。据说在月高星稀的晴朗夜晚，向南可以遥望到北京城里的灯火，故名望京楼。每次登上望京楼，我都会涌起一种情绪，

第八章
京北之险

想触摸蓝天,想拂掠白云,多少次都像是从头来过一样,心情格外激动。

站在望京楼向南眺望,辽阔的华北平原,嘉禾翻浪,一直铺向目不所及的天边。坐在古老的长城之上,思想荡漾在历史和现实之间,无不令人感慨万千。

望京楼西为仙女楼。顺着长城由西向东,欲上望京楼,就要先登仙女楼。要上仙女楼,就要先登天梯。听这"天梯"二字,就一定猜到了长城的险峻程度。眼前这道天梯,高达100多米,坡度有60多度,乍看如垂直状态。要是没有胆量,绝难征服它!仰头上望,砖石砌就的台阶仅可容纳一双脚,两侧悬崖陡壁,中间这一道台阶陡然耸立,不由叫人望梯兴叹,倒吸一口凉气。

民间传说这座仙女楼是由一只漂亮羚羊变成的。一日莲花仙女到此处,见其清凉飘逸,便居住在里面,故而得名。仙女楼形体修长,长年在白云中若隐或现。仔细看,汉白玉的石拱门上还刻有并蒂莲花浮雕,精工细刻。

爬上了仙女楼,四处景色果然更加壮美。俯首看脚下的悬崖,刀削斧劈一般,更显得峻险。西北边的金山岭长城与司马台长城浑然一体,恰似一条即起腾飞的苍龙,舞动在山岭之上。

长城上大小不同、形态各异的敌楼,恰到好处地建在各个制高点上,威风凛然,冷峻挺拔。连贯群山的整段长城,完美和谐,气势磅礴,处处都显示出她的精巧、雄伟、奇特和壮丽。

司马台关现在已经被一座20世纪60年代建的水库淹没,将水库长城被分为东西两段,这个水库被称作鸳鸯湖。由于有地下温泉,鸳鸯湖由37℃常温的温泉和冰冷刺骨的冷泉汇集而成。湖水是冷暖参半的,每到滴水成冰的严冬,湖内依然碧波荡漾、雾霭升腾。

任何战争都受地理条件的影响,长城选址时即需要确定大的走向,又要考虑怎样利用好地理环境,根据敌情和地形条件确定长城防御重点,然后再确定连接这些防御重点的墙、壕的位置。通过修筑城墙,将天险和人工构筑的防御工程结合起来,形成进可攻、退可守的防线。

司马台长城敌楼的建筑各有特色,仅是敌楼顶部,就有平顶、穹隆顶、八角藻井顶等6种,墙体也有单边墙、双边墙、垛口障碍墙、单面墙、双面墙、梯形石墙等7种。敌楼的样式更千变万化,有两层、三层、扁形、圆形、拐角形、两眼、三眼、四眼、六眼、二十四眼。追求美感是人的基本天性,所以匠人们在修建长城这样严酷的条件下,还要结合实用功能发挥美学想象。

今天的司马台,久经岁月风雨侵蚀,多少战火蹂躏,既保留有雄伟、挺拔的城楼,也有风刀霜剑磨练出的断垣残壁。长城的恢弘与残缺恰到好处地结合在一起,构成了一种残缺的美。

我在陪同朋友参观长城时,经常被问到怎样看长城的作用。长城可以起到阻止、抗击较少敌人侵扰的作用,若是没有长城,不论游牧民族的骑兵有多少,甚至几十人、几个人,都可以在任意方向上毫无阻挡地驰骋,对农耕地区实施突然袭击,劫获人畜财物。等到守军闻讯前来救援时,他们早已满载而归。

进攻长城一方的军队,拥有作战方向和作战时间的选择权,这是主动进攻方的权力。而守卫长城的军队依托修建在易守难攻的长城关隘等战略要地,迫使发起进攻的军队必须接受在不利的地形作战。

面对游牧武装的流动性攻击,中原王朝难以在短时间内对应流动地集中作战兵力。有了长城和长城上的长期防守部队，情况就不一样了。有了长城防御工程，再加上一定数量的防守兵力，少量游牧骑兵就无法越过。即便是几百上千人的部队，也不能轻易越过长城，还很可能被围在长城里面，守军可以依托防御工事，集中优势兵力，打击入侵之敌。

古人修建的长城，是一个关城相继、烽堠相望、敌台连接、纵深布防的体系。在这个体系中，出于防御需要建造的烽燧、敌台、射孔、炮台等，都是为了有效抗击敌人而精心设计的。

当遇到游牧民族的大兵团进攻时，长城可以起到消耗、迟滞敌人，争取防御部队运兵时间的作用。游牧骑兵最大的优势就是机动性强，若没有长城防线的阻挡，游牧骑兵可以在很短的时间内长驱直入。借助长城，当敌军先遣部队接近防区时，哨兵可以通过烽燧向守军报告敌情，防御部队立即进入战备状态，准备迎敌。敌军主力攻打长城时，机动部队可以支援敌主力攻击的地段，同时还可以较为从容地部署第二道防线，阻止敌军向纵深发展，迅速集中兵力，形成相对优势，与进犯之敌决战。

物是人非，当初曾经活动在长城上的人们早已成为历史，我们站立在长城上，只能遥想昔日的战火烽烟和边关贸易的情景。长城见证了一个又一个王朝的更替，每一块长城砖石都包含着故事，每一座敌楼都记忆着豪迈。

险峻的司马台长城集中了长城建筑的精华，特别受旅游者的追捧，每年都有大量游人来到这里，体验长城文化的精妙。中国人喜欢长城，这种喜欢几乎到了不需要理由的地步，如果非要说出喜欢的理由，大概只能讲，长城是中国古代劳动人民智慧的结晶，是中国人的骄傲。

其实很多人说不明白,作为一个普通个体,与长城的实际关系是什么。长城是伟大的,长城是中国的,我是中国人,所以我就自然而然以长城为骄傲。这种文化上的归属感,人人都有。人就是要文化归属,没有文化归属感就会孤独无助。

但喜欢长城并不意味着一定要去攀爬山野自然状态的长城,那些长城没有保护措施和旅游接待条件,游人登上这样的长城,不仅自身安全存在风险,对长城也是一种破坏。

有些游人在参观没被开放的长城时,偶尔会遇到危险,需要动用大量人力物力才能获得救援,有的甚至不幸遇难。我得知这些消息时总是非常难受。我们在做长城调查时,有人说不愿意去人挤人的长城景区,那里没法体验长城文化;还有人觉得一些长城景区的观光内容不够纯粹,有不少与长城无关的内容,影响了对原汁原味长城文化的探寻,所以才去冒险攀爬未开放的野长城。这说明我们的长城文化旅游开发方面确实一定程度上没能满足公众需求。

长城是每个国人都想去观光的地方,但体验长城文化并从中获得更为精妙的感受,还有好多办法,而且也不必冒着生命危险。这么多年来,我作为长城研究者,在行走长城的过程中也一直在琢磨这个问题:怎样才能更好地把长城最感动我们的东西呈现给大家?

第九章

戚继光的心事

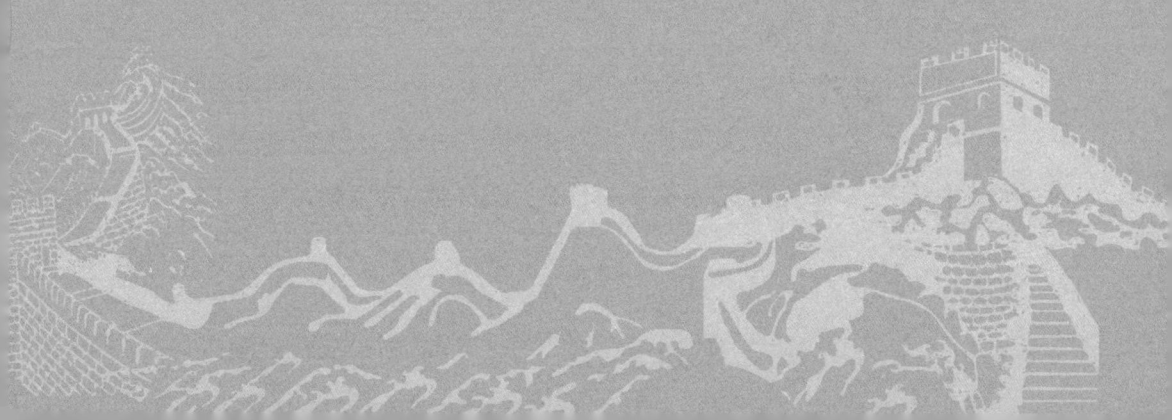

长城漫话

行走古老的长城,每一段城墙都掩埋着一段深深的历史,或见证着某个朝代的兴衰,或记载着某支军队的胜败。我们要走进长城的历史隧道,了解长城的昨日辉煌,更将入地理解在冷兵器时代中国古人的想法。

"金山岭"这个称谓是1984年长城被修缮后准备对游人开放时选定的,历史上本没有这个地名,传说是因为当年来自浙江金华、义乌的士兵想家了,戚继光就把这座山改名为"金山",以解大家的思乡之愁。

我想,很多人都愿意站在长城上极目远眺,让视线随长城一起消失在远方,那种美感好极了。接下来就请跟着我到河北承德与北京密云交界处的金山岭长城看看吧,那里是最能体验到长城绵延之长的地方。置身金山岭长城,你会感觉到长城似乎真的长了一双翅膀向远方飞翔着。

金山岭长城是已修复的长城精华地段之一,位于古北口以东约7.5千米处。金山岭长城地势险要,视野开阔。登上西山最高峰的五眼楼,举目东眺,只见长城向着燕山山脉的主峰雾灵山飞奔而去,长城磅礴的气势真是让人震撼。

昨天发生的一切都已经成为历史,今天发生的一切也都将成为明天的历史。这一点古人在修建长城的时候就有所认识,否则就没法解释为什么在长城各段会有那么多的石碑、摩崖刻石和文献,为什么在各处长城建筑上精心安排了那么强的美学设计。

明朝时期金山岭长城是古北口所辖长城的一部分。它东起将军楼，西至古北口，全长约15千米，沿线设有多处大小关隘，筑有70余座不同形式的敌台。

敌楼密集是金山岭长城的又一大特色，地形特别复杂的地方，有的敌楼相互间距仅有50多米，所以远远望去，视觉美感特别强烈。

春天山花烂漫，盛夏万木葱茏，金秋漫山红叶，严冬白雪皑皑，长城在这如诗如画的风景中处处都是奇观，满目尽是风光。

由于这里的长城建筑精美，视野开阔，军事防御体系健全，和谐自然地融入周边山川，形成独特景观，因而就有了"万里长城，金山独秀"的美誉。

我常去金山岭长城，登上长城，倚着墙边向下看，乔木林间夹杂着灌木丛，一片片涌着绿浪的树林和山上错落的森林连缀成片，铺陈出无边无际的绿色。绿茸茸的草地和野果树中偶有不知名的小花和野果点缀其间，美意融融，幽寂中显出一丝闹意。看着看着，使人心里越发平静了。

长城除了本身的魅力吸引游人之外，这里自然风景的优美也是一个原因。山野的清幽，可以使久居闹市的人们纷杂的心绪变得纯净澄明。

金山岭长城的修建者充分利用了金山岭一带山势和地貌。凡是在山势陡峭的地方，墙体便垒低一些；凡是山势比较平缓的地方，墙体就筑高一些。我们参观金山岭，就能感受到修建者的良苦用心。长城记录了劳动者为修建长城所付出的勤劳和智慧，也记录了他们所承受的艰辛与苦难。

金山岭长城墙体的底部以三四层条石来奠基，城墙用青砖包砌，

白灰抹缝，墙体内用土、沙、石搅拌填充。在内侧城墙敌楼附近设有券门，供守城士兵上下长城之用。券门内有石梯或砖梯通到城墙顶部，遇有敌军攻袭等情况，守城士兵会迅速从券门直接登城或进入敌楼，立刻投入战斗。

战争都是在一定空间里进行的，空间是战争的载体，所以充分利用有利的地形条件对于作战胜利是重要保证。人工构筑的防御工程是对自然地形的调整和补充，长城的作用就是以高大、坚固而且连绵不断的墙体为防御工事，配合天然险阻，有效地阻挡敌方军队的进攻。

金山岭长城城墙顶部的宽窄不等，平均约 5 米左右，使用双层大方块青砖铺面。每遇陡坡，就用砖砌成梯式台阶，以便士兵上下通过。城墙顶部每隔三五米远就有一条砖砌的排水道，防止雨水冲刷和侵蚀墙体。墙顶靠外的一侧留有一个镭石孔，作战时守城士兵可以从镭石孔施放镭石，打击攻到墙脚下的敌人。

城墙顶部的外侧用砖砌成两米高的垛墙，隔一米多远就设有一个垛口，守城士兵可以从垛口射击来犯之敌。垛口的石面上还留有一个小洞，用于架设佛朗机。佛朗机下面有一个独脚支架，将其插在小洞里，可以转动，以备作扇形射击。城墙顶部内侧，用砖砌成高约 1.7 米的宇墙。

佛朗机是在明朝嘉靖年间由葡萄牙传入中国的，当时明朝把葡萄牙称为佛朗机，也就将这种武器叫作佛朗机了。明军在与葡萄牙人的冲突中缴获了这种火铳，在使用过程中觉得性能很先进，就装备到明军神机营，后来一边使用一边改进，衍生出很多品种。

第九章
戚继光的心事

登上长城，人们无不感叹长城建筑中所蕴含的古人智慧。数百年前，长城的修建者为确保工程的顺利进行，在质量、工期、成本等施工要求下，每个阶段、每个工序、每项施工任务都有序安排，保持着最有效的配合。只有这样，才能创造出万里长城这一世界级的奇迹。

明代以前，各代所筑的长城都设有墩台，每隔一段距离就砌筑一个，但都是实心土夯或砖石砌筑。守卫士兵在墩台上四处瞭望，侦察敌情。可是，巡行在长城上的士兵们由于在风雨霜雪、寒冬酷暑中没有遮挡设备，非常辛苦，也影响及时发现异常情况。

士兵们依托坚固的城墙进行防御作战，打破敌方对长城的进攻，保存和积蓄力量，消耗或消灭进攻的敌人。战斗中只有做到更好地保存自己，才能有效地消灭敌人。

这个问题引起了戚继光的注意，他不仅担心军士暴露在暑雨霜雪之下无所庇护，也考虑到一遇战事，军火器具运输不便，如果临时堆放到城墙上，也无处储藏。为此他向朝廷提出了修建空心敌台的建议。

从隆庆三年（1569年）开始，戚继光就组织征调士卒、民工，开始了艰巨的筑台修城工程。到了隆庆五年（1571年）八月，终于在蓟镇长城上修建起1017座坚固的空心敌台。

由于有了空心敌台，长城上戍守的士兵就不必露宿城头了，士兵既可以在敌台上面放哨、瞭望，又可以在里面休息，军事和生活物资也有了存放之地。

就这样，戚继光在守卫蓟镇长城期间积极地利用长城，发挥和强化长城防御功能，对长城加以整修、改造，让楼台相望，层层布防，

使这个防御体系更加合理，更适应实战需要，形成了坚固的整体防御体系。

充分利用有利地形条件，是长城修建指挥者不可疏忽的重要考虑。历朝历代修筑长城普遍采用的指导原则是"因地形，用险制塞"，这是《史记》中对长城修建的一句总结，后世所有谈长城修建的人都要讲到这句话。春秋战国修筑长城时摸索出来的这条经验，到秦始皇派蒙恬修长城的时候才被真正确定下来。

长城守卫军队的作战能力一定要与长城防御建筑相呼应，明朝修筑长城的目的是为了加强防御，但是在某些时期，长城没少建，军队

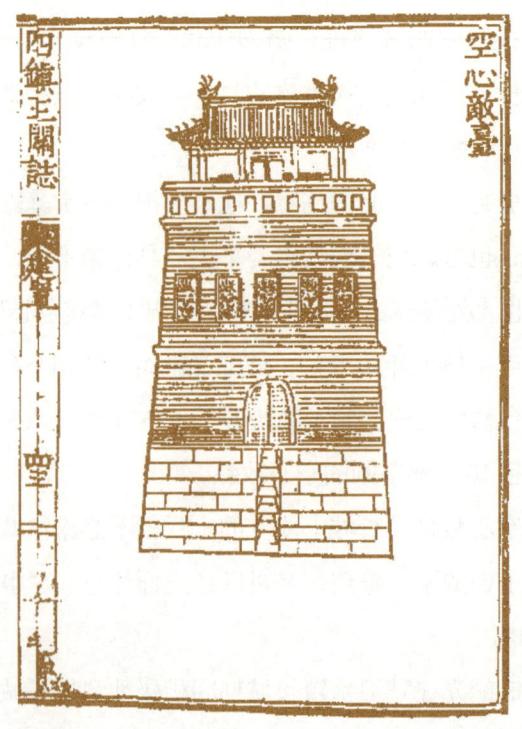

四镇三关志中的空心敌台

的作战能力却越来越弱，长城防御体系也就随之越来越薄弱。这种情况与长城修建者的初衷背道而驰，尤其是到了明朝后期更加突出。

长城军事防御的实力为什么越来越弱呢？这与许多方面因素都有关，仅就军事方面来说，有这样几个原因：

一是军队训练水平低，无法形成比较强的战斗力。明朝用于长城防御的部队数量非常庞大，直到明朝灭亡时，始终都保持在百万人以上。这么大规模的军队，只要具备最基本的战斗能力，就足以确保长城的安全了。守卫部队与进攻部队有多种多样的作战形态，特别是游牧民族部队攻打长城时所采取的进攻路线、方向、方式在不同时间、不同地点也有很大的变化，因此防守方的军队一定要持续保持足够的战斗准备才行。但明末军队散漫松懈，训练少、素质差、组织涣散，即使部队数量再多，也不能形成应有的战斗能力。要是军队丧失了基本的战斗能力，长城修建得再坚固都没用。

二是武器装备太差，无法组织有效的防御战斗。明长城的主要防御对象是蒙古族各部，按理说，明军在火炮、炸药、冶炼、铸造等军火制造技术和武器装备方面与蒙古族军队相比，明显占据优势地位，在火器方面更是具有绝对的优势。明王朝应该积极发展火器制造业，为长城防御配备足够的火力弹药和装备，才能有效抵御蒙古族军队的进攻。当时修建长城，可以很容易地从朝廷申请到经费，但如果用于炼铁铸炮却比较困难。明嘉靖年间，翁万达出任宣大总督时，研制出了适合在长城上使用的三出连珠炮、百出先锋炮、铁棒雷飞炮等，于是上奏朝廷，建议修建长城、增铸火器。然而，他只从朝廷那里得到了用于修建长城的百万银两，却没得到制造火炮的经费。翁万达在任期间虽然修筑了千余里长城，适当提高了长城的防御能力。但因为武

器装备没有得到相应的改善，无法有效提升防御能力。修建长城自然有一定的威慑作用，让长城外的游牧民族知道长城内已经加强了防御，不敢轻易来犯。在当时的武器装备条件下攻城非常困难，是不到万不得已不会采取的最下等策略。可是明朝军队在武器装备方面无法形成足够有效的防御能力，所谓的威慑也就徒有其表了。

三是明朝军队的野战能力太弱，战术上死守长城，导致长期被动挨打。明朝建立之后，永乐年间朱棣组织的五次亲征漠北，都是较大规模的野战。此后在北方长城地区，明军的主要任务是防守。在长城越修越坚固的同时，军队的野战能力却越来越弱。守卫长城的军队如果没有足够的野战能力，不可能在作战中根据战场变化做出快速反应，适时出击，给进攻之敌以歼灭性的打击。当然，长城的防御并非一些人想象的那样简单。长城防御是一种前线合配纵深的防御，是防御与包围歼灭相结合的防御。这种防御具有坚守和机动相结合的特点，运用得好也是一种积极防御。

长城要发挥作用，不仅要有坚固的城墙，还要有能战斗的戍守军队，有运筹指挥这些军队的军事决策机构、控制这些军事决策机构的中央部门、管理统辖中央部门的皇帝。这些执行和完成长城防御体系各项军事任务的群体，上到决策层、下到执行者，才是长城防御体系完善有效的决定因素。他们的行为决定着长城发挥什么样的作用，而不是长城建筑本身起决定作用。

比如金长城的修建是为了防御越来越强大的蒙古族，可是，由于戍守金长城的汪古部，在成吉思汗还没有打到长城脚下的时候，就已经投降了。作为防御之用的长城建筑本身，就失去了一切发挥作用的基础。

第九章
戚继光的心事

军事学上的防御,就是军队凭借险峻地势和坚固的防御工事,被动固守一块阵地,抗击敌方进攻,达到以逸待劳的目的。我们形容长城关隘地势的险要时常说的"一夫当关,万夫莫开",就是这个意义。

可是,如果城墙还没有被攻击就倒塌了,架设在长城上的大炮十门有八门打不响,各个烽燧应该传递的信息传递不出去,想要取得战斗的胜利,无异于痴人说梦。明朝后期,就真的出现过这样的情况,长城还是先前的长城,而作战时应该发挥主体作用的人却出了大问题,明朝江山就因此丢掉了。

第十章

岁月之痕

一路前行我们来到了古北口，今天平和安详的古北口是一座古老的关隘，保留着古老的城墙、传承着古老的文化。抚摸着长满青苔的长城砖石，我总会有一种想奔跑的冲动，总感觉能听到长城在大声地说话。

古北口位于北京市密云区北部，是燕山山脉南北交通咽喉之一，背依蟠龙、卧虎二山，南接青风、叠翠二岭，有潮河由北向南穿关而过。蟠龙山和卧虎山近在咫尺，隔河相望。

万里长城主体城墙将蟠龙、卧虎二山连成一线，形成奇险。古北口原名为虎北口，关西南有山，势如卧虎，人称卧虎山，关隘在山北而得名。

古北口的始建年代，根据目前发现的文字记载，可知为唐代。五代后晋石敬瑭割燕云十六州给契丹以后，就被少数民族统治者占了。

辽统和四年（986年），朝廷曾以古北松亭、榆关征税不清，导致商旅通行不畅，派遣大臣前去追究相关人员和机构的责任，可见当时此地贸易活动已相当发达。金贞祐二年（1214年），古北口改称为铁门关。

明朝推翻元朝后，明太祖朱元璋命徐达修筑长城，古北口即为徐达所修建的第一批关隘之一。

明朝时曾经有人赋诗赞颂古北口：

> 诸城皆在山之坳，此城冠山如鸟巢。
>
> 到此令人思猛士，天高万里鹰弓稍。

长城就是一部古代民族融合的史书，是民族英雄主义的大合唱。今天的长城虽然残破不全、老态龙钟，有的地方几乎变作了废墟，我们依然能够感受到长城遗址里所蕴含着充盈的生命力。

古北口东面的蟠龙山，西面的卧虎山，像是一对屹立的巨人，近在咫尺，隔河相对。由卧虎山向西，怪石嶙峋，崖壁矗立。由蟠龙山向东，山体不太高，树木葱葱。中间的潮河水把两山分开，穿山南流，河谷只有100多米宽。

河谷的东岸到关口城下，仅宽10多米，地形之险峻，令过往行人无不发出惊叹。由北京通往承德的101国道，现在就由此通过。长城从对峙的山脊腾峰跃谷，似一条欢腾的长龙，从天上降落河边。

长城的传奇性、文化性，就在长城苍老的形体中。想真正了解长城，既要走近砖石的长城，也要走进文化的长城，领略长城的精神。

古北口是燕山山脉中通向华北平原最大的一处关口，通过古北关南下，就直抵北京了。如果北上穿越燕山，可到承德和内蒙古草原，所以古北口自古以来就成为地控南北的交通要道。正如清代文人洪升在《望古北口》一诗中所说：

> 绝顶此跻攀，苍茫晓日殷。
>
> 一身飞鸟上，双足乱云间。
>
> 大漠连沧海，长城补断山。
>
> 遥看古北口，天险旧秦关。

作为兵家必争之地，可能刚才还是阳光灿烂的日子，不久就是乌云密布的殊死争斗，这都是因为古北口太重要了。在明朝，由此跑马

往南，不用多久，北京皇城宫殿的楼顶就隐约可见了。

古北口是北方的游牧民族进入南方中原的通道，北齐时期古北口就修筑了长城。明初，沿北齐长城遗址的大致走向，修建长城防御体系时还修建了古北口关城和配套的防御设施。

古北口最北边的防线是与长城主城墙相连的铁门关，铁门关西是横跨潮河的水门关。从铁门关口向南，沿着大道直行，是古北口城的北关门。

关城位于蟠龙山脚下，建于明洪武十一年（1378年），城池随山势而建，建筑物上下交错，全城呈三角形，周长有2千多米，在东、南、北三面开三座城门，城墙均高约5米，陡峭处以山石垒成，平缓处以条石为基，青砖包砌。

古北口关城是明代古北口长城防线驻守部队的指挥中心。明朝中后期，又对古北口长城进一步增筑，整个防御体系更为森严。

古北口长城上有很多带文字的砖，记录了砖砌长城的修建时间，它们几乎均为万历五年（1577年）到万历十年（1582年）之间。这个时间段，正是戚继光主持蓟镇长城的时候，他是万历十年从长城调走的。

长城由古北口铁门关向东西延伸到卧虎山、蟠龙山。东侧的蟠龙山山势雄伟，再往东则是著名的将军楼。将军楼威武挺立，四周开阔，居高扼控险要之地。这一段长城是北京明长城中比较坚固雄伟的一段，完整保留了明代长城建筑的原汁原味。

历史上发生在古北口的战事很多，明史上著名的嘉靖庚戌之变，古北口便是主战场。这场战争是明蒙之间有数的几场大规模的战争之一，如果土木堡之变数第一的话，这场战争毫无悬念的可以数第二。

嘉靖二十九年（1550年）六月，蒙古部族首领俺答集合10万骑兵，

第十章
岁月之痕

准备大举南下进攻长城。此时靠贿赂首辅严嵩而官居大同总兵的仇鸾，派人送重金贿赂俺答，请求俺答不要进攻大同，转攻他处。俺答接受贿赂，便引兵东来，攻打古北口。

俺答的军队自古北口进攻，长驱至通州，直抵北京城下。嘉靖皇帝催促诸将出城作战，而严嵩等人却听任俺答兵在城四周大肆掳掠，说等敌人抢到足够多的人和物资后自会退兵。

俺答兵围困京城三天，明军不敢出战。俺答的部队在城外抢掠大量财物、牲畜及人口。最后在嘉靖皇帝口头答应通贡并开放马市后，蒙古军队才撤退。因这年干支为庚戌，这场兵变故称庚戌之变。

此后的20多年里，俺答连年南下掳掠，长城沿线的百姓深受其害。直到隆庆四年（1570年），双方最终达成和议，明廷封俺答为顺义王，俺答也服从中央朝廷，长城一带才得以安宁。

身处要塞的古北口，战时是浴血厮杀的疆场，平时期又是贸易和文化交流的通路。

宋辽金时期，宋同北方的辽、金打打和和。交好的时候，双方互派使者，互通贸易。宋朝时的著名高官、大文人诸如富弼、欧阳修、王安石、苏辙等，都曾由古北口出关，代表宋国执行出使辽国的任务。

欧阳修还曾满怀诗意，在黄昏时候匹马盘桓，登上边墙，吟诵了"古关衰柳聚寒鸦，驻马城头日欲斜，犹去西楼二千里，行人到此莫思家"。北宋文学家苏辙出使辽国时，也留下了诗作。

元祐四年（1089年）十月，苏辙奉旨出使辽国，庆贺辽道宗耶律

洪基的生辰。他从东京（今河南开封）出发，出于文人的习惯，一路上留下不少诗作。过燕京后，继续前行，经过数日颠簸，眼前赫然出现了险峻的古北口。

当时的古北道崎岖难行，在陡峭的山崖之间只有一条狭窄通路，稍宽的车都没办法通过，仅能单骑行走。苏辙作为一个宋朝官员，行走在原属宋国，现在却已经是辽国地盘的古北道上，自然心绪难平。经过杨业庙时，祭拜了北宋抗辽名将杨业，他再也忍不住思绪，于是作了《古北口谒杨无敌祠》一诗。

喜悦、郁闷和悲愤等情绪，对于苏辙这样的文人来说，都是激发诗性的引子。在诗中，他赞颂了杨业作战勇敢，并对杨业率部死战最后中箭被擒、绝食三日而亡的英雄气概深表敬意，还借古喻今，暗喻杨业是遭人陷害才遇难的。

同是边塞诗，宋朝和唐朝的就不一样，唐朝的边塞诗大多是那种"大漠孤烟直""不破楼兰终不还"的豪迈，即使苍凉也透着激情。而苏辙这样北宋使辽的官员，在诗词中描述的多是荒凉、惋惜和无奈的心绪。

我们这个时代的人看宋代，心中难免产生特别的疑惑，认为宋的军事能力与文化发展水平表现反差太大，军事方面的表现没能保护住昌盛的文化，让人非常遗憾。难怪著名历史学家钱穆先生说汉、唐、宋、明、清这五个朝代里，宋是最弱的一代。

宋朝在社会文化与经济发展方面非常辉煌，宋朝的社会文明发展水平已经达到了一个前所未有的高度。我们常说的四大发明中的指南针、火药和活字印刷术，都出现在宋朝。宋朝在天文、数学、冶炼、船舶制造、火器的军事运用等方面，在当时的世界上都处于领先水平。

宋朝社会稳定，经济文化发达，城市规模也就很大，宋时都城汴梁和临安，估计人口都达到了百万。而当时的欧洲城市，人口最多的也不过 15 万。

这样昌盛的社会文化，宋朝都没有繁荣发展下去，而是一直遭受辽、西夏、金、蒙古各方面的持续军事压力，最后灭亡于蒙古。宋朝灭亡的原因很多，缺乏完整的长城防线，无法防御北方强大的骑兵，毫无疑问也是其中一个原因。

整个宋代一直重文轻武，重内轻外，军事贫弱的局面是宋朝帝王一手造成的，宋太祖赵匡胤本是政变起事，黄袍加身，他吸取前朝的教训，千方百计地控制军事将领，怕武将太强导致尾大不掉，威胁到自己。正是这种思想，致使宋朝军队在辽、西夏、金、蒙古等方面威胁下，疲于应付，始终无法强大起来，自然让苏辙等文人慨叹不已。

古北口历来之所以饱受战火，客观上由于其地理位置重要，属兵家必争之地。但在这个直接的军事原因背后，却是历史上更深层原因的民族冲突，是不同生产方式和经济发展模式之间的冲突。

从发生在古北口等处长城的战事可以看出，长城所发挥的防御作用，在大规模作战时，体现更多的还是被动防御性。虽然有一定的纵深，还有包抄、迂回、运动制敌的配合，长城作战最突出的特点还是被动性。

被动性的第一体现，是敌方进攻方向并不都很明确。由于长城防御是一个整体的、全面的防御，对敌人将进攻的方向很难预先确定。全方位、多方向的防御，迫使防御方的兵力过于分散，在面对敌方兵

力形成相对优势的进攻时显得很被动。

被动性的第二体现，是作战类型的被动。虽然有些多兵种配合作战，特别是在明朝已经拥有相当完备的长城防御体系，但总体上来说，长城防御主要是在城墙内外的防御作战。防导作战方式单一，对于集中优势兵力进攻的敌方显得很弱势。因此，长城防御一方的正面阵地，由于守卫力量不足，很容易被对方攻破。

被动性的第三体现，就是作战兵力的机动性差。由于在战争发生之前，很难准确预判敌人在进攻方向和攻击点，只得把兵力平均分配到长城沿线的防御区上。这种部署，既无法集中精锐兵力歼灭进犯之敌，也没有足够的兵力进行机动作战和流动性作战。

明代把整个长城分成九镇，后来调整成十一镇，又扩展成十三镇。在这样一个横跨东西万余里的区域内，布置了近百万兵力，但每次真正临敌的兵力、直接投入战斗的兵力并不是很多。在战争开始之后，其他地方的兵力并不能随机调动，所以在战役战术层次上，兵力无法更好地集中优势发挥作用。

被动性的第四体现，是无法快速结束战斗，也无法持久。在长城区域的作战，完全取决于进攻方的部署，所以长城防御方无法决定战斗的开始和结束，也无法预先作出很好的作战安排。

战争过程中给敌方以意想不到的打击，以出奇制胜的方式作战，是获得主动权的关键。采取主动行动，给敌人以沉重打击，对防御战显得尤为重要。长城守军要固守在所负责的战线上，客观上决定难以开展足够灵活机动地作战。

作战不能灵活机动，还反映在无法主动摆脱被动状态。敌方进攻一处关隘时，守军不管在多么被动的情况下，都不能想打就打，不想打就走，无法用脱离战场的方式摆脱被动，寻求在主动中歼灭敌人。长城防御战不论在任何情况下，在任何时候，守军都要固守阵地，摆脱不了一直处于被进攻方牵着鼻子打的被动地位。

进攻方想打什么目标，就打什么目标；想在什么时间发动进攻，就在什么时间发起进攻。想以什么方式进攻；就以什么方式进攻。除非在进攻方立足未稳，做出判断准确的先行出击，否则长城的防御方只能被动等待敌方的进攻，只能依托长城最大限度减少损失。这就是古代长城防御的不利之处，你选择了最大程度的防御优势，也就等于放弃了机动性，两者不能完全兼顾。

到了现代，古北口还是长城抗战的主战场之一。1933年，中国军人在长城浴血奋战，谱写了中华民族不屈不挠的英雄壮歌，这是长城精神的一次涅槃。国歌中"用我们的血肉，筑起我们新的长城"便是对那些为国献身的英烈永远的纪念。我想，这种爱国的长城精神，从来都不会过时，也不会有丝毫坍倒。长城精神，将永远流淌在我们民族的血液中。

黄昏的古北口，没有意想中的残阳如血，落日只是暖暖地映照着裸露在外的砖墙，像镀了一层金黄。当年横刀跃马的旧边城，现在是塞草山风几许愁，如今的古北口就似一位解甲归田的老将军，独自守着悠悠旧岁。几许回忆，几多寂寞，几分怀念。

我喜欢长城的这种苍凉，喜欢长城厚重的庄严。这也是我为什么不断呼吁，反对今天把长城修得一派崭新的原因。

第十一章

鹰飞倒仰

长城
漫话

    我们的长城之旅下一站就是慕田峪了，慕田峪关的位置在北京怀柔三渡河乡北。这座长城关口，并没有修建在交通要道上，而是建在了山梁上低缓的谷地。这一片较为开阔的、关口相邻的岭峰，高度差全在百米以内。

    中国古代军事家在考虑作战的时候，始终重视防御。善于指挥作战的将军，首先要做到的是不被敌人消灭，然后才是寻找机会战胜敌人。这样的战略思想，是产生长城防御工程的基础，慕田峪长城就是建设在险要之处进行守卫的。

    据传，慕田峪关的得名与其所处山高地险有关。因为这里地势高耸，在沟谷抬头仰望，仿佛上可接天。驻守长城的将士称此地为摩天峪关，"摩天"与"慕田"音似，后来就索性叫慕田峪关了。

    慕田峪关，本来只是山脉中的一个隘口，并不处于交通要冲。明成祖为了解除北元卷土重来的威胁，在永乐四年（1406年）下令迁都北京之后，因慕田峪恰好在居庸关至古北口之间，距北京仅50多千米，所以这一带长城的战略地位就显得重要起来了。

    读长城，就如同读一部巨书。读书的时候，人专注于书中。读长城的时候，像在聆听古人的自言自语，我习惯了聚精会神地聆听。两千多年来与长城有关系的人物太多了，我们应该给予所有人物以同样的重视。与长城结合在一起的每一个生命，都不应被忽视。实际上我

第十一章
鹰飞倒仰

们在说起长城的时候,被忽视的地方还是太多了。

我喜欢在慕田峪沿着步道登长城,从喧嚣的城区到幽静的长城,恍然两个世界。鸟语和虫鸣,带给人一种宁静的轻松感。在明长城中慕田峪长城是我去的次数较多的地方,主要是陪国内外的朋友们到这里参观欣赏。大家都被这里的自然风光所吸引,雄伟的长城和优美的大自然对游人有着不可抗拒的诱惑力。

植被好是慕田峪长城的一大特色,这里的植被覆盖率达到90%以上。走进慕田峪,你会被山上的松林苍翠、草木茂盛所吸引。一座座青山,乔木浓郁,灌木丛生,有人工培植林,更有茂密的野生林,还有山村的果农们培育的大片果林。

长城横卧在大山的怀抱里,默默承受着风吹雨打,呈现着历史的悠久与沧桑。到了春天,鲜花满山,芳香飘渺。"长城狼烟无处觅,燕山染翠胜画境",慕田峪山野与长城相映成趣,观山景,瞻仰长城,领略自然与人文美景的同时,还可以净化内心。

慕田峪关与居庸关、山海关、嘉峪关等建筑形式都不一样,这里有一座正关台,是由三座敌台构成。一座空心敌楼居两座实心敌台中间,互相通连,并肩矗立,两侧的敌台较小,中间的敌楼大一些。三座敌台之上有三座望亭,关门不设正中,而是设在关台东侧。这种独特的关台建筑,在万里长城上也不多见。

慕田峪长城建在山峰外侧陡峭的崖边,依山就势,墙体高约7-8米,墙顶宽约4-5米。建筑材料以花岗条石为主,雄伟坚固。外侧还挖掘有挡马坑,使防御功能更加完善。长城墙顶的双侧都筑有长约5尺、厚1尺多、高2尺多的垛口,可以双面拒敌。这段长城城墙施工选址更多地考虑到了实战应用,从现存长城遗址的有关调查中发现,巧妙

选择有利地形修筑城墙的例子比比皆是，明长城在燕山和太行山上的城墙都是沿着山脊的脊背修筑的，因为山脊本身就好似一道大墙，再修筑起城墙就更加险峻了。

长城关门两侧是沿山脊升起，随山势翻转的城墙。慕田峪向西的长城，由山腰直上山顶，在山顶留下几座守哨战士般的敌楼后，又突然下降，翻身向下返回山半腰，再骤然升起，直爬到海拔940多米的地方。长城盘卷着绕了一个大弯，形状酷似牛的犄角，苍劲雄壮又浑然天成，人们风趣地把它称为"牛犄角边"。

长城从"牛犄角边"继续往前延伸，就到了"箭扣"。这里是一座海拔约1044米的峻峭山峰，两侧陡峭如刀削一般。在修筑长城时，必须从山的外侧悬崖峭壁上通过，又不能把这个制高点留在长城以外。

显然，在这绝险要处筑墙使用砖石、木材都不行，聪明的能工巧匠们，用了两根铁梁架在断崖之上，上面再垒砌砖石，这样长城才得以飞渡天堑，继续延续。此处奇绝且人迹难至，人们称其为"鹰飞倒仰"。我们可以闭上眼睛想象一下这个"鹰飞倒仰"，是个多么奇险绝美的意境啊。

"箭扣"及"鹰飞倒仰"处的墙体，全部建在岩石裸露的悬崖峭壁上。这里城墙的坡度很大，陡的地方大都在45度左右。其中有一段接近60度，台阶仅有几尺宽，非勇敢者不敢涉足。

慕田峪东侧的长城，本来是顺山势伸向东北，突然到一敌楼处分出约1000多米的地段，另辟蹊径走向东南方向，山势尽处，突然终止，修了一个甚是坚固雄伟的敌楼。这段千余米的长城被人们称为"秃尾巴边"。这样一来，在此处就形成了三道长城汇于一楼、"三面极目观巨龙"的景观。

第十一章
鹰飞倒仰

利用山势进行防御,在长城体系中很常见,有些山脊外侧的悬崖可以起到很好的防御作用。长城修到这些地方,利用原来的悬崖峭壁稍加修整,或是修筑些简单的矮墙。对于敌人根本无法直接上来的陡峻地方,无需修筑长城墙体,就采取"山险墙"和"劈山墙"的办法。在历代长城修建选址中,可以看到很多这种做法。

慕田峪长城的另一个特点,就是相对高度变化较大,极富立体感。建关城的地方地势最低,海拔仅约486米,往东方向却陡然上升,至大角楼(即慕字一台敌楼)不到500米的距离,落差就有约117米。往西,从慕字四台敌楼(即正关台)至慕字十九台敌楼,起伏并不是很大。从慕字二十台敌楼至"牛犄角边"最高处,只有近10座敌楼的距离,就从486米上升到1039米。远远望去,脚下有盘旋着的长城,头顶的蓝天白云间还有腾飞着的长城,蔚为壮观。

1998年6月28日,时任美国总统的克林顿访华,在北京期间,代表团一行登上慕田峪长城。我在陪同克林顿一行参观长城时,为他们的兴奋而感动。克林顿一家面对山颠之上的长城,和所有游人一样,被它的雄伟所吸引,对长城的历史表现出了极大兴趣。他询问长城到底有多长,长城上曾有多少兵;他的女儿也问道:"是奴隶修的长城吗?"

其实,很多人在游览长城时都会产生这样的疑问:修筑长城是一项巨大的工程,施工工地和后勤保障都需要大量的人工,这些人都是从何处而来?如何劳作?

修长城的人力来源,主要有以下三个方面:一是军队,也就是戍

边士卒;二是民夫,也就是征调的民夫和招募的饥民;三是充边的犯人。

从秦始皇修建的第一条长城,到明代修建最雄伟的长城,施工都是以军队为主。秦始皇时修筑长城,就是大将军蒙恬率领30万大军打退匈奴后建成的。现在保存比较完好的内蒙古固阳县境内一段秦始皇时期的长城,建在沟壑纵横、峡谷幽深之中,施工之艰巨程度,足以说明不是军队很难做到。

长城是一座历史的雕塑,凝聚了历代长城修建者不同的心情,所以才能成为中华文明传承的载体。当时长城修建工程的参与者都想些什么,我们今天没有办法准确说出,但可以确定的是,长城最终积淀了古人的精神价值、思维方式和文化意识,体现着中华民族伟大的生命力和创造力,所以我们才需要精心解读长城。

秦修长城和汉修长城具体目的不一样,但士卒们的心态应该都差不多。汉代长城主要是征战戍边的士卒所建,东汉末期"建安七子"之一的陈琳就有"男儿宁当格斗死,何能怫郁筑长城"的诗句。他说士卒们认为,男子汉大丈夫宁愿上战场死在与敌人的厮杀中,也不愿意满怀郁闷地一天天修筑长城。

北齐长城也是以戍边士卒为主修筑的,北齐政权为安定军心,还出台了"发寡妇以配军士"的做法。驻守在边地的军士生活很苦,干活儿很累,一但成家了,心也就安了。

金代修西南、西北路,沿临潢到泰州的界壕,也是以3万士卒连年施工完成的。

用士卒修筑长城,在明代表现得最为突出,每次大规模地修建长城,都动用大量的戍边守军,修长城是戍边守军平时的一个重要职责。

各个朝代修筑长城也都大量强征民夫,每次修筑长城征调的民夫少则十万、数十万，多则百余万。

秦时修筑长城，除动用 30 万大军外，还征调了 50 余万的民夫。北魏时修筑畿上塞围"发司、幽、定、冀四州十万人"。北齐修筑由夏口至恒州的长城，征调民夫 180 万人。隋朝修筑在今内蒙古境内的"西距榆林，东至紫河"的一段长城时，征调男丁达 100 多万。1198 年，金代修临潢路壕堑，除军民一起参加外，又招募大量饥民参与施工。

秦始皇万里长城的修建，虽然在不少地方利用了战国时期秦、赵和燕原有长城，但也需要动用很大的力量才能完成。这样一个整体防御工程的施工，组织如此大规模的人力动用如此巨大的物力，如果不是秦统一了全国，如果秦施行的不是中央集权，根本不可能完成。

发配充边的犯人，是历代修筑长城的补充人力来源。秦汉时期，有一种专门的刑罚叫"城旦"，就是罚犯人去修四年长城。秦始皇焚书时，明确规定：令下三十日不烧者，就要被剃成秃头，脖子套上铁圈，送到边地去修长城。在那里，"城旦"白天要准备打仗，夜间才修长城，这是一种很重的刑罚。

明代修长城的劳力中，也有不少是被罚的犯人。隆庆五年（1571年），顺天巡抚杨兆提出发各道、府、州、县犯人去修边墙，将他们的服刑年限折合成修长城的工程量，完成任务之后就可以释放回家。

明初就开始了将犯罪者充军的做法，并且要世代隶军籍服兵役，明代主要是重罪犯、犯死罪而免死的罪犯。永乐初年，清洗建文帝大臣时，一人得罪，株连九族，很多人就被充了军役。

我们现在感受长城文化，内心很从容，而古代修建长城的那些人在施工过程中究竟是什么样的心境呢？历史不能重来，咱们只能通过长城来猜测古人的内心了。

第十二章

关泊

越过慕田峪，我们就来到了著名的居庸关。如山海关一样，居庸关同样是万里长城上最负盛名的雄关之一，其地绝险，自古即为北京西北的屏障。

居庸关建在京北一条长达约 20 公里的沟谷之中，这条沟谷就是京畿著名的"关沟"。居庸关是北京北大门的进出之路，有"一夫当关，万夫莫开"之势。

居庸关是京北长城防御体系的一个中心点，长城建筑是为了满足防御作战的需要，所以设计长城时要充分考虑有利防御的作战布局。长城发展到秦汉时期越来越完备，整个防御体系已经比较成熟。真正形成了纵深防御之后，长城整体防御能力得到了空前增强。在防御敌军突破方面，具有较大作战纵深十分重要，一处长城遭到进攻时，其他各处的部队从两侧包抄，以阻止敌军长驱直入。居庸关所在的京北长城防御体系，就体现了这个精妙设计。

我多次爬到山上去拍摄居庸关，当夕阳照耀关城的时候，山川大地之美和古城的雄伟构成了一道美丽的风景，不得不为夕阳怀抱里的居庸美景而陶醉。

关城两侧高山耸立，峭壁险不可攀，关城雄踞其中，扼控着南下北京的通道。绝险的地势，决定了居庸关在军事上的重要性，所以古

第十二章
关沟

代军事家才称其为控扼南北之古今巨防。

有人说居庸之名来自秦始皇修长城,这个说法不对,早在秦始皇统一全国之前,成书于战国时期的《吕氏春秋》中就有"天下九塞,居庸其一"的记载。在著名的太行八陉中,居庸关也排列第八,就是控扼军都山的军都陉。

居庸关在漫长的岁月中,虽始终是军防重镇,却屡易其名。三国时称"西关",北齐时改名"纳款关",唐时先称"蓟门关",后改为"军都关"。由辽以后,金、元、明、清至今,始终称居庸关。

我们知道,防守北京的明长城体系有内外两道长城,在长城内外还设有许多大小、功能不一的城堡。镇城、卫城、所城、关城、边堡等不同形置、用途的防御建筑,与长城主墙连接成一个有机的整体,从而构成严密、完整的长城防御体系。比如北京八达岭长城外有岔道城,内有上关、居庸关,再往里又有南口城,关沟里的这个体系,就如同给京城上了多道保险。

明洪武三年(1370年)开国元勋徐达修筑了居庸关城,这是明代修建长城关隘最早的记载。选为首批动工修建,可见居庸关战略地位之重要。

徐达所建关城,体量是很大的,级别也一提再提。居庸关城建立后,于此设置了守御千户所,永乐二年(1404年)又升为卫,统领五个千户所。

居庸关自洪武建关后,历代都有修建,较大的一次是景泰初年(1450年)。土木之变以后,当时兵部尚书于谦奏明皇上,居庸为京师之门户,要加强守备,重修居庸关。

居庸关体现了长城防御作战中的多层次机动防御安排,机动防御

是分层次、逐级实施抵御的作战方式。关沟的各个关口之间注重相互配合的设计修建，便形成了这样一个逐级防御的系统，具有一定的机动性。

长城防御的纵深很大，为防止一道防线被攻破，造成全面崩溃的被动局面，在重要位置还设有多重防线，对进攻方进行抵御。建造长城、设计布防时，都要将纵深防御考虑进去。每一道防线都是相对独立的体系，可以独立作战。

当敌方骑兵攻打岔道城的时候，八达岭长城的守卫者已经做好了防御的准备；当敌方骑兵攻打八达岭的时候，上关城的守卫者已经做好了防御的准备；当敌兵攻打上关城的时候，居庸关的守兵做好了防御准备；敌人攻打居庸关的时候，南口城的部队做好了集结准备。

这样一系列的作战准备，不仅可以做到逐级防御，还可以在运动中歼灭敌人。比如敌方攻进了八达岭、上关城，正在准备攻取居庸关的时候，如果上关城和八达岭的守兵并没有被敌人重创，他们便可以包抄进来，和居庸关的守兵一起对进攻之敌实行围歼。而在敌方撤退的时候，居庸关的守兵又可以出击，与上关城和八达岭上的守兵一起围歼敌方。

这样的作战安排，在长城沿线很多地方都有很好的体现。长城沿线的地名中，有很多地方都同样叫三道关。实比勘察就可知道，它们都在迎敌的关口处连续设置三道城墙，这显然是为了通过加强防御纵深，提高防御作战能力。

居庸关关城，城墙东到翠屏山脊，西到金柜山巅，周长约 4000

多米，关城附近的自然景观十分壮美。走近居庸关，两旁山峦重叠，树木葱郁，山野植被茂盛，漫山层层叠翠。远在800年前的金明昌年间，"居庸叠翠"作为一景就被列入了"燕京八景"。

唐代高适在《入居庸》三首中，描绘出这里险峻、荒凉的古塞景象——"绝坂水连下，群峰云共高""溪冷泉声苦，山空木叶干""岩峦鸟不过，冰雪马堪迟"。

明代素以婉约诗风著称的边贡，却改用雄健的笔调对居庸关作了这样的描述：

塞口重关惬素闻，壑烟岚雨镇絪缊。

雄吞巨海山形断，秀在中原地脉分。

锁钥还思寇丞相，长城不用李将军。

倚窗时送东南目，双阙蓬莱五色云。

游人怀着探古寻今的情怀，从北京出发，去攀登居庸关，远远就可以看见高耸的居庸关城楼。牌匾上的"天下第一雄关"，那六个苍劲的大字，十分醒目。拂去历史纷繁芜杂的烟云，当你真真切切地站在居庸关面前，聆听历史的足音，就不能不浮想联翩了。

居庸关的南北城门都有瓮城，北门瓮城呈半圆形，南门瓮城呈马蹄形。北门高大的城楼为南北向歇山三重檐砖木结构，南门关也有重檐歇山城楼一座。按照古人的设想，作战时可将敌人诱入瓮城，把主城门关闭，阻止敌人入城，再封锁住瓮城门，将敌人困在瓮城，只能束手就擒。

南门瓮城里建有一座保佑关城的关王庙，北门瓮城中有一座北方镇守大神真武庙。长城关隘和城堡中，都要供奉关老爷。大家都知道关老爷是三国时的关羽，他的优秀使他能够名垂千古。关羽最优秀的

地方有两个，一是勇敢，二是忠诚。戍守长城，也最需要勇敢和忠诚。

历代统治者把关羽当作忠义的化身，封号越来越高，"由侯而王"，"旋而进帝"，最后被尊为"武圣人"，关羽庙也升格为武庙，与供奉孔圣人的孔庙并列。长城守军和老百姓供奉关老爷，主要是请关老爷保佑平安。

关城内外设有衙署、庙宇、儒学等各种相关建筑设施。庙宇有城隍庙、吕祖庙、真武庙、关帝庙、关王庙、马神庙、表忠祠。此外，居庸关还建有牌坊数座，有位于关城南侧的黑琉璃瓦、四柱三楼的迎恩坊，云台和南券城之间的黄琉璃瓦、四柱七楼的国计坊，在吕祖庙下，还有以游廊将三座亭子相连的长短亭。

元朝时，皇帝每年来往于上、中、大都之间，路径居庸关，因而在关内设有行宫、寺院、花园等建筑。元朝是草原民族政权，每当我行走在长城上，目光和远处的牛群、马群、牧人相遇，心中便升起一种深深的感慨。牧民们的勤劳与勇敢，在北方草原民族和农耕民族融合的时代，早就已经融进了中华民族这个大家庭。游牧文化是一种草原文明，有着自己的辉煌和历史，站立在居庸关的云台，就能体会到中国古代各民族文化的魅力。

现存的云台是元代修建的过街塔台基，云台券洞上雕刻的佛教图案和梵、藏、西夏、维、八思巴、汉等六种文字的经文，是研究元代佛教、古代文字和各民族之间文化交流的珍贵史料，是现存元代雕刻艺术的精美杰作。

云台内的地面用近120块巨石铺成，因有行人及牲畜不断从券洞内穿过，石块被磨得光滑圆润，地面还留下了明显的车道印痕。光滑的地面和深深的车辙仿佛在告诉人们，历史上的居庸关曾是车水马龙，

第十二章
关沟

一片繁荣景象。被无数脚步踩磨得光滑的路面铺石,是悠久岁月留下的印痕,更是历史风云纵横捭阖的见证。

居庸关峡谷沟长谷深,自古就有绝险、天险之称。居庸关历史上发生过很多次战争。辽金两朝的灭亡,也同发生在居庸关的战争有关。

辽代末年,金兵进攻居庸关,辽国调集重兵把守,金兵攻关时,辽兵隐蔽在悬崖下面,突然崖石崩塌,许多士兵被压死,便不战自溃。

金国据守居庸关时期,蒙古军又多次前来攻打。有一次,蒙古兵已经攻到了关城之下,守城的金兵用铁水将几道关门封死,并在关沟内布满铁蒺藜,选派精兵防守。蒙古兵见不可强攻,于是改变了计划,趁夜色走小路,绕过把守严密的关沟,天亮时兵到南口外的平地,突然发起进攻,金兵大败,蒙古兵就从居庸关一直打到了京都。

到了明末,李自成也是率兵先打下宣府(今张家口宣化区),再入居庸,攻破北京城。

居庸关是保卫北京的要塞,从这里我们又可以看出古人修筑长城的另一个原则,那就是要扼守要地。建设多道障、塞,目的是封关、设卡,阻挡进攻。

京北长城的防御部队,通过构建居庸关这样的纵深防御体系,来构建军事安全的防御网络。进攻长城的一方,面对这个多层设防的作战体系,实际上是陷入了立体作战的狭小空间,面临被歼灭的危险。长城防御一定程度的机动性、被动性、多层次防御的协调功能,同时也是相互制约的关系,处理好了就能制胜,处理不好就可能形成不利

局面。

长城障、塞的建筑地点，一般选择于咽喉要冲。从军事目的出发，要有效防御敌人，必须采取扼守要地，控制狭谷，占据高点，巩固两翼的建筑配置，才能人为制造对己有利，对敌不利的环境。

由于历史上许多朝代的政治中心均在都城，军事行动的首要目的就是护卫政治中心。都城地点不同，其战略要地也不同。秦汉时期，政治中心在长安一带，通向长安方向的各条道路，就成为设置障、塞的重点，就有了北方的雁门塞、西北的居延塞等关塞。

明朝的都城在北京，长城的防御目的是护卫北京城。所以，障、塞选址也发生了变化，出现了山海关、古北口、金山岭、居庸关等要塞。明朝中后期，京城屡遭围困，为加强京城护卫，把防御重点放在了京北和西北方向，修筑了长城的外三关和内三关。

障、塞地址的选择，首先考虑的是交通要道。在此前提下，才是选择易守难攻的地势条件。如明朝的嘉峪关，选择在祁连山与黑山之间的峡谷地带，因为这里是通往内地的要冲，属咽喉要地，明朝通过夯土垒墙，在两山之间筑起一道数十里的城墙，并在中心位置筑嘉峪关城。在此筑关，就把嘉峪关以西数十万平方公里的土地置于关外了。这一选择说明，宁可放弃大片领土，也要把障、塞选择在便于扼守的要害处。

春天登上居庸关，你能看到漫山遍野的山花，长城穿行其中。偶尔还有列车驶过。这里的列车被诗意地叫作"开往春天的列车"。真是沧海桑田，曾经的战略要冲居庸关，现在已然诗画田园了。

第十三章 世界闻名的一段长城

长城
漫话

沿着关沟，出居庸关继续北行，就到了八达岭。八达岭与居庸关现在分别属于北京市的昌平区和延庆区，在明代是一个建筑完整的防御体系，八达岭又被称为居庸外镇。

八达岭长城在万里长城的关隘中，是最具代表性的一处旅游胜地。无论中国人还是外国人，不管你来自世界哪个角落，只要到了北京，几乎都会到八达岭看长城，不然会深以为憾。

八达岭长城是一张中国的名片，是人们体验长城文化的圣地，游览八达岭长城几乎成了仪式一般的行程。

八达岭位于北京延庆区军都山关沟古道的北口，在明代是首都京师的屏障。八达岭地理位置非常特殊，自古以来就是山西、内蒙古、张家口方向进入北京的交通要道。

八达岭高踞关沟北端最高处，两峰夹峙，一条通关道在中间拓开，关城居高临下，形势极其险要。古人有"居庸之险，不在关城，而在八达岭"之说。明代的《长安夜话》中记载"路从此分，四通八达，故名八达岭，是关山最高者"，可见八达岭的战略地位有多么重要。

八达岭长城所在地，春秋战国时期是燕国北境，属于上谷郡。上谷郡因建在大山谷上而得名，2007年在距八达岭长城十几公里的汉墓中，出土了一块写有"上谷王文胜铭"字样的墓砖。

第十三章
世界闻名的一段长城

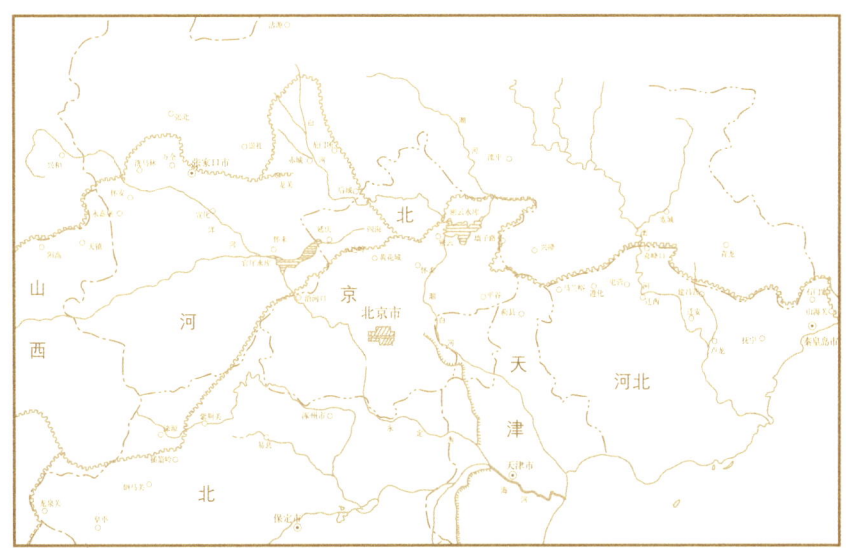

河北省、天津市、北京市所辖明长城图

北方少数民族山戎的一个部族，曾在军都山南麓的妫川平原生活了三四百年。山戎不断越过关沟南下侵扰燕国，公元前663年，山戎再次进攻燕国时，齐桓公亲率齐军奔袭救燕征伐山戎。

秦设上谷郡汉时承旧制，唐代属妫川州。后晋石敬瑭称臣于契丹皇帝，并向契丹皇帝行父子之礼后，割幽云十六州给契丹，就包括妫川州。此后的一千多年来，八达岭长城所在地先后归属于儒州、镇州、龙庆州、隆庆州和延庆州。辽、金、元三朝的皇帝北上巡幸，曾多次往返关沟，路经八达岭。

明代的八达岭长城，建筑在海拔约600-1000米的山脊上。明初，设居庸千户所时，作为军事单位的八达岭，是居庸关千户所的北口前沿阵地，属北平都司管辖。其后驻防于此的部队，曾分别隶属于长城九镇的蓟镇和昌平镇。

117

有关长城的古代诗词，也是长城文化的一个组成部分，历代文人墨客以长城为内容写下的诗篇更是数不胜数。反映镇守边关将士征战生活的塞下曲、长城诗，在中国古诗歌中占有相当的比重和地位。

八达岭长城诗内容丰富多彩，曾经路过八达岭的军事家、政治家、旅行家、文学家与商贾行旅，有的惊叹天险，有的欣赏美景，有的忧劳国事，有的吊古伤怀，留下了大量佳作。

金朝的刘迎，是最早提出"八达岭"一词的人，他在《晚到八达岭下，达旦乃上》一诗中，描写了车马行走关沟的艰难，也写出了自己的心绪：赶车的人一路吆喝，已经筋疲力尽了，牛也困乏了，天已五鼓，终于走过来了，庆幸没出大问题，可是太累了，就用山村中的美酒来慰劳此行的辛苦罢！

清代诗人沈用济在《登八达岭》诗中写道："策马出居庸，盘回上碧峰。坐窥京邑尽，行绕塞垣重。夕照沉千帐，寒声折万松。回瞻陵寝地，云气总成龙。"诗人策马而行，在盘回曲折的关沟步步登高，站在八达岭处的高山顶往南一望，京城尽收眼底。徘徊在长城上，思绪绵绵，仿佛看见夕阳照在遥远的游牧民族聚居的地方。感受到强劲的寒风，吹起松涛像要把万松折断，最后借云气成龙，歌颂圣世。这首五言律诗，写出了诗人在八达岭的见闻与感受，气势雄浑。

八达岭是许多重大历史事件的见证，很多诗人登上八达岭触景生情，抒发不同的感受。这些诗直接取材于长城，但其主题却呈现了明显的多样性。从不同的角度和侧面吟咏长城，全方位地反映长城的历史风貌和深刻内涵，是这些诗歌极具艺术感染力的原因。

第十三章
世界闻名的一段长城

　　八达岭长城是世界了解中国的一个窗口，原因一方面在于长城自身所体现的历史建筑和自然因素，更深的还在于长城代表的是中国传统文化，中国传统文化的许多内涵都可以在长城这里得以体现。尤其是中国传统文化中"非攻""非战"的战争观，更是蕴藏在长城身后的一种深刻思想。

　　中国传统文化中，对于选择战争手段解决问题、解决冲突，都主张"非礼不动"的原则。只有在利益受到严重损害时，才会采用战争这种极端的手段。

　　"非礼不动"的原则，是对选择战争尺度进行有效控制的指导思想。正如《孙子兵法》所讲的"上兵伐谋，其次伐交，其次伐兵"，不到万不得已的时候，不动用武装力量。中国古代传统文化中，对战争控制的最高目标是"不战而屈人之兵"。

　　古人讲"非危不战"，就是说不到万不得已的时候，不到战争局势发展到已经严重威胁自己安全的时候，不要动用军事手段解决问题。

　　同时，在传统文化中还强调战而有度，对战争规模、战争的纵深要能够进行理性的控制。力争把战争的时间、规模和强度，都控制在一个尽可能小的范围之内。只求解决问题，而不是要完全地、彻底地给敌方以毁灭性的打击。

　　传统文化对战争讲求文武并用，战争不仅是军人的事情，更要采取文武并用的手段来解决冲突问题。《吕氏春秋》高度概括了这一思想：用武则以力胜，用文则以德胜。文武尽胜，何敌之不服！

　　中国传统文化关于战争的有效控制思想，是长城防御体系产生的

文化思想基础。就是在这种文化背景下,传统文化思想受到广泛关注和广泛认同,古人才会代代相继不断地修建长城。这一点,东方文化与西方文化有着本质的不同。

只有更好地理解和把握中国传统文化的内敛特征,认识中华文化避免战争和遏制战争的态度,才能真正地认识到修建和使用长城的意义。

中国传统文化中一直反对以战争相威胁,强调先礼后兵,主张以谈判的方式解决各种矛盾冲突。即便是发生了战争,不得不动用军事力量,也不要完全置对方于绝境,作战行动要适可而止。所有这些,都是贯奇于传统文化之中,并一直主张、弘扬的内容。

当然,这些精神并不是始终体现在军事行动当中,一旦有了军事行动,军队指挥者有可能用极其残酷的手段给予对方毁灭性的打击。在中国古代史上,实施残暴手段打击敌方的事例也有很多。

秦国在统一六国的过程中,其军队之所以被称为虎狼之师,就是因为其残酷性和残暴性。如长平之战中,秦国一次就杀戮、活埋了赵国数十万士兵。当然,这样的事件并不妨碍中国文化中总体的非战诉求主流,并不妨碍中国传统文化中追求和平、追求少打仗的主导思想,并不妨碍中国传统文化中非礼不动、非德不动、非危不战的思想。

由于长城具有强大的文化价值,加上其历史文物及审美方面的价值,当更多的西方人来到中国,甚至包括从来就没有来过中国的西方人,也热衷参观游览长城,他们赞美长城,或出于对人类共有历史文明的

第十三章
世界闻名的一段长城

追寻，或出于自己在政治和文化方面的认识去评价长城。

1863年，德国的考古学者希里曼发表了一篇名为《我到长城的旅行》的文章，讲述了他对长城的看法。他说，从爪哇岛火山的高峰上，从加利福尼亚的西拉利瓦达的山顶上，从世界屋脊的喜马拉雅山的顶上，从广阔的南美洲高原上，虽然见到过许多壮丽的景象，但那都不能和他看到长城时相比。在长城面前他惊讶着，甚至都无法接受一眼就能收录到这么多的奇迹。他还表示"长城不可争辩的是人类的双手所创造的最奇伟的作品，它是过去的伟大所留下的纪念碑"。

同样把长城说成是纪念碑的还有法国思想家伏尔泰，他说长城是"恐惧的纪念碑"，而希里曼却说长城是"伟大的纪念碑"，可见他们对长城的认识差别太大了。

长城的知名度太高了，所以不少西方人了解中国时，很多时候就是通过长城这一伟大建筑开始的。西方世界介绍长城的文献，最早见于1563年出版的由葡萄牙历史学家巴洛斯编写的《每十年史》，书中介绍说长城并不连续，并且行进在"中国人与鞑靼人"的土地之间，是依山脉而成的通路。

德国人希里曼真实地看到了长城，但误把明长城当成了秦长城，他对长城的认识，直到现在还影响着西方人的看法呢。

伏尔泰和巴洛斯，以及写了《中国长城建造时》的卡夫卡，都没有来过中国，更没实地登上长城，他们所发表的影响了西方世界认识长城和中华文化的那些观点，都是通过汇集资料，再加上一些遐想，甚至是文学创作而成的。

历时两千多年修建而成的长城，一些西方人只是浮光掠影地看了一下，甚至没亲眼看过，但他们中的很多人凭着文化的感觉，还是能

长城漫话

较为准确地认识到长城的内涵。

1792年,苏格兰医师约翰·贝尔跟随赴华的俄国使团到了长城。他说,他所看到的那段长城,从开始建造到完成只用5年。当时所有的中国男人每6个人中必有1人义务修建长城。要是不能参加,就得自行找到他人代替。修建长城时,役夫们排列成好几公里长的队伍,用双手来传递长城建筑材料。他还说,这个世界上除了中国人,应该再没有任何一个民族,能完成修建长城这样的工作了。就算别的国家能找到足够的劳动力,也无法维持长城施工秩序,工人也无法忍受残酷的劳动过程,可能只有聪明认真而柔顺的中国人才能办得到。他又说,决定组织修建长城的中国皇帝应该比构筑金字塔的埃及王得到更高的评价,因为长城"可供实际使用的目的,当然远胜于只为了虚荣的工作"。

不知道约翰·贝尔讲的那些数字是从哪里得到的,现在看来,感觉挺有趣的。这些西方人看到长城后,就努力地收集资料,加上各自的想象后,再兴奋地讲给西方世界的其他人听。

1793年9月,英国人马嘎尔尼作为英王乔治三世的代表,来华谒见乾隆皇帝。当时乾隆皇帝在承德的避暑山庄,马嘎尔尼一行于是经过古北口长城前往承德。

马嘎尔尼就是中西方外交史上比较有名的,坚持不向清帝行三拜九叩礼的那位先生,对于他到底是不是按照清朝官方的要求进行了跪拜,直到现在学界还没有一个共识。不过可以肯定的是,当时乾隆皇帝的确有些不高兴,还驳回了英人的一些要求。而马嘎尔尼通过一路上的观察,得出了"清帝国不过是破败不堪的头等战舰"的结论。

马嘎尔尼对清廷的看法很不礼貌,却也算客观的,虽然清朝自认天朝上国,还有所谓的康乾盛世之说,但在世界已经发生翻天覆地变

第十三章
世界闻名的一段长城

化之时，依然故步自封，即使生产总值天下第一，还艘破败不堪的头等战舰不久便成为那个侧畔过千帆的沉舟了。

马嘎尔尼的观点虽然令清人难堪，但其对长城的认识一定程度上还比较客观。他在1793年9月5日的日记中写道："假如整座长城都跟我看见的一样，这无疑是人类双手所曾经建造出来的最巨大建筑物。我想，即使把世界上所有石造的要塞和防砦全部集中起来，也比不上中国的长城。修筑长城的古老中国，不只是一个极其强大的帝国，同时也是一个既聪明而又深具道德的民族。至少，中国民族很有远见，又相当关心自己的后代，才会决定必须建造防壁以保护子孙，避免将来受到外敌的侵略；甚至愿意预先投下庞大的劳力和财富，避免后代子孙陷于不安的局面。"

对于西方世界来说，中国就是一个难以揣测的庞大帝国。虽然中国的形象在西方人眼里有所摇摆，但马嘎尔尼那个时代乃至其后相当长一个时期的西方人，对中国基本的看法，大体都维持在土地辽阔、历史悠久、帝王拥有绝对权威且神秘莫测、数不清的百姓既温顺驯服又潜藏着巨大力量的水平。

对那时的西方人来说，中国是个遥远的、传奇般的专制帝国，中国的历史漫长且恒久不变，万里长城盘绕在大地上，深深的宫阙住着威严且懒散的帝王。帝王统治下，无数百姓温顺地生活着，随时准备听从帝王的奴役。

对西方人来说，一定程度上荒诞不经的异国情调中，万里长城扮演了重要角色，在西方世界看来，长城从工程量、作用、外观，与想象中的古老东方帝国专制特征关联性太强了。

那时的一些西方思想家们，似乎喜欢把如金字塔、万里长城等非

长城漫话

西方人文奇迹，描述得既辉煌又罪恶，他们猜测长城应该是在暴虐的帝王驱使下，由那些温顺的百姓通过旷日持久的劳作建成的。

当前，虽然很多西方人对长城仍然了解不多，甚至有些人的看法还停留在类似上述那种近乎想象的层面，但现在八达岭每天都会迎来世界各地成千上万不同肤色的长城文化体验者，中外交往已经极为密切，长城成了一条文化的纽带，把中国和世界各地连在一起。至今，来八达岭参观长城的世界各国首脑、政要就有600多位，其中不乏公众眼中的全球风云人物。

如今国外游客已经能很轻松地了解长城，可以登上长城实地触摸到长城，还可以去博物馆了解长城的历史。了解长城，有助于了解中华数千年文化。作为国人，更要走进长城深处，了解长城文化的精妙神奇所在。

第十四章

土木之变

我们出八达岭关向西北方向前行30公里左右，便可见一座城堡，其名为土木堡。

比起前面介绍的山海关、居庸关、八达岭，河北省怀来县的土木堡实在太普通，也太小了。可在明代，就在这个中国北方小镇，却发生了一个举国震惊的重大事件。

今天的土木堡城虽然已经破败，只留下了一些残存的堡墙，但在历史记忆中，仍然是赫赫有名的。

河北西部和山西北部的明长城，同河北东部及北京北部的长城一样，都是保护京城的重点防御工程。这一部分长城，在明代属于宣府镇、大同镇、山西镇所统辖。

明朝长城的宣府镇和大同镇，是北京西北的两扇大门，蒙古族武装势力进攻明朝多数是从这两个地方开始。宣府镇长城防线距离北京更近一些，所以张家口地位的长城更密集，这里发生的战事也更多一些。

宣府镇历来是兵家必争之地，战略地位十分重要。特别是明朝建都北京后，宣府镇更是保卫京都，防御蒙古族南下的咽喉之地。大同镇，因总兵驻大同而得名。明朝建立后，把大同地区看作关系其兴衰安危的边塞要地。山西镇，也称太原镇，主要包括宁武、雁门、偏关外三关和太行山长城。

第十四章
土木之变

明朝虽然在建国之初就开始修建长城，但是如果统计明朝所修筑长城的次数、投入的人力、物力列出一张表来，就会发现，真正大规模、全面地修筑长城，是在英宗正统时期，特别是在"土木之变"以后。

"土木之变"是明正统十四年（1449年）英宗朱祁镇被蒙古瓦剌部所俘，使明朝几近于崩溃的历史事件，因事件发生在土木堡，故称"土木之变"。英宗皇帝被俘地土木堡，在今河北省怀来县城东南的官厅水库北岸。

明英宗朱祁镇是明宣宗的长子，即位时仅仅7周岁，由张太皇太后垂帘听政，内阁三杨（杨士奇、杨薄、杨荣）辅政。到正统七年（1442年），张太皇太后去世，三杨也已因病老，二位先后淡出政治舞台。英宗年幼，缺乏主见，就开始依赖心腹太监王振来出谋划策。

王振生长在山西蔚州，也是一个读书人。仕途无望后，就自阉入宫，后来做了侍奉太子读书的太监。

宣德十年（1435年）正月，太子朱祁镇继位成了英宗皇帝后，王振被任命为宦官中权力最大的司礼监掌印太监。从那个时候起，王振所统领的内廷司礼监，越来越强势，以致发展到可以与朝廷内阁分庭抗礼的地方。

"土木之变"发生于明朝正统十四年，蒙古瓦剌部太师也先以明朝减少赏赐为借口，兵分四路，大举南下进攻。王振不顾朝臣反对，鼓励年少又不懂军事的英宗朱祁镇御驾亲征。7月，英宗命自己的弟弟郕王朱祁钰留守京城监国，自己率大军30万北出居庸关，御驾亲征，同行的还有英国公张辅、兵部尚书邝野、户部尚书王佐及内阁大学士曹鼐、张益等一百多位文武官员。

在王振的怂恿下，年轻气盛的英宗皇帝居然想凭借御驾的天威吓

退也先。在这种想法下发起的战争,从一开始就没有做好打大仗、打硬仗的准备,谁都没有预料到,此次出征会是一场大悲剧。

英宗统领的大军,浩浩荡荡出居庸关,经过怀来,到达宣府。路上还遇到了阴雨连绵的天气,士兵在大雨中行军,很是艰难。大军尚未到达大同,仓促出征所带来的后勤补给问题就出现了,军中已经开始缺粮,士兵还未抵达前线就已经怨声载道了。

8月1日,明军抵达大同,王振踌躇满志提议继续北上,遭到了众臣的抵制。很快,前方出师不利的战报接连不断传回,根本不懂军事的王振顿时手足无措,不知如何是好。在也先军队的攻击下,明军连续数日一再败退。

镇守大同的监军宦官悄悄告诉王振说,大势不好,丝毫没有取胜的希望了,军队切不可再冒然前进。王振这才害怕,有了撤兵的想法。

第二天,英宗下令,留广宁伯刘安镇守大同,明军班师回京。

大同总兵郭登建议皇帝车驾回京还应走紫荆关,这样才可能躲开危险。王振却主张走蔚州回京,他想请皇帝顺便临幸他的家乡蔚州,以光耀他的门庭。快到蔚州境内的时候,王振忽然又担心大军所过之地会损害他家乡的庄稼,便又命军队转而向东。

10日,明军抵达宣府。由于敌军暂时受阻,天也放晴了,王振心情大好,行军节奏便放慢下来。一直到了13日下午,英宗车驾方才行至土木堡,这里距离怀来城仅20里,距离北京也仅有300里了。众臣都认为皇帝车驾应该立即退入怀来城,王振却借口运载器械、粮草的辎重车未到,下令车驾留驻土木堡等待。

不料14日也先的先头部队赶到这里,土木堡被敌军包围了起来。

土木堡地势较高,附近没有水源,又正当敌人进军的要冲之路。

第十四章
土木之变

附近的河流早被也先的部队控制了，明军的人马已经两天喝不到水，饥渴难耐，守地掘井两丈深，仍不见有水。

15日，这一天是中秋节，明月高悬。也先派使者带着书信，前来土木堡进行假和谈。英宗不知是计，派两个使臣与瓦剌来使一同去敌人大营和谈。也先假装同意对明军网开一面，王振信以为真，传令部队移动行营，越过壕堑向前行进。

这时候，饱受饥渴折磨的军队已不成行列，号令也乱了。向南没走多远，也先指挥瓦剌军从四面围攻上来，明军的将士们争先奔逃，即刻溃不成军。

瓦剌军的铁骑冲破战阵掩杀过来，明军慌乱中又相互践踏，死者满山遍野，根本无力组织抵抗。大臣和侍卫等数百人战死于乱阵之中，王振本人也被愤怒的明军将领杀死。几十万官兵几乎全军覆灭，大量的器械、粮草辎重悉数落入敌手。

战至最后，明英宗终被瓦剌军俘获。据说英宗还是表现出了临危不惧的风度，俺答汗也是一直把英宗当皇帝伺候着。从英宗御驾出征到惨败，乃至被瓦剌军俘获，相继发生在仅仅一个月的时间里。

"土木之变"应该说主要归咎于英宗朱祁镇和太监王振的决策指挥不当，导致了明军的全面溃败，而英宗朱祁镇宠信宦官王振误国战败，王振弄权，影响军事指挥，坏了大事，被后世诟病已久，不过，王振也不是从来就这么坏，先前也有过"贤良"的好名声呢。

朱祁镇喜好踢球，有一次他沉迷游戏，就连大臣们都规劝不住，

王振却跑过来跪倒在朱祁镇面前，流着泪说，先帝就曾因为踢球而影响了国事，现在皇上您又在踢球，这是要把国家大事放在什么样的位置啊！

可以想象一下，朝中大臣都不敢说的话，一个太监却有如此胆量，这事一传开，就连当时的内阁重臣杨士奇都感慨万分，说没想到太监之中也有这样的贤良啊。

杨士奇更想不到的是，同样还是这个太监王振，在土木堡做的事却令人切齿。

后来，英宗朱祁镇被从蒙古接回北京，景泰帝尊他为太上皇，被软禁了几年后，趁着景泰帝病重，在徐有贞等一群人的帮助下成功复位。

再度成为皇帝的朱祁镇，处死了在北京保卫战中功勋卓著的于谦，同时还部分地为王振恢复了名誉。杀掉于谦和宠信王振两件事，都是朱祁镇在历史上留下的不光彩痕迹。

虽然长城防线还是那么坚固，却没能为明廷挡住敌人。长城能否发挥修建者期待的作用，更多的是取决于当时社会政治状况，在社会稳定、政治清明的时候，长城的作用就大。政治腐败、社会动荡的时期，长城的作用就小，甚至没有任何作用。

不仅明英宗时这样，历代均是如此。

秦统一之后，二世而亡。长城在秦始皇和秦二世父子两代手里，虽然只差四年的时间，所起到的防御作用却是天壤之别。秦始皇北击匈奴、筑长城，致使匈奴退出阴山，逃往漠北。到二世胡亥时期，为镇压陈胜、吴广点燃的抗秦战火，把长城守军调了回来，匈奴重新又回到长城地区，不但控制了阴山河套地区，还越过长城直接威胁华北平原。

第十四章
土木之变

西汉初期主要是靠和亲、纳贡等政策,同时利用长城缓解来自匈奴的军事压力,这个时期长城的积极防御作用非常有限。汉武帝打败匈奴之后,长城成为开疆拓土的标志,发挥了很大的作用。

汉朝在战胜匈奴之后,对是否需要修建长城塞障,曾经发生过一场争论。争论的焦点是既然已经打败了匈奴,修长城还有没有意义。最后坚持居安思危、防患未然的主修派观点取得了胜利,中国历史上最长的一道长城——汉长城由此产生。

汉武帝时期,长城之所以能发挥很大的作用,主要是因为当时政治稳定,经济繁荣。明长城在这一点上,体现得更加突出。

洪武至宣德年间,是明朝政治比较清明的时期,经济发展也比较快,国家实力逐步加强。有了安定的生产和生活环境,经济出现了繁荣景象,长城地区相应地一直处于比较稳定的状态。

到了正统年间,特别是"土木之变"惨败前后,长城的作用大打折扣。这个时期,蒙古瓦剌部多次破坏城墙而入,直到将英宗抓走,并围困京城。

到了嘉靖年间,贪官横行,社会混乱,长城沿线更是战火连年,明朝军队败多胜少。隆庆至万历的前十年间,以平民出身的内阁首辅张居正为首,整饬朝纲,巩固国防,推行一条鞭法,使已经衰败的明朝重又获得生机。这个时期的长城,发挥了很大的作用。

有句老话"药治不死病,佛度有缘人",人若得了不治之症,什么好医生、好药也治不好他。长城从来就是政治的工具,国家的政治状

态决定着长城的作用，到了一个王朝临近灭亡的时候，不论多么坚固的长城，都不可能发挥其应有的防御功能。

经常有人说，某个朝代大修长城，可最后还是灭亡了，证明长城是不应该修的。其实，一个朝代临近灭亡的时候，不但长城的作用很有限，任何外部条件都不会起到扭转乾坤的作用。

秦始皇北逐匈奴，修建长城，本以为可江山永固，万代相传。他做梦也想不到，死后仅仅四年，社会矛盾就激化了。长城阻挡了匈奴的南下，却挡不住陈胜吴广起义引起的熊熊烈火。从这个意义上说，修筑长城使社会矛盾更加激烈，成为加速秦政权灭亡的一个因素。

西汉初年，即便是朝廷推行"与民休息"政策时，修长城和军事防御还是需要百姓出钱，当时的法律规定，男女15—56岁，都出"赋钱"。汉武帝时期，除照此收税赋之外，还对15岁以下少年加征"口钱"。汉初每人收取人口税20钱，到了汉武帝时期，对匈奴作战和修建长城加大了经费需求，所以人口税增加到每人23钱。

唐朝是中国历史上很辉煌的朝代，有盛唐之称。唐朝基本上没怎么修长城，主要是靠强大的藩镇保卫边疆地区。可是唐朝的结果怎么样呢？正是这些藩镇强大起来之后，要了唐朝皇帝的命。不修长城，照样没有逃脱最后灭亡的结果。

唐朝的辉煌时期，也不过100多年。从安史之乱到最终灭亡的150多年间，控制的国土如果减去藩镇割据的地区，比北宋还少很多。唐朝受吐蕃等国在边疆的进攻，国内各处造反风起云涌，应对两方面的挑战都要花很多钱。为了酬谢回纥帮助收复东、西二京，每年需付给岁币绢二万匹，还要接受极不平等的互市条件，用大量钱财买回不能用的劣马。

第十四章
土木之变

明朝为了抵御蒙古各部族的侵扰而大修长城,最后推翻明政权的却不是蒙古族,甚至可以说也不是山海关外的清政权,把崇祯皇帝逼迫吊死煤山的是李自成。

明朝修长城、发动战事,都要在正常租税之外,增加社会负担。以嘉靖年间翁万达修大同一带长城为例,在3年内花费银两百万余,这还不包括贪官在向百姓摊派的过程中层层加码、中饱私囊的部分。

按当时的粮食价格,两石米换一两银,一亩好田年收成约一石米。修长城所用百万银两,需要200万石大米、400万亩良田收成。按明朝千万户家庭计算,翁万达修大同长城,全国农户平均每户出0.5亩田的收成。整个明朝几乎都在修长城,耗费白银总量虽没有严格的数据统计,但肯定是十分巨大的。

社会到了民不聊生、农民起义杀声四起的时候,深陷内乱外患之中的明朝迅速走向衰败,最后灭亡,也就成为必然。

因长城事务而影响和社会政治发展,两者之间的关系有时甚至可以起决定性的作用,这条铁律在小小的土木堡表现得明明白白。土木堡不大,却是一个体验长城文化的好地方。要感受长城,从而获得更多感悟,引发时历史的思考,应该到土木堡看看。

第十五章

大好河山

我去过张家口好多次，这里也是长城重镇，是长城文化体验之旅不能不去的一个关键地方。张家口位于河北省西北部，居太行山和燕山环抱的宣怀盆地北沿，一直是华北通往内蒙古的交通要道之一，历来就是兵家必争之地，至今仍有首都北大门之称。中国改革开放快40年了，张家口对外开放才20年，整整晚了一半的时间。中苏关系紧张的时候，这里是防苏的前线，苏军机械化兵团一两天就能从蒙古打到张家口。1991年苏联解体之后，张家口作为军事要塞的地位也相应降低了，经济建设才完全对外开放。张家口是一座古老的城，一座神秘的商城，一座久经战火洗礼的城，一座与长城结下不解之缘的城。

张家口市辖区内的长城很多，并且文化积淀深厚。这里古时属于幽州，秦、汉、三国均为上谷郡地。五代时期的后晋石敬瑭，割燕云十六州地献契丹之后，张家口就为辽、金所占。明朝时张家口属宣府前卫所辖，位于今张家口市区中心的张家口堡，是明宣德四年（1429年）都指挥张文所建，为了纪念古城的开拓人张文，后人就把古城称作张家口堡。

长城是一个关城相继，烽堠相望，敌台连接，纵深布防的体系。在这个体系中，以防御为主建造了必要的设施，如烽燧、敌台、射孔、炮台等，都是为了有效打击敌人。长城防御线上的张家口堡城就是以这种考虑而建的，城的周长约 2000 余米，城墙高约 11 米，东南两面开有城门，东门称"永镇"，南门称"承恩"。

明成化十六年（1480 年），又再次扩筑了张家口关城。嘉靖八年（1529 年）都指挥张珍改筑城堡，在城北开门称"张家口"。万历二年（1574 年），又砖包了张家口城。

清顺治元年（1644 年），在明代张家口长城开豁口，建了大小各一座关门，东称"小境门"，西为"大境门"。当时小境门是汉、蒙商人经商往来的通道，而大境门则专为官府所用。

张家口在群山环抱之中，夏季气候凉爽，至今农耕与游牧民族的生活气息还弥漫在长城内外。在张家口延绵的群山中，有战国、秦、北魏、北齐、金及明等多个朝代的长城遗址交错存在。

张家口向内是中原，向外就是草原，历史上不同的族群在这里碰撞，相应地产生了各种民族问题。一些错误的说法也始终在影响着人们对历史上民族及民族关系的整体认识，这是普遍存在的问题。

影响最大的一个错误说法，就是认为古代长城外的游牧民族都是落后民族，游牧民族的落后性决定了他们处在一个滞后的文明发展阶段，文明的不开化是他们的主要特征。

游牧地区、游牧民族的经济收入相对低是事实。但经济类型单一实际上是发展不平衡的表现，是自然条件和其他各种环境造成的。游牧地区的经济发展与农耕地区的经济发展，不能用单一标准去衡量。不能用"落后"或"进步"这种词汇来评判游牧与农耕这两种完全不同的经济类型。

不能简单地说游牧比农耕落后，或是农耕比游牧先进，特别是涉及由于农耕或游牧经济影响所产生的文化形态、生活方式，更不能简

单地用落后或进步加以区分。任何文化形态和生活方式，都是由社会和自然因素造成的。各地区、各民族的文化特殊性，没有先进和落后之分别。

不同的游牧民族在不同的历史阶段，或同一历史阶段的不同地域，发展水平也存在着不平衡现象，就像农业地区存在的不平衡一样。尽管游牧经济随着自然条件或社会情况的变化会出现很大的波动，甚至可能出现倒退，但某些地区的游牧民族也曾出现过不错的经济发展模式，取得过不错的经济成果。

游牧民族突出的问题，是因抢掠农耕经济造成的破坏性，而不是游牧经济本身的不稳定性。这一直是个需要弄明白的真相，不应该总是在误区里。

说起历史上游牧民族时，有人往往会强调抢掠财物和人口、破坏社会安定、破坏生产力问题，这是很大的认识上的偏差。修建长城虽然是用来调整农耕和游牧关系的，但在很多时候，农耕民族对游牧民族也具有很强的杀伤力和破坏力，特别是当农业经济向北跨过了基本不适合农耕的自然边界之后。

古时，由于农耕民族生产力水平所限，向北无法扩展耕地时，为了守住自然边界，便对草原地区的草场进行破坏，使得游牧民族无法驻足。比如在秋天放火烧荒，一烧就是一二百里。

农耕经济下，中央王朝的军队对北方游牧民族的征讨，对游牧经济也造成巨大的破坏。历史上北方地应两种经济相互为争求更大生存空间和利益而战，所造成的破坏是双向的。

比如秦始皇修万里长城的时候，在塞北的阴山大青山地区，已经没有了强大的匈奴力量对长城地区构成军事威胁。汉武帝北征匈奴后

第十五章
大好河山

修长城时,在这个地区也已经没有了强有力的匈奴集团与汉朝对峙。这个时候,还过于强调游牧民族的抢掠和杀戮行为,也就不符合历史事实了。有些历史文献中对于游牧民族抢掠和暴力的记述,不排除包含了执笔者以中原王朝为本位的立场偏颇。

在中原王朝力量强大的时候,长城区域绝大部分都归中原王朝所有。只是由于自然条件的限制,更北方的地区不适合农耕,所以中原的军屯也好,移民迁徙也好,都没有延伸到草原地区。

中原力量薄弱的时候,游牧民族就会因逐水草而大规模地南迁,这样的变化在历史上反复发生。要是客观看待这些变化,很多时候实际上就不存在谁侵略谁的判断。宋、辽、金时期的战争,魏晋南北朝时期的战争,就不是现代意义上的侵略。

战争造成双方的损失,对农业经济和游牧经济都是很严重的破坏。从这个意义上来说,修建长城,以固化边界来调整农牧秩序,从而减少战争是一件很了不起的事。

明代的万里长城在张家口市延袤近千里,重要的关口有马市口、新河口、独石口、张家口。大境门是京畿、内地通往漠北草原的重要关隘,上书"大好河山"四个大字,雄伟壮观。

张家口地处蒙古高原与华北平原的过渡地带,西部的阴山余脉大马群山插入腰间,东连燕山山脉,南接太行山脉,构成了一道坝上草原游牧地域和中原农耕地域的天然分界线。

张家口中部有桑干河、洋河水系形成的盆地,适合大部队驻扎和

运动。从蒙古高原到华北平原，中间是一条开阔的山间地带。张家口的坝头地带，下坝直接进入盆地。这就决定了张家口地区，必然会成为历代兵家必争之地。

从公元前300年左右的战国时期，到明朝末年，近两千多年时间里，这里战争不断。汉代的上谷郡、代郡就在张家口一带。这里受匈奴骚扰多，战事也多。汉代名将霍去病、李广、苏建（苏武之父）都曾在这一带活动，多次同匈奴打仗。

自古以来在张家口还上演了无数幕可歌可泣的民族融合故事，留下了许多战争传奇。黄帝战炎帝的阪泉之战，成吉思汗大败金兵的野狐岭之战，明英宗被俘的"土木之变"，解放战争平津战役中的新保安之战，等等，都发生在这个地区。数千年间，这里汇聚了太多的英雄人物，成就了太多的军事历史典故。

据不完全统计，在张家口先后发生过50多场著名的战役和战斗，遗存下了200多处古战场、古要塞、古城堡和军府遗址。考据史料，更令人感慨，任何时期发动战争都会给参战的双方造成巨大的损失，因为战争的残酷性，杀伤力度则是获得胜利的关键手段。

尽最大努力规避战争，把战争造成的损害降到最小，一直是中国传统文化所追求的目标。通过政治手段和经济手段来规避战争是人们长期努力实现的愿望，这样的目标也是长城修筑和存在的价值。

我们知道修长城不仅是军事工程，也是政治问题，长城功能能否得到有效发挥，最终也与社会政治密切相关。经济繁荣、政治清明、国力强盛的时期，军事力量自然也就强大，长城也就能够起到保障农耕地区安全的作用。相反，当政治腐败到老百姓深恶痛绝的程度，社会经济凋敝，各种社会矛盾重重的时候，长城就无法起到应有的作用。

第十五章
大好河山

张家口长城能够守住大境门上所指的大好河山，也一定要靠中原政权的政治稳定，在政治腐败、山河破乱的明末，长城也无可奈何。

张家口作为扼守京都的北门，连接塞北与内地交通要道。站在自古兵家必争的张家口北望，茫茫山野间，长城时隐时现。大境门长城内侧，每隔二三百米就有一个气势雄浑的烽火台，让人联想起古战场上烽烟滚滚、旌旗猎猎、铁马冰河的情景。

张家口是一座有着悠久历史的塞外名城，是著名的军事重镇，又是发展民族经济的边贸商埠。在漫长的历史岁月中，草原文明与农耕文明在此交汇、融合。这片神奇的土地，是长城内外不同民族的共同家园。

张家口作为一座明清两朝京都的北大门，具有军事防御性和贸易开放性。有时是阻止战争的屏障，有时又是保护地区贸易的堡垒。特别是清朝时，长城内外各个民族都可以在大境门进进出出，张家口成为北方各民族互市通商的口岸。

明隆庆五年（1571年），明穆宗与蒙古俺答汗达成了隆庆议和，在宣府张家口堡和大同府新平、德胜两堡，以及太原府水泉营堡设立了"茶马互市"。"茶马互市"每年夏末秋初举行，为期12天。至此，民间商人私下的交易，渐渐变成由政府指导下的规范交易。

"茶马互市"分为关市和民市，民间的贸易类似于蒙古族的"那达慕"和内地的庙会、交易会。到了明朝万历年间，张家口的"茶马互市"贸易已小有规模。为适应市场的发展，张家口段长城上打开的"小境门"，可供行人通过，可高大的骆驼背驮货物还是进不了门，这种限制也是出于边境安全的考虑。

长城内清水河岸边河滩上修筑的来远堡，俗称"市圈"。来远堡设

两座门,周长四里十三步,堡墙高三丈,占地约2700平方米。来远堡建成后,这座屯兵的堡垒不久就改作茶马互市的市场。

来远堡内设有总管署,还筑了关帝庙、三娘子庙和城隍庙。总管署是来远堡市场交易管理人员办公和居住的地方。关帝庙建在城墙上,庙内供奉关公像,关帝庙在交易时为讲市台,也有人称之为"市台庙"。三娘子庙是纪念为明蒙和睦作出贡献的三娘子而修建。

在张家口的交易市场上,以牲畜、毛皮、蘑菇、蒙靴、茶叶等货物为主,对沟通内地与边塞贸易发挥了重要作用。隆庆议和后,朝廷边疆政策的转变,使张家口演变为一个边贸集市。到了清朝,更把张家口推向了繁华的商业城市。

修筑长城是平衡其内外不同利益主体关系的一种手段,战争是为了利益而厮杀,贸易是为了利益而携手合作。

利益,是维持生存和发展的最基本内容,对个人是这样,对政权也是这样,所以农耕民族或游牧民族都会在力量所及的范围之内最大限度地获取利益,保证自己族群的生存和发展。生存和发展,都是以占有和享用更多利益为基础,不管这利益是以经济形式,还是以政治、文化形式表现出来。

经济利益是所有利益当中最核心的利益,一切物质利益都是人类生存和发展的最基本条件。最基本的利益得到了满足后,不同的利益实体随着力量的强大,就会有更高的利益诉求。每一种满足,都具有很明确的阶段性。不断提升的对物质及经济利益的追求,构成了不同族群之间发生矛盾和军事冲突的原动力。

长城两边要打仗，为什么打，说到底就是为了利益。战国时期中原各个诸侯国之间打仗，后来农耕政权和游牧政权打仗，都是为了争夺利益。如果不为争夺利益，还要战争做什么呢？如果不为保护利益，还修建什么长城呢？

中原与草原族群之间，聚焦在长城线上的张家口做生意，也是为了利益，但这种获取利益的方式是共赢的，是积极的。经济利益是各种利益的基础，经济利益对实现政治、文化利益具有决定意义。如果离开了经济利益，政治和文化利益就会空洞、没有意义。只有在经济利益得到最大限度保证的前提下，政治和文化利益才有价值，而政治和文化利益才是更长远的利益。

既然生意这么重要，那就只在张家口做生意好了，还修张家口长城做什么？把修筑长城的精力拿来做生意不是更好？

显然不行，获取利益或维护利益都要凭借各种力量。拥有实力是解决不同利益之间冲突的条件，农耕民族政权和游牧民族政权在不同时期、不同条件下签订的协议，在双方诉求和实力对比变化之后，拓展利益的行动使原有协议变得空洞、没有了实际意义。为防止和减少长城地区各民族之间的利益冲突，就需要建长城以维持力量平衡。

利益关系的变化，是长城区域不可能长期只处于一种状态的根本原因。力量的均衡被打破，必然会影响到利益结构的平衡。在建立新的平衡过程中，一定会有很强烈的矛盾冲突，伴随以对抗的形式表现出来，这也是在长城区域不断发生冲突的根本原因。

中原王朝在处理与长城外面各民族的关系时，也常常利用利益来驱动、分化甚至瓦解北方民族间的关系，或是分化同一民族不同部落

间的关系，以此来弱化游牧民族的总体力量，使游牧民族在长城区域的利益诉求，因自身矛盾冲突而降低，在利益平衡的过程中，谋取中原王朝的利益最大化。

交易、力量控制、利益平衡，仅张家口长城就把这些关系透射得明明白白。战与和，生意与掠夺，控制与反控制，历史上的长城处处都是大文章。

第十六章

宣化的粮场

如今，宣化区只是张家口市的市辖区，明朝的宣化却是赫赫有名，宣化城是明长城九镇之一的宣府镇指挥中心所在地。

宣化府这个连接了高原凛冽北风和平原温润绿地的山间通道，承载着中原与北方少数民族之间的冲突与融合。沿着这条长长的通道，直接进入八达岭的高山峻岭，顺居庸塞就可直抵明皇城北京了。

连绵的山峦将这里分成了高原与平原，也分开了中原农耕与马背游牧两种不同的文明。宣府镇为长城九镇自东起的第三镇，担负着北京正北方向长达500多公里的长城防御重务，是连接蓟镇、大同镇，共同捍卫京师的中间环节。

宣化古城，历史悠久。在东周至秦汉时期，这里属上谷郡。到了唐代，在此设置武州。唐文德元年（888年），设文德县，始建城池。辽时改武州为归化州。到了金代又改为宣德州。元朝中统四年（1263年），设置宣德府。明洪武三年（1370年），朱元璋改宣德府为宣府。次年，在宣府置前卫、左卫、右卫，并派遣军队把守。洪武二十七年（1394年），开始扩展城郭，加筑宣化城。所筑之城颇具规模，周长达12公里。次年皇子朱橞被封为宣府藩王谷王，长驻于此，足见朱元璋对宣府的重视。

靖难之役后，明朝的政治中心北移，宣府更成为边防重地，明朝的一代代皇帝越发重视宣化城。明正统五年（1440年），用黄土夯筑的城堡开始统一包砖，六年后竣工，城池变得雄伟庄重。

清康熙三十二年（1693年），废了宣府卫所，并取古老文化宣扬教化之意，改置宣化府，并设宣化县，府与县的衙门都设在宣化城内，宣化由此得名。

宣化城内较大的200多条街巷的名称，多与古建筑、古遗迹有关，如关帝庙街、天泰寺街、钟楼大街、西城壕街等。建于明朝的镇朔楼和清远楼，在宣化众多的古建筑中，至今保存较完好。

当前的宣化城，只是一座普通小城，失去了历史上特别是明朝时的地位。但宣化古城的历史文脉依然还在，作为钟楼的清远楼、作为鼓楼的镇朔楼、作为宣化南城门楼的拱极楼，还有周边的古城墙等都还在。代表着传统信仰的时恩寺、清真寺和天主大教堂等，依旧传承着曾经繁盛的文化。

在明代，宣化是长城沿线九镇中保卫京城的畿辅要地，到了清代，就由军镇演化成商埠，慢慢变成晋蒙交通线上的贸易集散地，南来北往者聚焦在宣化，同时也把宣化变成了文化交融汇聚之地。

宣化自从明代作为长城互市场所，商家就渐渐集聚。明万历年间，宣府的市面已经非常繁荣。到了清代，宣化的军事地位不再那么重要，但经济优势却越来越强。当时京津、江南前往蒙古经商的商人，凡通过宣化府，都要到宣化府衙领取通商许可证，才能经由张家口到达大同，之后再到大同官方检验宣化府衙的手续，放行后前往库伦到恰克图。为了方便，京津和江南的客商在宣化设立了不少分号，京帽、津鞋、绸缎、杂货店铺比比皆是。

宣化作为历代军事重镇，京畿之门户，堪称北京的西北大门。宣

府镇在长城边防体制九镇之中,大部分时间屯兵最多,以兵力论,号称"九镇之首",平时驻扎守军近10万。在张家口和大同一带,民间流传着这样的民谣"大同的婆娘,蔚州的城墙,宣化的校场",说的就是这里驻军多。

大同是农耕和游牧交错地带,不同民族之间通婚的现象很普遍。所以大同的很多女子,既美丽又能干,既有农耕民族的细腻,又有游牧民族的健壮。

"蔚州的城墙"是对蔚州古城美观、大方、坚固的赞誉。蔚州现在叫蔚县,保留着非常多的古城堡,这些城堡虽然都不直接连着长城,除清朝末期修建的一些民堡之外,也都属于明长城防御体系的一部分。

"宣化的校场"讲的是宣化校场的大,因为兵多才需要大校场。从明英宗开始,朝廷就向宣府派遣级别高于都指挥使的镇守总兵,赐佩镇朔将军印,统领宣府镇长城防御。

校场附近原来环列着砖木结构的一排排房屋,是戍守将士们住宿的营房。后经漫长的岁月砥砺,风雨侵蚀,这些为将士遮风挡雨的营房相继坍塌,并永远地消逝了。

现在,虽然再也看不到守戍将士们巡逻、操练、守城、站岗的身影,但透过布满斑驳苔藓的城墙垛口和被岁月磨损得瘢痕累累的甬道城砖,仍能遥想出将士们在长城脚下横刀立马的恢宏军阵,依稀听到城墙上金鼓齐鸣,还有遥远大草原上的牧歌,讲述曾经有过的辉煌岁月。

长城地区,不论是在农耕民族,还是游牧民族,任何时候都要想

第十六章
宣化的校场

办法维护和扩大己方的利益。双方交往时,以强化自身利益为前提,完全的公正合理基本不存在。

当力量平衡被打破时,就不可避免产生冲突,而冲突升级的结果便是爆发战争。特别是游牧民族强大、定居民族没有足够力量抵制时,酿成战乱的可能性最大。农业地区的政权,甚至有时因此走向瓦解和崩溃。

在中国历史上,凡是中原发生了动荡、内乱,统治力量削弱的时候,游牧民族与中原民族的矛盾就会变得激烈,甚至一些原来并不很严重的问题也可能诱发规模较大的冲突。

来自长城地区的游牧民族和农耕民族之间的战争,进一步激化农耕地区的社会矛盾,使农耕社会更加动荡。农耕政权要控制长城地区的稳定,就得具有主导和支配能力,保持强大的军事力量。

唐、宋、明、清四个朝代,北方游牧民族经宣化南入的较大战争就达70多次。唐乾宁元年(894年),太原节度使李克用大举出兵攻幽州,占领了武州。元初,铁木真率兵攻陷宣德(即宣化),在这里发生过激战。

明成祖朱棣曾几次驾巡宣府镇,视察军情民情,在此留下了足迹。正统十四年(1449年)6月,蒙古族瓦剌军也先部入侵宣府,把战火燃烧到长城内。

明正德十年(1515年),朝廷征调宣府、辽东、大同、陕西各六千兵马,轮流守卫着北京,号称"外四家军",宣府镇的部队为四家军之首。

"土木之变"后,时任镇朔将军的杨洪紧急带领两万士兵入卫勤王,与京城卫戍部队协同作战,为于谦指挥的北京保卫战大获全胜,立下了赫赫战功,杨洪也加封昌平侯,兼掌左军都督府事,由此成为明朝

一代名将。

崇祯十七年（1644年）3月，李自成率兵攻破宣府，巡抚自杀，总兵迎降。之后李自成的农民军顺着关沟破城而进，直捣明朝京城。

宣府镇长城在整个明朝，始终是直面明蒙矛盾和冲突的要地。一切有着不同利益诉求的族群之间，一定会有利益的矛盾冲突。矛盾和冲突是不是能够得到有效的化解，是不是最后一定要以战争的形式爆发，最后结果是完全不一样的，获得什么样的结局取决于双方的行为模式。

长城区域农耕民族政权所采取的措施是否有效，主要看农耕跟游牧这两种不同经济类型的矛盾冲突是否得到了很好的调处，使其不激化成战争。

历史上对明朝打击特别大的"庚戌之变"，就是因为明朝这边没有处理好与蒙古俺答汗方面的关系，后来的隆庆议和让矛盾得以缓和，进而还形成了明蒙长期和睦的局面，则是妥善处理了双方关系的缘故。

历史上，长城两边不同的族群大部分时间里都相安无事地生活着。没有那么多的深谋远虑，也没有那么多的腥风血雨，日子才平凡。也有一些时候，双方关系很紧张，这种紧张和冲突虽然以游牧民族的抢掠为主要表现，但并不是全部，甚至有的时候游牧方面挑起冲突，目的是要农耕政权解除边线封锁，开关进行贸易交流。

古往今来，人类社会只要产生不同的利益群体，就会产生利益冲突。利益冲突在不同时期、不同阶段的表现，具有很大的差异性和多样性。

长城西边不同的民族，谁也离不开谁，彼此之间既有相互依存又有矛盾对立。正是相互依赖，才有了合作的可能；也正是互为依存，才有冲突的可能。

农耕经济和游牧经济的冲突，主要表现为对生产、生活资源的控制。我们应该看到，农耕经济和游牧经济的冲突，实际上具有双重功能。一方面，不同经济类型和不同行政体系下的冲突，助长了长城内外的分离趋势，使得双方从互相防御发展到互相敌视，导致民族间凝聚力越来越小，直接联系的机会越来越少。

游牧经济跟农耕经济的冲突又具有一种整合的功能。正是相互之间的差异，和相互政权之间对立致使族群分离产生的负面影响，对生产生活秩序的破坏，使得大家更清楚地意识到彼此联系的重要性。这种联系在一些时候，却是以军事进攻和防御、征讨等形式表现出来的。

有了长城，也就有了稳定，有了寻求和平解决冲突的基础。明朝的隆庆议和，与此后在长城地区出现的长时间和平局面，都说明了这个问题。

长城的存在使双方冲突的几率降低，在利益表达、利益平衡方面，更容易通过协商谈判的方式来解决，以便找到对双方都有利的解决途径。在双方利益都得到保证的框架下，寻求制度化的妥协，最后达到双赢目的，实现在长城内外互利共存。

长城在化解游牧民族和农耕民族冲突矛盾中，所发挥的作用是构建良性互动的基本条件。如果没有中原王朝政权对长城地区实施的有效防御，寻求共同利益的协商基础也就没有了。

宣化城作为历史上的长城军镇，中原政权是通过坚固城防来控制

军事、经济秩序。可任何一方的利益都不是越大越好，必须有个合理的限度，那就是利益双方或多方可以接受的限度。

修建长城的一方，有时候试图依靠长城打破合理的限度，追求自己利益的最大化，结果却为破坏长城内外关系稳定而付出更大的代价。明朝就多次封闭长城关口，拒绝游牧民族提出的交流请求，把这种方式作为惩罚对方的手段，可是过度的封锁，就会引发对方的强烈反击。维持这种封锁，达到对方难以接受的程度，封锁自然也就接近解体了。

虽然中华民族大家庭中的各个成员，历史上曾有过很多矛盾冲突，甚至发展到很多次战争。但现在，长城内外有了共同的文化认同，这是中华民族大家庭所有成员的归属。

历史已经远去了，经过几千年的融汇，我们共同生活在这块土地上，和谐相处，共谋发展。历史证明，长城地区的稳定和统一，对古代中国的稳定与统一具有支配作用。任何朝代，如果长城地区不稳定，国家就会处于动荡状态。

第十七章 紫荆花盛放的地方

紫荆关是长城著名关隘,说起紫荆关,明代文人尹耕有一首名为《紫荆关》的诗中有一句"汉家锁钥惟玄塞,隘地旌旗见紫荆",给我印象很深。

紫荆关关城所在的山,名叫紫荆山。古时紫荆山生满灌木丛,紫荆尤其多。春暖时节,因漫山长满紫荆树,每到紫荆花开时节,漫山飘逸芳香,山因而得名。

紫荆关在河北省易县西北45公里处,距北京约170公里,关东依万仞山,西据犀牛山,拒马河宽阔的河床横列于长城之北,形势极为险要。紫荆关上,南面以十八盘为险阻,北面近以浮图隘口为门户,远以宣化、大同为藩篱,一关雄踞中间,群险翼庇于外,峰叠峦矗,如屏如障,为长城内三关重镇之一。

明代万里长城由北京东部的怀柔开始,就分成了两道,一道向北,经宣府到张家口,再到大同,向西延伸,这是外长城。另一道从八达岭往西南而去,往紫荆关、倒马关方向,这是内长城。

内长城上,有内三关和外三关。居庸关、紫荆关、倒马关为内三关,并形成了以内三关为重点的防御体系。外三关是宁武关、雁门关、偏关。内外长城在偏关东南的老营汇合。

紫荆关附近环境非常优美,而且地形极其险要,关城依山傍水,东西两面临山,北濒一条古老的拒马河,恰好锁住了太行山脉之中径易县直达北京的通道。

紫荆关至今仍是华北通往山西、内蒙古的交通要冲。春秋战国时期，这里就设了上谷关，南北朝、唐、宋、元等朝代，中原王朝的统治者对紫荆关均多次修葺、增补建筑，至明朝万历年间，就形成了现在的规模。

紫荆关是长城千百座雄关险隘中，历史最悠久的几座之一。关于紫荆关的记载，最早见于《吕氏春秋》，是著名的天下九塞之一。

紫荆关在不同的历史时期，有过不同的称谓，战国时期为上谷关，东汉时叫五阮关，北魏称子庄关，宋、金时期又改称金陂关，到了元代才正式称为紫荆关。

紫荆关地形险要，多次承受战争磨砺，经历了两千多年的风剥雨蚀，至今仍挺立在岁月的风尘中，具有很高的文物考古、历史文化研究、旅游观赏价值。

汉朝至明朝以前的紫荆关，关城由土石夯筑而成，直到明洪武元年（1368年），才改用石条作基础，以青砖砌面封顶。明成祖迁都北平后，紫荆关的地理位置显得更为重要。明代正统、景泰、弘治、嘉靖、万历、崇祯年间，都对紫荆关进行了改筑和扩建，并在附近增筑了城堡、隘口，开凿了盘山道，紫荆关形成了一个非常完备的防御体系。

紫荆关城分东西两部分，中间以城墙分隔，东城设文武衙门，西城作屯兵的营地。关城东、西、南三面墙外有墙，形成了三座小城池环护着主城。

紫荆关的关城城墙总长18160米，共有9座城门、4座水门、19处战台。远看雄关，地势险要，每当夕阳西下，晚霞映在关城，分外辉煌。紫荆关附近的文物古迹较多，有古代军用水井、碾盘，至今仍

保存完好，古栈道也清晰可辨。

修建包括紫荆关在内的历代长城，完全是出于战略性决策，是最高决策层为实施全局战略而采取的军事防御手段。特别是秦以后，修建长城是为了落实保护农耕地区的战略方针，达到保护农耕政权的目的。

长城内的定居民族，如果无视来自长城外面游牧民族的危险，就可能给自己造成很大的损失。要是在非战时期，不积极准备和遏制有可能发生的战争，不很好地备战，稳定的社会生活就无法保障。如果长城防御松懈下来，其威慑性和实战性就不能有效实现。长城地区进攻与防御的平衡，一旦被打破，就会促使战争更频繁、更大规模地爆发。

东汉建武二十年（44年）秋，北部边境受乌桓、匈奴与鲜卑等族联合骚扰，汉将马援向光武帝请求率兵出击，光武帝命他率兵马驻守五阮关（紫荆关），修筑堡塞，积极备战。第二年的八月，马援率三千骑兵出五阮关袭击乌桓，乌桓兵大败逃遁，马援随后追赶，斩杀百余人，凯旋。

在金代，蒙古将领木华黎奉成吉思汗之命，进攻金领地，统兵向太原方向进军，木华黎的部下明安率侧翼部队奔袭紫荆关。金廷命张柔率军迎战，在紫荆关与蒙古兵相遇，展开激战，后因金军发生内乱而败北。

南宋嘉定二年（1209年），成吉思汗率蒙古大军进攻金都燕京，最初被阻于居庸关下，久攻而没能入关。四年后，成吉思汗再次攻打燕京时，分兵两路，一路攻打居庸关，另一路攻打紫荆关，形成两翼

第十七章
紫荆花盛放的地方

内外夹击之势，终于攻进燕京。

元朝致和初年（1328年），上都蒙古贵族背叛了元朝，另立皇帝，与大都的元朝中央政权对抗。叛军进攻古北口、居庸关，久攻不下，便迂回到大都（即北京）西南，攻破了紫荆关，兵马直通永定河南岸的卢沟桥，大都岌岌可危。大都的元军在燕铁木尔率领下，英勇抗敌，几番激战，击退叛军，成功保卫了元大都。

明正统十四年（1449年），蒙古瓦剌部首领也先率十万瓦剌军挟持在"土木之变"中俘虏的明英宗，假传英宗谕旨，骗紫荆关守军打开城门，一路攻杀到北京的西直门、德胜门外。惹得朝野震惊，城内一团慌乱。大部分朝臣建议弃城南逃。皇太后采纳了于谦的建议，制定了正确的保卫北京的作战方针，并任命于谦为兵部尚书。

也先发现北京城处处防守严密，很难攻克，又怕各地勤王率明军救援断了自己的后路，于是引兵从紫荆关退回塞北。

后来，在明嘉靖二十八年（1549年），蒙古鞑靼部首领俺答，率十万铁骑攻破紫荆关、黄草梁后，在北京城外一路烧杀抢掠。明末，李自成率起义军进攻北京时，也是先派一支队伍攻克了紫荆关。

紫荆关是以内三关为重点，拱卫中原大地防御体系的组成部分，从紫荆关这里我们就可以理解长城作为一个体系的价值所在。准备构筑长城之初，首先要从战略防御出发确定长城的大体走向。长城选址决策过程，目前从历史文献中并发现没有记载，但不外乎要考虑这样两点：从战略上要能满足朝廷所制定的针对长城地区的防御布局，从战术上要实现保存自己并且最大限度地消灭敌人。

在河北省和内蒙古等地的先秦长城周边，分布着众多的烽燧、城障等军事设施、信号传送系统。发展到秦汉时期，中原对游牧地区开

放程度加强了，长城各种防御手段也要相应提升完善，除烽燧、亭障以外，在长城内外又修建了用于巡视、守卫的城堡，拓宽了长城防御的纵深。在长城所经过的交通要道，都筑有关口并加派军队防守。在长城城墙、城堡的外侧，还增设了许多障碍物，比如战墙、壕堑等。

在长城内外，又建设了功能不一的许多城堡。有镇城、卫城、所城、关城、边堡等，不同用途的防御建筑与长城主墙连结，构成一个完整的长城防御体系。紫荆关这座历史悠久的关城，就是我们解读长城关隘建筑、古代军事科学思想的极好场所。如今的紫荆关，已成为一处风景秀丽的名胜地，到这里来的游人，除领略到紫荆关的雄姿外，还一定会对这里的传奇故事产生浓厚兴趣。

"隘地旌旗见紫荆"，可能明人尹耕写《紫荆关》这首诗时，眼前浮现的正是旌旗舞动在漫山紫荆花中的场面。

尹耕是很一个特别的人，他很年轻的时候就踏上了仕途，先后任藁城知县、礼部仪制主事、员外郎、河间知府、河南按察司兵备佥事，但刚到河南任上即被诬告，后来被发配到辽东。官场失利的尹耕，才30多岁就离开了仕途，回到家乡蔚州闭门读书，潜心著述。

不过，作为读书人的尹耕，胸中的豪情依旧，他所处的时代正赶上蒙古族俺答部不断攻击明朝边地，他的家乡蔚县也处于兵事频发的地带。于是，他就把自己的才华和热情投入到了军事著述上。

尹耕多次到边地考察，写出了非常有名的著作《两镇三关志》。两镇是拱卫京师的大同镇和宣府镇，三关是雁门关、宁武关和偏关。《两镇三关志》中保存了大量的珍贵史料，部分卷帙现收藏于宁波天一阁、吉林大学图书馆和日本东洋文库等处，至今都是明代历史和长城历史研究者必读的史籍之一。

第十八章 红妆与长城

娘子关的名字特别容易引人遐思。娘子娇弱，关隘雄伟，这两方面融汇在一起，一定会有故事。

长城上的很多古老关隘，在一代代王朝的兴衰过程中，承载了太多的荒凉和冷漠，呈现一种孤寂和萧瑟的景象。娘子关这座长城上的关隘，却因"娘子"两字，始终山明水秀，风光绚丽，充满活力。这是一座与女人结缘，并且留下了美丽传说的长城关城。

娘子关位于山西省平定县东北，距平定县城 45 公里，是太行山麓长城上最要冲的关隘，巍巍太行山，为娘子关提供了雄浑壮阔的背景。

娘子关地处华北大平原和太原盆地之间的山地里，是纵贯南北的太行山脉主轴的中央地带，其东部是广阔富饶的冀中平原。

根据史料记载，娘子关就是古苇泽关，唐初因高祖李渊的三女儿平阳公主曾率娘子军驻此设防，创建关城，故名娘子关。在中国历史上，平阳公主是一位很了不起的巾帼英雄，她精通武艺，谙习征战，嫁给大将军柴绍后，仍然手不离弓箭，身不离宝刀。

娘子关旁有一条长流不息的绵水河，河的两岸树木茂密，河边芦苇丛生，故名"苇泽"。

古往今来，不知有多少文人墨客纷至沓来，在这里留下了脍炙人

第十八章
红妆与长城

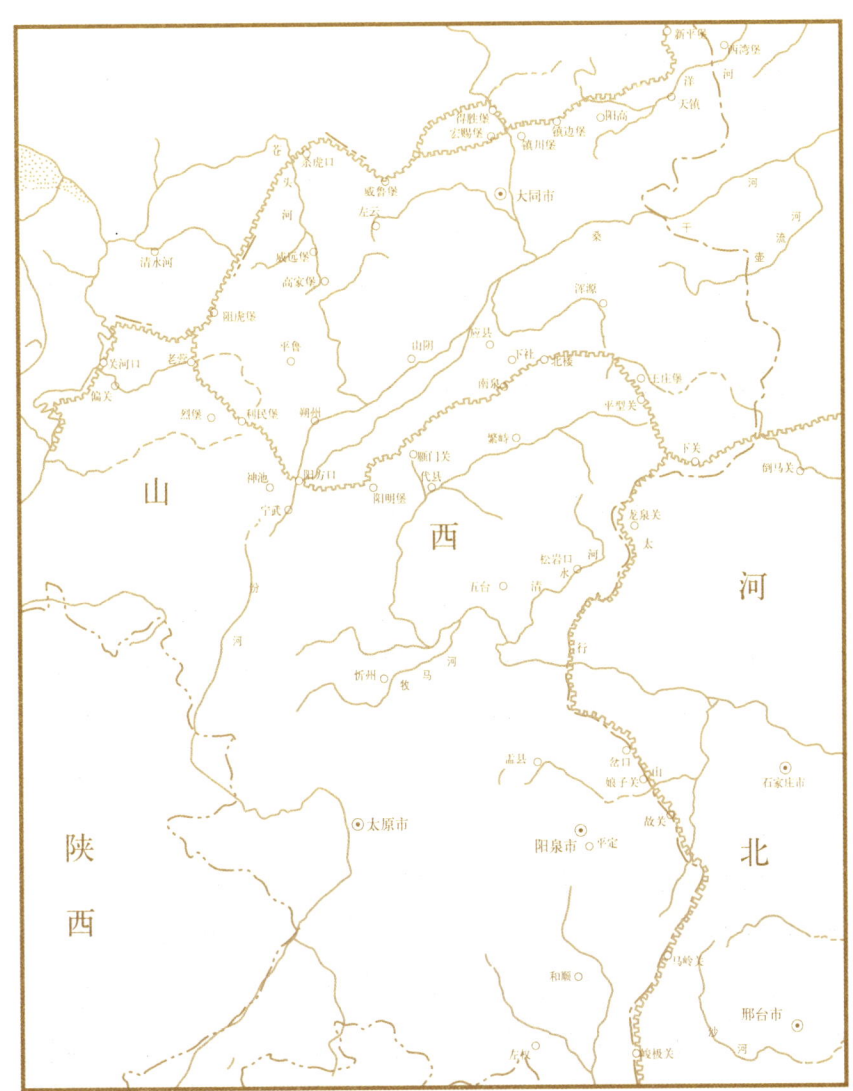

山西省所辖明长城图

长城
漫话

口的诗篇，如"雄关百二谁为最，要路三千此并名""楼头古戍楼边寨，城外青山城下河"等。

娘子关城坐落在悬崖峭壁之上，居高临下，悠悠的桃河水由西南折向东北，环绕关城，奔腾而过。

娘子关的关城，所处之地山险沟深，形势非常险要。坚固的古城堡依山傍水，居高临下，如披红挂甲的女将军守卫在太行山麓。

李渊起兵后，平阳公主的丈夫柴绍前去投奔，公主从长安来到鄠县，用自己的私财招募了各地的逃亡者，收编成一支队伍。她率领这支军队攻下数座县城，队伍也发展到七万之众，号称娘子军，一时威震关中。

平阳公主在帮助父亲取代隋朝的战争中，率领娘子军英勇作战，在数次大战中独当一面，立下了卓越的功勋。

遥想当年，平阳公主等一哨娘子军镇守在此，坚硬如铁的岩石，碰撞的不是女儿温柔的眸光，而是寒光凛凛的刀枪剑戟。回音袅袅的幽谷里，飘荡的不是姑娘们婉转的歌声，而是嘹亮的呐喊。河水中倒映的，不是红颜美人，而是饮水的战马。这是一幅幅多么壮美与冷艳的图画！

关城东南侧，长城像长龙一样横卧在巍峨挺拔的山上。城西有桃河水叮咚环绕，终年不息。险山、河谷、长城，在这里筑起一道屏障。

另外，还有承天寨、老君洞、妒女祠、烽火台、点将台、洗脸盆、避暑楼等十多处古文化遗址，传说其中不少都是平阳公主驻防时的遗迹。

娘子关的称谓，最早见于金朝元好问的《游承天悬泉》一诗，有"娘子关头更奇崛"一句。

明代，这里为承天镇。明朝时期因边患严重，在嘉靖二十一年（1542

年）重修了娘子关城堡，并专门派驻守备军队，把守关城。

关城开有两座城门：东门为砖券，额题"直隶娘子关"，城门上建有城堡平台，是用于检阅兵士和瞭望敌情的地方；南门坚固厚实，为青石筑砌，看上去危楼高耸，气宇轩昂，城门上建有宿将楼，门洞上方额书"京畿藩屏"四个大字。

娘子关城分上关、下关，东为上关，西为下关，关城上建有阁楼，关城东南侧门前仅有一条呈四十五度的石坡古道可以通过。登临关城，放眼望去，只见群山绵绵，碧水悠悠，娘子关屹立在悬崖一边，坚固的城堡，背倚云雾缭绕的巍峨绵山，面对涧壁如削的万丈深谷，山腰的长城垣堞，随山势辗转，清凌凌的桃河，环绕其西北，曲折奔流，真是襟山带水，金城汤池。

山西娘子关

长城漫话

站在这美丽又险峻的关城上,一种怀古之幽情就会油然而生。娘子关自然风光优美怡人,桃河、温河钻出山涧,在娘子关前双河汇聚成绵河,境内的绵山、承天山、紫金山,都是太行山脉上的名山,山间的张果老洞、老君洞、水帘洞等洞府,曲径通幽,胜境藏仙。

娘子关的水资源十分丰富,拥有华北较大的岩溶泉群,大小泉眼有几百处,泉水四季喷涌不息。娘子关瀑布飞瀑悬流百尺,顺悬崖峭壁倾泻而下,形成了一幅烟雨篷挂的水帘景观,就如喷珠散玉,直泻谷底。瀑布旁还有水帘洞、趵突泉等景观,那么清灵,那么富有动感。

近现代,这里曾发生过很多次中国军民抵御外敌的战斗。清光绪二十六年(1900年),英、法、德、美、日、俄、意、奥等八国发动侵华战争。八国派遣的联合远征军,初战时总人数约3万人,后来增至约5万人。八国联军侵华时,京津一带的清军还没打几仗,就已经溃不成军。最终清廷与包含派兵八国在内的十一国,签订了丧权辱国的《辛丑条约》,支付了巨额赔款,丧失了多项国家主权。

八国联军侵华期间也曾受到过中国军队的顽强抵抗,德国军队总参谋长阿尔弗雷德·格拉夫·冯·瓦德西组织了46起"讨伐"行动,其中有33起为德军自己所干,对北京以西地区进行了烧杀抢掠。在张家口保卫战中,首领大阿吾曾率领义和团伏击外国侵略者,杀死了德军指挥官约克上校。为了报复中国人,德军疯狂反扑。在娘子关一线,清军将领刘光才和李永钦指挥中国军队,连续击败上万德军和法军的多次进攻,并歼灭其中一部。

来自德国的一些资料显示,在1900年10月到1901年4月间,德军在中国死亡人数近3000人,其中多半是在进攻山西时被击毙。仅在娘子关战役当中,德军就被中国军队击毙了1400人以上。在光绪皇帝

第十八章
红妆与长城

和慈禧太后都逃出京城、军队一路溃败的情形下，这样的战绩可算是一个奇迹了。

从 1840 年鸦片战争，到清朝灭亡的百年间，中国受到西方帝国主义的武装侵略，中国部分主权遭到严重的破坏。这一时期发生的各次战争中，娘子关战役是中国军队击毙列强侵略军数目较多的一次。

抗日战争时期，娘子关上再度燃起保家卫国的战火。1937 年，日军沿着正太铁路向西进犯，攻击娘子关防线。包括八路军一部在内的中国军队数万兵力，在娘子关一线设防阻击，多少中华儿女，血洒娘子关战场！但终不敌日军，娘子关后被日军占领。不久，日军从北、东两路进入山西，太原等地相继失陷。1940 年 8 月，八路军发起了百团大战，娘子关一带烽烟再起，成为抗日的战场。

我每次到娘子关，都会不由自主地想起另一位与长城关系密切的女人，她就是蒙古族的三娘子。

长城无疑是战争的产物，自长城产生之始，就饱受了金戈铁马的蹂躏，有中原封建割据势力之间的激战，也有民族及少数民族之间失和后的混战。但纵观整个长城的历史，和平时期远长于战乱时期。

不论在和平时期，还是在战乱时期，都有一批可歌可泣的英雄人物，他们为和平做着不懈的努力，三娘子就是这众多人物中的一位蒙古族巾帼英雄。

三娘子是俺答汗晚年所娶的一位年轻、美丽的妻子。虽然俺答汗逝世时，她才 30 岁左右，但俺答汗在世时，她已经参与大政。三娘子

不仅年轻貌美,还是一位能领兵作战的名副其实的巾帼英雄。蒙古族当时有3万常备骑兵,其中有三分之一为三娘子亲自统率。著名的隆庆议和,就是在三娘子与俺答汗结婚的次年(1570)达成,在这件事上,三娘子起到了很大的作用。

三娘子出生在蒙古族的乌审部,她自小游牧在长城脚下,深知蒙汉两族人民对和平的需要和渴求。万历九年(1581),俺答汗死后,三娘子为保持已经建立起来的蒙汉友好关系,更是作出了贡献。

隆庆议和之后的10多年间,蒙古族和明王朝之间的和好关系一直得到了很好的维护,尽管有少数蒙古族贵族仍然迷恋已往的武装攻掠,但碍于俺答汗的辈分和威望,也不敢鲁莽造事。俺答汗逝世后,影响俺答汗的继承者和约束部众,与明朝政府维护和好关系的责任,就落到三娘子身上了。

万历四十年(1612年),三娘子去世,葬在福化城,还建立了"太后庙",即位于今美岱召的东北隅,里面尚存有三娘子的骨灰塔。三娘子,毕生参与掌握兵权,主持贡市,忠诚不渝地贯彻执行隆庆和议,促进了长城内外蒙汉两族人民的安定团结,受到蒙汉两族人民的尊敬,永远为后人所纪念。

今天的长城,作为世界文化遗产,已经是整个中华民族历史的象征和标志了。曾经活跃在长城线上的三娘子这样的风云人物,一定会乐见这样的局面。她和长城一起,参与和见证了中华民族在这个历史节点上融合发展的过程。

第十九章

大同烽烟

都说山西是表里山河,东边是太行山,西边是黄河河山之间的山西省在地图上的形状两头稍窄,中间稍宽。明代长城九镇中,有两镇在山西,一是大同镇,一是山西镇。山西的北部,就是游牧经济和农耕经济的分界线,这里建有长城就顺理成章了。

历史上山西就是"五胡杂处"之地,匈奴、柔然、鲜卑、羯、羌等族群都曾经在这里生活过,山西当然也就成了中华民族融合的大舞台之一。其中,鲜卑族建立的北魏都城就在大同。

在明长城九镇中,大同镇地处北京与晋、陕、蒙等地的交通要冲,是从内蒙古高原南下,通往内地的咽喉要冲。这里重山叠嶂,地势险要,故有北方锁钥之称。

每次站在大同的城墙上,我就能感受到历史的久远,文化的雄厚,古城的沧桑。依然可以品读出这座古城从秦汉县邑、北魏京师、辽金陪都、隋唐军镇,到明清重镇的历史变迁。

在春秋战国时期,大同是北方游牧民族戎狄、楼烦繁衍生息的地方,战国时为赵国的军事要塞,先后隶属于赵国的代郡和雁门郡。赵武灵王变法图强,实行胡服骑射,就是在河北北部、山西东北部游牧民族与农耕民族混居地区,因为这里有穿胡服、练骑射的基础。

赵国派大将李牧驻守在晋北之地防御匈奴,并砌筑长城和烽燧。

李牧先练好精兵,修好长城防御体系,做好了时刻作战的准备。这样一个正确的防御方针坚持了几年之后,匈奴以为李牧怯战,就放松了懈怠。李牧先派小部队试探性出击,在匈奴反击时佯装败退。这样,匈奴单于便亲自率领大军南下,结果中了李牧布下的埋伏,被打得大败。

秦始皇统一中国后,在这里设平城县,这是大同最早的行政建制。汉承秦制,刘邦还先后封他的兄长刘喜、儿子刘盈和刘如意等为代王,住在平城,镇守这一农牧交错地带。

汉初,匈奴势力渐渐强大,先后发兵围困马邑。汉将韩王信投降匈奴,汉高祖刘邦恼怒,亲率几十万大军征讨。汉军进入太原郡后,节节胜利,产生了麻痹轻敌的思想。刘邦率骑兵北上,远远地把步兵抛在后面。结果兵至平城,在今大同附近的白登山被十余万匈奴军围困,史称"白登之围"。

刘邦所率汉军内无粮草、外无援兵,被困七昼夜不得突围,相当危急。后来通过贿赂匈奴单于的妻子,匈奴退兵后才得以脱离危险。

汉武帝时,汉军也多经由此地北上,发起对匈奴的反击。

北魏兴起后,天兴元年(398年)鲜卑族首领拓跋珪将国都从盛乐(今内蒙古和林格尔)迁到大同,大同的城市建设也随之得到提升。北魏国都由宫城、外城和廓城三部分组成,由此,这座城市出现了兴旺发达的繁荣景象。城内有坊、里、市等布局。北魏皇室的宫殿建于城东北,并建有太庙、御花园等。民宅、手工业、商业集中于城南。

作为一代皇都,当时的大同汇集了各族民众,商贾往来聚集,佛教盛行,成为中国北方政治、经济、文化和军事的中心。

至辽代,开始设立大同县,辽金两代相继把大同定为"西京",继续营建与扩展。大同作为辽金两代的陪都,长达200年之久。

长城
漫话

历史上,各个族群在大同这里你来我往。长城一直见证着这片土地上各个族群的发展。"中华民族"这个概念出现得很晚,是在清末由梁启超最先提出来的。从中国古代的"天下"到近代的"中华民族",其中包含着特别复杂的演进过程。

包括长城区域在内的古代中国,既有以中原为政权中心的族群,也有活动在高原、草原和森林区域的各个族群。几千年来,中原和地处边疆的族群之间,农耕族群和游牧、渔猎等族群之间不断的互动,最终形成了今天中华民族多元一体的格局,在这一形成过程中,长城功不可没。

长城限制了农耕与游牧冲突,但同时也不同程度地限制了开放的观念,助长了狭隘保守的意识。有些时候,修建长城的一方极力张扬农耕政权的优越性,甚至蔑视、仇视游牧民族,这些做法在一定的条件下又成了发生战争的诱因。

生活在长城地区的各个族群,如何处理好他们之间的利益关系,也是特别重要的。发生在中国历史上的很多重大事件,都与长城区域各族群互动相关。

民族是一个许多家庭组成的共同体,这些家庭在很久的时间里,在一个共同的地域里,从事着同样的经济生产,慢慢形成了共同的文化特征,结合成具有共同利益的社会关系。随着民族共同体的发展,经济关系起到越来越重要的推动作用,共同的生活形成了相同的习俗、语言和信仰。

第十九章
大同烽烟

农耕民族和游牧民族在两大区域因生产、生活、习俗、语言、信仰的差异，形成了完全不同的两大族群。

游牧民族生活的地域条件更加恶劣，所以民族的认同感和民族的共同利益表现得更突出。游牧民族和农耕民族两大民族存在不同的利益主体，也就存在着整体的对抗和发生冲突的内动力。

中国北方长城区域的农耕民族相对稳定，而游牧民族的变化却相对复杂。游牧民族是对北方从事游牧生产民族的统称。游牧民族又分成很多不同的民族，这些族群总是在不同地域迁徙着，民族关系和民族分布也在不停变化，就使长城地区的民族体系呈现出十分复杂的状态。

游牧民族需要经常迁徙，在不断与中原农耕民族或其他民族的同化过程中，又会形成具有新特点的民族。当然，也包括不同的游牧民族之间的融合，有时候这种融合的血腥程度绝不逊色于不同农牧民族之间的争斗。

游牧民族强大到一定程度后，其组织管理形态也随之完善和成熟，以公共权力决定民族共同体的发展。有了政权这种公共利益的代表机构，就形成更稳定的管理和支配整个民族资源的民族文化特征和行为模式。一个民族的文化越向高层次发展，民族的整体稳定性就越好，文化发展程度就越高，民族自觉意识就越强，这是一个民族能长时间存在的基础。

如果长城外面的游牧地区，生存的都是碎片化的小族群，那长城里面的农耕政权受到威胁就弱些，要是游牧地区由某个强大力量整合起来，形成了稳定有力的政权，中原方面自然就紧张起来，因为对方随时可能冲过长城。

长城
漫话

长城地区是农耕与游牧的过渡地带,长期以来形成不同的生产方式和生活方式。这些方式既有别于草原纵深的游牧民族,又有别于中原地区的农耕民族,也有别于草原和农耕各自的经济形态。

在长城区域生活的不同民族、不同族群,生存状态和经济行为往往带有强烈的过渡性。农耕跟游牧两种形式同时存在、交错存在、互相争夺资源,特别是一些长城地区荒漠中的绿洲,水草丰美,既可以作为定居农业的发展基地,也可以作为游牧的重要场所。对这些绿洲的控制,是中原政权和北方游牧政权争夺的焦点。

长城地区的自然条件很恶劣,但让农民最为恐惧的既不是自然灾害,也不是成群的猛兽。无论旱灾还是冰雹,自然灾害对人和农作物的伤害总是有限。农民最恐惧的事,是随时都可能夺取其生命的游牧骑兵。

大同一直是座影响很大、地位很重要的城市。明朝建立后,元顺帝北逃上都(今内蒙古和林格尔),后来的蒙古各部落时时惦记着重返中原。在这个时期,大同成为南北文化冲突激烈之地,蒙古势力一旦南侵,大同是必然的通道和战场。

明洪武二年(1369年),明朝开始大规模构筑长城防线,大同作为战略要地,在长城防御线中越来越重要。洪武五年(1372年),明太祖朱元璋命徐达重建大同城,把大同防御体系建设得更加坚固完善。

"土木之变"时,也先亲自率军,气势威猛地扑向大同。大同的将士拼死抵抗,伤亡惨重,一度"士卒可战者才数百,马百余匹",大同

172

第十九章
大同烽烟

副总兵郭登发出"吾誓与此城共存亡,不令诸君独死"的誓言激励将士。在他的鼓舞下,全城军民同仇敌忾,奋勇争先,守卫大同,连续击退也先军的六次大规模攻击。其间郭登还不断组织部队主动出击,在沙窝、北水头、栲栳山等地,接连重创也先的瓦剌军,明军士气为之大振。正是由于大同的有效抵抗,牵制了瓦剌的兵力,使其不能全力攻打北京,有力地配合了于谦组织指挥的北京保卫战,挫败了也先"欲取大同为巢穴"的计划。

明朝中叶,北方蒙古族鞑靼部逐渐兴起,成为北方的一大边患。鞑靼首领时常率兵马到长城沿线骚扰,大同地区正好地处前线,常受战祸兵灾。从一些统计中能够反映出,大同在那一时期遭受北方鞑靼兵马侵扰的情况。

蒙古鞑靼的小王子、俺答两人经常攻击这一地区,从成化到嘉靖的20多年时间里,他们南下大同地区就有24次之多。

成化十九年(1483年),鞑靼小王子率兵大举入侵明境,军队直抵大同城下。总兵许宁与巡抚郭镗冒险出战,结果大败而归,死伤惨重。随后的几个月内,小王子曾两次领兵攻击大同,明军每次出战抵抗都失败了。

嘉靖十三年(1534年)一月,蒙古贵族的5万精骑兵再次攻击大同地区,明军不敢与之对阵,只好坚守城池据不出战。后来明军的供给线被切断,大同几乎被攻陷。

嘉靖二十九年(1550年),俺答又率数万骑攻击大同,明巡按御史胡宗宪轻率迎敌,他催促大同总兵张达、副总兵林椿出战,结果明军深陷重围,全军被俺答的精锐铁骑歼灭,张达、林椿二人也都战死沙场。

明朝晚期，李自成率领 50 万农民军，浩浩荡荡，从禹门口渡过黄河，挥师北上。崇祯十七年（1644 年）三月，大同守城的将领姜瓖杀死了永庆王，开门迎接闯王入城。姜瓖是陕西延川县人，明朝挂镇朔将军印的大同总兵官。

这个姜瓖，可是出生于将军世家，一代代都是朝廷倚重的家族，世受皇恩。姜瓖哥哥是榆林总兵，弟弟是山西阳和副总兵，他自己是大同总兵，位高权重。他的投降，彻底葬送了明王朝，也害了李自成。

李自成也许就没有做好坐天下的准备，起义军在大同休整六天后，便长驱直入，攻克北京，推翻了明朝的统治。

同年五月，传来了大顺军在山海关战败、放弃北京城西逃的消息，姜瓖再次发动叛乱，杀了大顺军守将张天琳，归附了清朝。

顺治五年（1648 年）十二月，以大同总兵姜瓖反清开始，山西省掀起了轰轰烈烈的复明运动。姜瓖先背叛明王朝降李自成，又背叛李自成降清，再叛清造反，虽然是打着复明的大旗，但心里盘算的都是自己的得失。

多尔衮率领清兵在大同镇压姜瓖的造反之后，血洗大同城，全城官兵甚至居民被残酷屠杀，其情景惨绝人寰。

大同镇设总兵官、副总兵、参将等官员，常驻军队兵员十余万，战马数万匹。朱元璋还封皇亲为代王，坐镇大同，增修代王府邸。一直到后来"土木之变"发生，明朝又分别在大同城北、东、南增筑三座小城，这三座小城与大同主城互为犄角之势。

第十九章
大同烽烟

明洪武五年（1372年），大将军徐达在北魏至元时期遗留的旧土城基础上重新修筑大同城，城墙东西长1.8公里，南北长1.82公里，周长7.24公里，面积3.27平方公里。城墙高约14米，上筑580对垛口。

明代大同城开四座城门，东门名为和阳门，南门名为永泰门，西门名为清远门，北门名为武定门，每门上各建一座城楼。

城墙的四角又各建一座角楼，西北向的角楼为四层八角重檐楼，名叫乾楼。乾楼建筑得高大瑰丽，看上去宏伟壮观，为大同八景之一，有镇楼秋爽之盛誉。

四门之外筑有瓮城，瓮城之上都建有箭楼，或称匾楼。大同城的关门外掘筑了堑壕，堑壕深约5米，宽约10米，人们通常称其为护城河，绿带一般的护城河环绕着大同古城，更衬托了古城的优雅。

明代大同城内，拓有4条大街、8条小巷、72条绵绵巷，整座古城街衢规整通达。每条大街中段十字路口处，各建有一座楼。东大街路口为太平楼，南大街有鼓楼，西大街有钟楼，北大街有魁星楼。

城中心有一座精美的牌坊，是由四个相连的牌坊组成的建筑，四个相连的牌坊分别面向东、西、南、北四个方向，人们称其为四牌楼。

这些古建筑，目前只有鼓楼还保存完好，至今仍然耸立在街心。1952年因妨碍交通，拆除了四牌楼。今天大家看到的四牌楼为2012年重建，宽约19.2米，高约14.43米，形制为"四座四柱三楼式悬山顶跨街牌楼"。

大同境内建有两条长城，有一条称边墙，人们通常称其为外边墙，也叫大边，位于大同市北，距大同约40公里。在大同境内绵延数十公里，为黄土夯筑，墙体都没有包砖，只在靠近城堡的地段所筑的城台才用砖包了起来。

  在大同市北约30公里远的地方，还有一条东西长约28公里的长城，人们称其为内边墙，这段长城是大同西北方向的第二条防线。

  大同黄土夯筑的长城，与山色浑然一体，更具沧桑感。整个大同长城防御体系，体现了中国历史军事学的精要。《孙子兵法》强调，不被敌人战胜，主要取决于我们是不是做好了准备。而要战胜敌人，就要看我们是不是有战胜敌人的机会。要想做到不被敌人战胜，就要进行有效的防御，采取有效的措施，来抵御敌人的进攻。

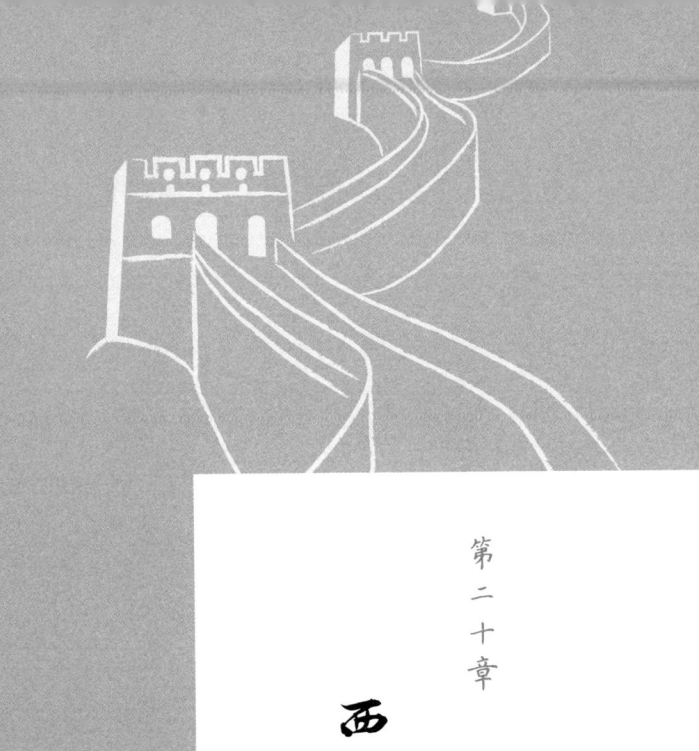

第二十章

西口

长城线上有一处气势非凡的关口,叫杀虎口。

长城见证了中国北方地区曲折而复杂的社会发展史。在长城辽阔的区域内,有山区和丘陵,有黄土高原,也有戈壁、沙漠。杀虎口,就是长城区域中一个风情非常特别的关口。

实际上,走过张家口后,一路上所看到的风情就已经慢慢发生了变化。比如那首歌"哥哥你走西口,小妹妹我实在难留。手拉着哥哥的手,送哥送到大门口。哥哥你出村口,小妹妹我有句话儿留,走路走那大路的口,人马多来解忧愁……",悠扬的曲调自然生发于黄土高坡,这首歌谣表现的是女人为了生存,将要忍受长久的孤独,与亲人分别前的心情。今天听《走西口》,依然能够感受到它的悲壮和凄美。

在中国的东北、华北、西北万余里的北疆,从东到西横亘了半个中国的长城,是中国北方人文与大地完美的契合。我们到长城旅游,一是要欣赏长城的外在美感,长城和山川河流结合在一起有着摄人心魄的壮美;二是可以欣赏长城内在的人文之美,整个长城发展史上,有很多人和事值得我们去感怀,也给我们带来慰藉和感悟。当我们走进长城的深处,探知长城的,就能体会到长城独有的内涵和人文意境。

西口,就是现在的杀虎口,位于山西、内蒙古交界处的右玉县,是雁北外长城首屈一指的关隘,留存有很壮观的古长城和一座座烽火台。

杀虎口原来叫杀胡口,意思是提醒人们,时刻警惕被称为胡人的北方游牧民族的袭击。清朝时,杀胡口改名为杀虎口。

地名演变也在一定程度上体现了文化的发展过程,我们现在的中国是个统一的多民族国家,中国历史上存在过不同的族群,族群之间有过同化,也有过异化。特别是北方民族的发展进程,很多时候都与长城发生着关系,长城在历史上经历着一次又一次族群碰撞的暴风骤雨。

不同的族群聚居在长城内外,出于生存和发展的需要,各族群之间必然会产生共同利益和纷争,在发生利益争端时,长城最大限度地争取了非战争时间,起到了促进农耕和游牧地区协调发展的作用。

清朝初年,实行蒙禁,不允许汉人随便出长城,也不允许蒙人随便入长城。清朝末年,解除蒙禁,晋商兴起后,杀虎口则成为人们远行歇脚的地方,成了生意人的商贸口岸。雁北地区的民夫们、商人们,习惯以大同为标界,称西面的杀虎口为西口,东面的张家口为东口,又称长城以内为口里,以外为口外,把走出杀虎口的商人或移民的行动称作走西口或是走口外。

杀虎口坐落在长城脚下,北靠雷公山、庙头山,南与咽喉梁相对,东面是塘子山,西面是大堡山。杀虎口因为走西口而人烟云集,南来北往的人络绎不绝,人丁渐渐兴旺,人气、商机都逐渐地发达起来。

明代的杀虎口由军队严密防守,到了清代,虽然也有驻军把守,但主要是一个收取关税的地方罢了。

杀虎口关城,是明朝嘉靖二十三年(1544年)时夯土筑成,万历

二年（1574年）时对墙体加以包砖。明万历四十三年（1615年），在杀虎口堡外另筑一座新堡，新堡名叫平集堡，形制大小与旧堡相同，从此杀虎口的格局就分为新、旧两座城堡，两座城堡之间的东西筑墙连为一体。城堡前后左右开门，东西南北四通。堡城连接的长城内外，烽火台林立，敌楼密集，长城、古堡、烽燧形成唇齿相依、犄角互援的防御态势。

堡城的门洞关卡，故意砌得很低，通过关门时，必须单人牵马而过，减少了有人冲关的危险性。现在城门里还遗留着一小段凹凸不平的石板路，宽度可供一辆马车和几位行人并行。

站在杀虎口城楼之上，观赏杀虎口城堡全景，杀虎堡、平集堡两座城堡互相依偎，清晰可见。堡城内，曾建有副将署、答税部、驿传道等八座衙门。连环堡内有一座通顺桥，此桥算是西口古道的起点。人们行走西口，从此桥上经过，祈盼走出西口，通通顺顺，故将其命名为通顺桥。

生活在长城南北的人们，谁不想活得通顺？谁愿意冲突争战？在历史上，长城确实在一定程度上起到了保证民众生活通顺、文化有序交融和传承的作用。自从30年多前开始接触长城，我就常想这样一个问题：如果中国没有修建过长城，今天的中国会是什么样？今天的中国人还会是这个模样吗？中国的文化也是这样的吗？

我和很多人探讨过这个问题，答案可谓五花八门。但可以确信的是，如果没有长城，应该就没有今天这样的中国北方民俗和文化了，生活在这片土地上的人也就不确定是什么样了。

当然，历史不能假设，谁也没有机会去证实任何假设。

第二十章
西口

杀虎口附近的右玉老城,曾是明长城发生战事、笼罩战火硝烟较多的地方,其中十分惨烈的一次大战,当属明嘉靖三十六年(1557年)发生的一场为女人而战的"桃松寨事件"。

"桃松寨"并不是地名,而是一个女人的名字。凡是和女人有关的历史故事,常常和情爱有关,这个故事也不例外。

她是蒙古俺答汗之子辛爱的爱妾,因与辛爱的部下有私情,被辛爱发现后不得不连夜出奔右玉,投靠了明朝。大同镇总督杨顺为了向朝廷邀功,将桃松寨押往京城。辛爱得知消息后大怒,立即率兵突袭长城杀虎口,并包围了右玉老城。同时,还向大同、宣府一带的长城发起了进攻。

为了平息战火,明廷只好放回桃松寨。怒火中烧的辛爱仍不肯罢休,为了发泄胸中怨气,一定要攻下右玉城。

固守在右玉老城里的明军处于孤立无援的境地,而且守城将领刚刚战死,只有一位早已退休的武将带领着全城老百姓死守孤城。到最后,绝炊断粮,连牛马牲畜都给吃光了,仍坚持死守右玉老城达八个月之久,一直到明廷兵部尚书杨博率大军前来营救,辛爱才不得不从杀虎口退出长城,右玉老城的军民最后取得了孤军守城的胜利。

自然地理、文化认识、政治形势、族群利益,这些因素一直在影响着长城的修建和使用。当我走在秦汉等历代长城上,看到暗红色斑驳的老苔,常会想到血的痕迹。生活在长城两侧的民族,如果一方有实力让自己的欲望膨胀起来,并且无限制地放纵这种占有欲望,就会导致战争,引起大规模流血事件。长城上,留下过很多农耕民族、游

牧民族的文化与生命碰撞的鲜血。占有与放弃，攻与守，充斥着长城发展的整个过程。长城两边的决策者们一定都为此而头痛过。

长城自修建之日起，就一直在全局和局部两方面发挥着作用。长城发挥作用的时候，往往不是爆发全面战争的时候。实际上，全面战争爆发之后，长城的防御能力就大大降低了。

长城真正起到防御作用，在于防御局部战争。当长城沿线局部地区有军事冲突时，武力对抗的暴烈程度不是很高，双方投入军事力量的规模也有限，这时候长城的作用是很大的。就如发生在右玉老城那场战事一样，如果没有坚固的城池，别说守八个月，就是八天也非易事。

不管是秦统一了中国之后，还是汉武帝北逐匈奴之后，或是明朝推翻了元朝而建立起政权之后，都是自己的力量发展壮大的时候，也是与长城外的民族爆发全面战争可能性很低时，才开始修建长城。

这时候，虽然全面战争的可能性大幅度降低了，但局部战争的数量和发生的几率并没有降低，一些局部的战争和冲突甚至可能引起更大的冲突。通过长城的修建，限制局部战争的发生，成为当时政权的重要选择，虽然这种选择背后有着很大的无奈。

秦始皇统一中国后修建长城、汉武帝北逐匈奴之后修建长城，和明朝推翻元朝之后修筑长城，都是在自己很强大却没有办法完全消灭局部战争时所采取的一种手段。修建长城的战略目的，并不是要给对方以致命打击，也不是要孤注一掷地消灭对方，而是要遏制对方向南发展，防止对方在实力强大之后侵占中原地区。

长城外面的游牧民族，随时都有可能在局部发动一场或几场战争，为寻所需而杀进长城内进行抢掠。这种事情一旦发生，长城的守军因战线沿长很难在较短的时间内集中优势兵力，而进攻方却可以事先集中优势兵力攻打一处。

要知道,对于长城之外的游牧民族来说,冷兵器时代的兵和民并没有清晰界限。一个牧民,在驻牧的地方就是一个地地道道的牧民,但拿起刀枪就是战士。当农耕政权不能控制局面的时候,任何一群游牧战士都可以冲进农耕村落。有了城墙的隔离,农耕和游牧两方才能形成均势,维持最基本的平衡。

在力量相差悬殊的情况下,如果没有坚固的长城,守军很难实现有效的防御。长城在一定程度上可以调节双方军事力量上的差距,最大限度地为农耕地区带来有效防御。

中国古代历史上,农耕民族与游牧民族军事对立时,更多的是处于谁也没有办法对另一方形成压力,以军事手段来彻底解决问题的状态。所以,绝大部分时期,长城都能起到有效防御作用。平时进行备战,严阵以待威慑对方,战时可以迅速调集兵力,对突发的进攻和骚扰,作出及时反应。

隆庆五年(1571年),明朝和蒙古终于化干戈为玉帛,实现了蒙汉和解。双方实行茶马互市,杀虎口、得胜堡、新平堡(今大同市天镇县)的马市重新开放。

长城外的蒙古族到这里,以马匹、牛羊、皮张换回汉族的粮食、绸缎、布匹、陶瓷、铁器等物资,促进了蒙汉之间经济文化的交流。其中杀虎口对外开放的市场,成为中原与塞外物流中心。

清代,作为中原与蒙古、新疆、俄罗斯贸易的必经之路,杀虎口

又成为税卡，极盛时期关税日进斗金斗银。有很多山西商人在杀虎口经商，创办商店、旅店、邮政、采购、加工、货栈等店铺和作坊，林立于市，繁荣昌盛。蒙汉商贾云集，频繁往来。各种衙署、庙宇、学堂、牌楼等建筑遍布堡内外，当时这里住户达3600户，人口近5万。

杀虎口东依塘子山，西傍大堡山，长城沿山岭由东北向西南延伸而去，像一个半月形，把杀虎口围在怀中。东西山岭两侧，陡坡如壁，形势险要。苍头河由南向北流淌其中，形成了一道长约3000米、宽约300米的狭长走廊，构成了天然关隘。这里有一段长城，俗称二道边，是相对山西与内蒙古交界处的那一道长城大边而得名的。

走出杀虎口向北一公里，在和林县新丰乡二道边村境内，即是这道双墙单壕的长城二道边，向东面修筑到凉城、丰镇、兴和平顶山，向西延伸到内蒙古和林县羊群沟乡大西沟村，进入清水河境内北部的山上，再插入清水河南部单台子乡青草崂，进入山西偏关县黄龙池乡境内，经店棚梁墩、黄榆梁墩向南折去。

二道边是明初较早修筑的一条长城，西据黄河扼鄂尔多斯高原，北望河套阴山，可防蒙古诸贵族部落骑兵南下，东面和南面与大边长城隔山相望，相互护卫着明代外长城的安全，是京师西北坚固的边防屏障。

像长城杀虎口这样农耕和游牧交错的地区，是宜农宜牧的农牧经济混合带。北方这样的农牧过度地带范围非常广，大致从大兴安岭东麓经辽河中上游，循阴山山脉、鄂尔多斯高原东缘，到祁连山，直抵青藏高原东部，东西横跨辽宁、内蒙古、河北、山西、陕西、宁夏、甘肃等地。纵横交错的中国历代长城，几乎都分布在这个区域内。

第二十一章

雁之門

我第一次来到雁门关,是当年和同伴徒步考察长城的时候。正值隆冬季节,凛冽的寒风呼啸着掠过关城残破的城墙,那天是腊八,在老乡家吃到热腾腾的腊八粥。

此后,我的脚步曾无数次停留在雁门,在这雄关漫道寻觅远逝的沧桑岁月,谛听这座古老关城的心声。雁门关新的景区建起来,老村子改造,老乡也都搬走后,我去的也就少了。

我几十年来一直都在做关于长城的事情,刚开始接触长城时,并不觉得认识长城是一件很复杂的事。可时间越久,接触长城越多,就越是发现自己与长城之间距离很大。回头来看,我在认识长城的时候,过于强调自我判断,把很多事情复杂化了。长城就在那里,不管你怎样解读它,它依然还是那样。我们应该做的更多的事,是要倾听长城,去理解长城。

消灭战争,是自有战争以来人们的良好愿望。可追求和平的愿望,在很多时候却没有办法完全实现。人类在可以看到的未来,彻底消灭战争还是一件可望不可及的事情。有战争就会有进攻和防御,有防御就要修筑雁门关这样的防御工程并派重兵驻防。

翻开记述雁门关历史的各种书籍,扑面而来的是悲壮的战争画面。据统计,这里曾发生大小战争千余次,规模比较大的也有140多次。

第二十一章
雁之门

雁门关是具有战略意义的著名关城之一,以战争传奇而闻名。雁门关几千年浮沉变迁的历史轨迹,不论胜败荣辱,还是强弱祸福,都充分揭示了历史无情的辩证法。任何战争对文化和文明都有很大的破坏力,一场战争就是一场灾难;但战争又推动着社会进步,使不同的文化和文明由分割走向联系。

特别是在中国历史上,战争常常是社会由分散走向统一的方式之一,中华文明的发展进程在这样的过程中发生着质变与飞跃。

所以,我们说破坏也不一定都是消极的作用,有时破坏也具有一定的积极意义,犹如不破不立之理。农耕民族和游牧民族长期战争,实际上在很多时候打破了农耕文明发展过程中的消极内容。从某种意义上来说,这种破坏性推动了农耕文明的提升和进化。正是在这样的情况下,中华文明最终从多元发展成为一体,形成今天的多元一体格局。

从战国时期的赵国开始,历朝历代都很重视雁门关的防御地位。赵国设雁门郡,后经汉、隋、五代十国、宋、辽、金、元、明,一直是农耕民族与游牧民族发生激烈冲突与融合的边地关口。

春秋战国时期三条最长的长城,即后来为秦始皇所利用的秦、赵、燕长城,都是用以防御北方游牧民族的。战国秦长城是秦昭王时为防御义渠戎而修筑的,赵长城和燕长城则是为防御东胡和匈奴而修筑的。

秦汉时期,中原王朝与匈奴的战争产生了中国第一道万里长城——秦始皇长城,以及中国最长的一道万里长城——汉长城。再后来,北魏与柔然的战争产生了北魏长城;北齐与突厥、契丹的战争产生了北齐长城;隋与突厥的战争产生了隋长城;金与蒙古的战争产生了金长城;明与蒙古族各部的战争产生了史上建筑水平最高、工程量最大的明长城。

明长城的雁门关,坐落在代州(今山西代县)古城北的勾注山脊,地处黄土高原。南是吕梁山,东是太行山,向北有长城锁关,向西又有黄河横陈,北扼朔漠,南控中原,是不折不扣的三晋咽喉,中原锁钥。

雁门关在汉武帝时期始设为关城,是为了防止匈奴南下。北魏时重建关城,始称雁门关。隋唐时期,一度称西陉关,后来又恢复了雁门关的名字。历经数代,原来的关城早已毁掉了。到了明洪武七年(1374年),在旧址上重建了关城,并修筑了连接关城的内长城。关城的小北门为雁门关第一道关门,门额嵌"雁门关"石匾一方,两侧镶嵌砖镌刻"三关冲要无双地,九塞尊崇第一关"的联句。东、西门额分别嵌有"天险""地利"字样的石匾。

雁门关城周长约1000米,城墙高约6米多,墙体由砖砌成,里面是夯土,墙的基础由山石垒成。由于年代久远,旧关城毁坏严重。今天我们看到的关城,是在明嘉靖年间(1521年—1566年)重修的基础上修复而成的。

雁门关是长城外三关中唯一与长城主城墙相连接的关城,它的周围山峦起伏,峰岭连绵交错,峭壑峻崖草木葱郁,一条古塞道盘旋曲折穿关城而过,沐浴千秋风霜雨露,经过无数战争洗礼。

雁门关与西面的宁武关、偏关合称"外三关",向来以关山雄固、北塞门户著称。雁门关东西两翼的长城,分别延伸至山西省的繁峙县、原平县,设立了十八隘口,整体布防可概括为"两关四口十八隘",在长城防御体系中是非常重要的一段防线。

巍峨雁门山逶迤绵延,著名的雁门古塞就建在峻拔的雁门山脊,雄关耸立,使人遥想古代边关的风风雨雨。

雁门关内的靖边寺,是为纪念抗击匈奴的名将李牧而建的。战国

第二十一章
雁之门

时期赵国名将李牧，曾在雁门关大败林胡、楼烦。

秦始皇时期，秦军北击匈奴后，在雁门关驻防。汉高祖刘邦、名将卫青和霍去病等也驰骋在雁门古塞内外，多次大败匈奴，演绎着千古传说。

西汉著名将领、飞将军李广分别在代郡、雁门、云中做太守时，先后与匈奴交战数十次，颇多传奇。有一次，他出雁门作战，结果战败被匈奴俘获，但是他竟然找到机会突然腾跃而起，夺马取弓射杀敌人，又收拢散失的部队，杀退了匈奴，转败为胜。

汉代战事频繁，无数热血男儿征战沙场。如今在雁门关关外，还留有规模较大的汉墓群，埋葬着从西汉到东汉 400 多年间活动在雁门关一带的古人。

隋朝时，连以大玩家著称的隋炀帝都非常重视雁门关的军备情况，可见雁门关在历代中原王朝统治者的眼里，地位有多么重要。隋炀帝还在雁门关险些丢了性命，从中又能看出北方游牧民族几乎时刻在关注着南方的军情。

615 年 8 月，隋炀帝御驾亲临雁门关长城，突厥人得知隋炀帝到达代州的消息，突厥可汗立即率领大军，越过雁门，直扑而来。代州城外四处都响起了凄厉的号角声，惊恐的隋炀帝命令部队拼死守城，同时令各路军队迅速前来勤王。

当时，日后的唐太宗李世民正好也在军中，他向主将献计说，突厥的始毕可汗带着他的所有军队前来围攻皇帝，肯定是认为我们没法

及时救援，所以才会如此猖狂，我们可以尽量大造声势，在数十里的范围内遍布旗帜，在夜间也要敲锣打鼓。对方看到我军这么强大的声势，就会觉得是大批援军到达了，必然会退去。由于隋军采用了李世民的疑兵之计，突厥可汗果然中计，撤兵离去。雁门之围解除，隋炀帝得救了。

唐朝是在隋朝基础上发展起来的，李世民认为隋炀帝动用百万之众修筑长城，耗费了巨大民力，得不偿失。所以他当了皇帝后，就对大臣说，隋炀帝不使用忠良，不善待百姓，虽然修了长城，却由于劳民伤财，人心尽失，才丢掉了江山。

当突厥侵扰边地，威胁唐朝安全时，许多大臣建议李世民像秦汉防御匈奴那样，也修筑长城加强防御。李世民很不以为然，觉得清除边患不能靠修长城，对付突厥很容易，委派李世勣到并州，突厥畏惧李世勣的威名就跑掉了，这不是远远胜过修筑长城吗？李世民更在意的是，如何正确使用人才和笼络人心。事实上，唐朝能够成为当时世界上最强大的政权，国势昌盛，的确不是依靠物质的长城。李世民知道水能载舟亦能覆舟，只有笼络民心，政权才能长久，民心也是一种"长城"。

战争除了直接的利益争夺外，还有政权的争夺。强大的一方通过战争手段和军事手段控制其他利益主体，这也是从古到今各种战争所表现出来的共同特点。雁门关在北宋时就是宋辽两大政权激烈争夺的战略要地，这一带能否守得住，事关北宋能否在北方站得住脚。

北宋著名将领杨业任代州刺史，多次打败辽军，由于战功显赫，被人称赞为杨无敌。可惜在986年发生的一次战斗中，因上级统帅潘美故意使杨业所部陷入辽军的重困，最后杨业在身负重伤的情况下被辽军俘获。杨业被擒后，宁可死，也不屈服，直到绝食而亡。后人为

第二十一章
雁之门

了纪念杨业父子，在今代县城东20公里的鹿蹄涧村修建了杨家祠堂。祭祀忠于国家的人，就是对明争暗斗、党同伐异者的批判。

在整个长城地区，像雁门关这样打过很多仗的地方并不多。长城大部分地方都没怎么打过仗，即便雁门关这样打过较多仗的地方，大部分时间也是不打仗的，或处于相对和平的阶段，或处于紧张对峙但非战争的状态。如果对雁门关曾发生大小战争千余次的统计是准确的，那么两千多年来也不过是平均两年打一场小仗。规模比较大的战争有140多次，推算为平均十多年打一场大仗。现在我们追寻长城，感受雁门关，一定要知道这个真相，不能过分夸大地渲染战争。

长城地区不打仗的时候，战争与和平的形式也随时处于变化之中。战争的不确定性，使长城内外常常处于高度的紧张状态。长城的修建者不知道长城地区的和平能维持到什么程度，也不知道长城内外的军事平衡会在什么时候被打破。

长城内外关系十分紧张时，战争可能一触即发。集聚在长城地区的战争阴云，使得这个地区的整体形势高度紧张。即便长城地区大规模、大范围的军事冲突不大可能发生时，局部地区的冲突仍可能随时出现。所以，长城守卫方就要扼守住雁门关这种游牧地区通往中原农耕地区的通道。

登上雁门城头，瞭望这里的无限江山，关城东西两翼的雁门山绵绵起伏。山脊上的明长城，势如巨龙，腾翔山上。雁门关东边紧连平型关、紫荆关、倒马关，西边紧依宁武关、偏头关，直至黄河岸边。关有东

西二门,都是以巨砖叠砌。遥想昔日,过雁穿云,雄关气度轩昂,仿佛又听到了古战场过往的喧啸。

人们为了生存的共同利益,不得不抵制野蛮的屠杀,这就是防御。站在雁门关的城墙上,我突然想到"一将功成万骨枯"和"白骨成丘山,苍生竟何罪"两句诗,对诗人没有歌颂功成之将,却对成千上万战死沙场的无名士卒寄予无限的同情,有了更深入、更透彻的理解。

古老的雁门关静静地孤独伫立在这里,独自守望千年岁月,迎接着熙熙攘攘的人。在天高云淡,望断南飞雁的秋季,站在雁门关上放眼蓝天白云,可以欣赏到雁阵过关的奇景,缅怀古人的悲壮和豪情。

战争给人类带来了太多的不幸和灾难。虽然如此,却不能简单地把所有的战争行为都理解成是罪恶的。和平是人类发展的主旋律,随着人类社会的进步,追求和平的呼声会越来越高,但战争对历史的进步有时也具有很大的推动作用,而且正义的战争还具有非凡的意义。这一点从古到今都具有一致性。

研究古代战争,研究雁门关这样的古代军事防御工程,对我们认识现代社会具有积极的作用。今天,长城以著名世界文化遗产而存在,每年都有数千万游人登上长城感受人类伟大的文明。我陪过很多外国政要参观长城,包括美国前总统克林顿、布什等,以没见有谁敢用目空一切的眼神审视长城。每个到长城的人都对长城充满敬意,这就是长城的伟大所在。

当这些参观长城的朋友们把自己对长城的理解轻轻说出的时候,都是充满阳光的语言,都是美好的祝福。

第二十二章

河边小城

府谷是黄河边的一座小城，我们踏着弯弯曲曲的山坡小路，走在水雾迷蒙的黄河岸边驻足远眺，内心随滚滚黄河水奔腾激动。纵然背着负重，依旧勇往直前。

告别了山西，我们进入陕西府谷县境内的毛乌素沙漠南缘。古人曾经在黄河岸边的黄土地上生活，在沙漠与长城间奔走，如今他们都远去了，只留下长城，以及伴随着春去秋来的山河。

我们沿着长城从东向西，一路走过京畿，越过山西，就到了陕西和宁夏一带。在这黄土高原上，战国秦长城、秦始皇长城、汉长城、明长城都留下了大量的遗迹，供我们探寻。

在这片区域，明朝所修筑的长城主要是榆林镇、宁夏镇和固原镇的长城，以及紧邻着毛乌素、巴丹吉林沙漠边缘的长城，忠实地守卫着明朝最为重视的边陲重地。

榆林镇在战国时期属魏国，秦始皇统一全国后，秦太子扶苏和大将蒙恬曾在这里经略边备和修筑长城。明朝初年，因在黄河南北设防，榆林地区还不是首冲之地。明英宗正统年间（1436年—1449年），才开始了榆林地区防御体系的经营。

宁夏镇为明代较早的边镇之一，设置于永乐年间（1403年—1424年）。宁夏镇总兵衙门所在地，就是今宁夏回族自治区的省会银川市。

第二十二章
河边小城

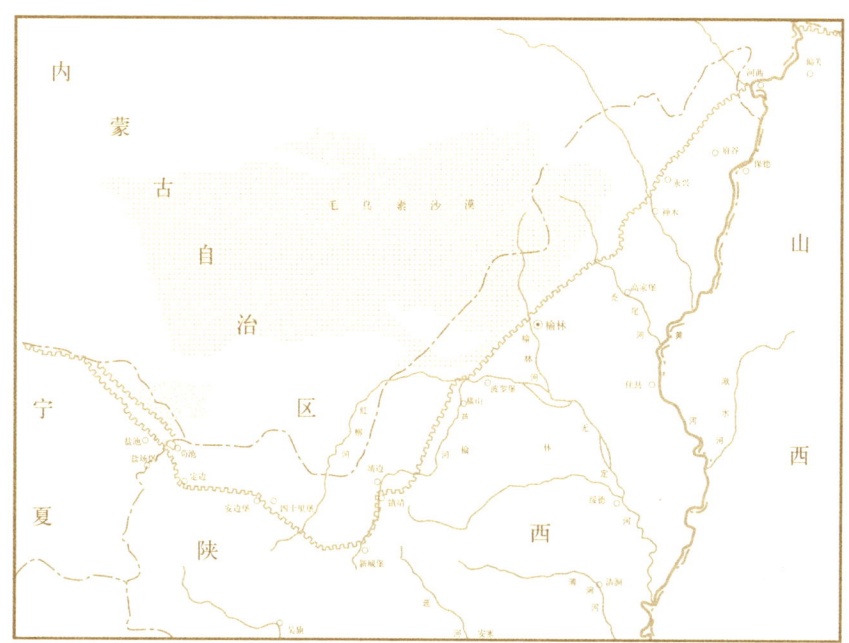

陕西省所辖明长城图

明代宁夏是西北边陲重镇,是中原文化与草原游牧文化的交错地带。农牧皆宜的自然环境,决定了这里在中国社会历史进程中的政治、军事地位。

明朝为防御蒙古族各部,不仅在宁夏北部大修长城,而且在宁夏南部、六盘山以北修筑了第二道长城防御线,这便是明长城九镇中的固原镇。固原镇与山西镇同为内长城,固原镇却无山西之地利。固原镇大部分为黄土丘陵地区,从防御的角度来说,除西有黄河外,几乎无险可守。特别是在寒冬,黄河冰封之际,固原镇的冬防尤其困难。

在明初,固原镇所统辖地区的军事地位并不重要,因为那时蒙古族各部多已迁移到了黄河以北及鄂尔多斯的西北地区,偶有少数兵骑

南下，也远远影响不到固原地区。

到明朝中叶，蒙古族鞑靼部在西北日渐强盛。明三边总制王琼曾下令镇守固原都督佥事刘文，命他统领官兵8400人修筑长城。王琼主持所修长城，多数地方仅是随山就崖，铲削陡峻或是挑挖壕堑，真正修筑墙体的地段并不多，所以目前大多长城遗迹已经不明显了。

黄河和长城是中华大地上的两大奇观，黄河动，长城静，二者相伴相随。在徒步考察明长城之前，我虽然多次到过黄河，但从山海关出发一步一步走到长城与黄河交汇的地方时，心情还是十分激动的。

现在我还记得，站在黄河边上的老牛湾，长城的雄伟和黄河的浩荡使已经很疲惫的我们又充满了热情和力量。在河边，回想一路穿行华北山地的疲惫，展望黄土高原之行的期待，每一步行程都有所得，都积淀下深深的感动和感悟。

府谷古城，这是一座在风雨飘摇中历经无数次战争洗礼仍十分坚固的千年古城堡。府谷境内的长城可以追溯到秦始皇时期，我们今天在这里看到的长城，是明代万里长城的榆林镇长城。

府谷古城盘踞在山塬之上，去往古城须经过一段坡面陡峭的青石板路，清亮的路面透着岁月的沧桑。道路两旁的房屋是清一色的灰瓦石墙，瓦墙的缝隙里布满了厚厚的苔藓。

自古黄河东逝水，在府谷这里黄河却折向西流。走进古城，从文庙东门出来，再到古城北门，扶着府谷古城的垛口向下面望去，苍莽背景上的黄河绕城向西缓缓流去，这倒叫不少站在千年古城上的人迷失了方向。

此时府谷古城上空传来一句悠扬的歌声"天下黄河九十九道弯……"，原来府谷古城正好处在黄河的一道弯里。

第二十二章
河边小城

黄河九曲十八弯，长城也是曲行向前。

对我来说，1984年的5月4日是个很特别的日子。那天，我和伙伴一起背上行囊，从明长城东段老龙头出发，开始了508天的行程，一步一步地考察明代长城。考察结束之后，有位记者采访我们，他问："能不能用最简单的话概括一下你们行走长城的这508天？"

我说，就是往前走，就是前进。

还记得当时记者感叹道："一直往前走啊？"

我就笑着答道："也拐弯。"

为啥这么说呢？因为长城就是这么行进的，我们得顺着长城走。长城前进，我们就向前，长城拐弯，我们也得拐着弯前进。

前进，也拐弯。这不只是对我们行走长城的概括，也完全可以作为我对自己一生的概括。几十年了，我就一直这样在路上，拐来拐去地前行着。如黄河，如长城那样坚持不懈。

都说长城伟大，他究竟什么地方伟大呢？我看很简单，长城的伟大就在于长城的两个"长"。

一个是长城建筑的"长"，万里长城万里长，如果长城只有十里八里，也就不是长城了；另一个就是长城历史的"长"，从春秋战国到明朝末年，两千多年来长城一直在修，没有了历史的长，也就成不了长城了。

另外，长城虽然庞大，可你在长城线上任意寻找，也找不到完全相同的两处长城段落，每处长城的构建特点、所处地形地势、景色、在历史进程中的作用等方面，一定是独具特色的。

这就是长城的魅力,而府谷古城就是魅力长城线上的一个闪亮点。

府谷县是陕西省最北端的一个县,府谷城位于陕、晋、蒙交界处,东面隔着黄河与山西省保德县、河曲县相望,北面和内蒙古自治区准格尔旗、伊金霍洛旗接壤,西面、南面与神木县相邻。

府谷是一座历史悠久、与长城互相陪衬在历史风景中的古城,始建于唐代,后经过多次整修,一点点扩建和完善,形成了今天的规模。这座古城与其他长城相比较,保存得比较好。府谷古城的城墙周长约2.32公里,其形状好似一只皮靴,夯土石砌的城墙高约7.2米。顺着盘山路攀登上去,便到了府谷古城的北门。

古城北门有一座祭祀孔子的文庙,这座文庙始建于明洪武十四年(1381年),清代曾多次重修。孔庙大成殿面阔5间,门前横额上悬挂着清代康熙皇帝亲笔所书"万世师表"四个大字的门匾。东西两侧各有庙堂七间,前面为戟门,门前畔池跨石桥,桥前面竖立起棂星门,门上建大牌楼。

古城内有两条横贯东西的主要街道,其余的街巷错落有致,纵横成网。城内街道也都与"府州"这个古老的称谓挂钩,分别以府州东街、府州南街、府州北街、文庙街等命名。街道两旁,古色古香的青砖蓝瓦店铺、商号颇多,现在都变身为当地居民的宅舍,错落有致地分布着。

在府谷古城,除了文庙,还有荣和书院、城隍庙、关帝庙、千佛洞等文物遗迹。

府谷县境内的长城修筑得与黄河若即若离、与沙漠相拥相抱。古老的长城,古老的黄河,荒凉的沙漠,好似一幅让人无法沉默的沧桑画卷。

府谷境内所辖明长城的基本走向是这样的:长城越过黄河后,在

第二十二章
河边小城

内蒙古自治区所辖的朱里台村开始出现了夯土城墙及墩台,由此继续前行向西过黄甫川河,直抵麻镇,经过杨家峁村、旧巴州村,转向南抵达清水乡的转角楼村。过了清水河后,长城再转向西南,经甘沟子西山墩、赵五家湾乡的姬家峁村,继续向西南延伸至后梁村,然后抵庙沟门乡的西焉村,在西焉村折向南,经古城、砖昌梁至王家梁村后,又转向西南三道沟乡的正峁梁、玉刚焉村,经过新民乡的龙王庙、瓦窑坡村、陈峁村,向南出府谷县而入神木县境。

府谷县境内所辖明长城大约有 70 公里长,全都是夯土版筑。至今夯土层还清晰可辨,土层薄厚基本一致,城墙土质多以坚硬的粘土为主,加少许细沙,拌浆搅匀夯筑,不见其中有石块杂物。

历经数百年后,残留到现在的城墙大都残破不堪,时断时续,或高或低。沿墙体可见到野草野花,有的地方竟生长出野枣树来,很是荒凉。

长城在这里驻守,也留下了不少悲壮的故事。

北宋庆历二年(1402年),西夏决定进攻北宋,发兵十万精锐西夏军顺黄河一路东进,浩浩荡荡攻袭府州城。

府州的团练史折继闵,组织军民勇敢地反击西夏军。他率领六千军民顽强抵抗,虽然双方兵力相差悬殊,折继闵却临危不惧,大义凛然地带领全城军民,利用山城的险峻,奋勇杀敌。西夏兵围困府州城,连续七日也没有攻下来,最后只好拔营撤军。据府谷当地的学者介绍,杨门女将的佘太君就是府州城军户大家折氏家族的千金。

　　西夏是由党项人在西部建立的一个政权。1038年，李元昊以夏为国号，称为大夏，当时的宋人称其为西夏。西夏与宋辽两国常处于战争或议和的状态，后于1227年亡于蒙古。蒙古大军胜利后在西夏都城屠城，大部分西夏建筑都被毁灭。再后来，党项族也消失于历史舞台，融合到了其他各民族中。

　　在中华民族多元一体格局的形成过程中，各民族或兴或散，许多党项这样的族群就像小河汇入大川，最终都为中华文化的形成做出了贡献。这一点从古代氏族部落起，就已经开始了。

　　在长城最初产生的春秋时期，楚武王曾自称"吾蛮夷也"，他自己都承认有别于中原诸侯。但在中原大国诸侯会盟时，楚国却要参加会盟，楚文化由此成了中华文化的一个重要组成部分。

　　中国始终有一种追求统一的民族文化，支持着历史上各民族成员的内聚和认同，最终形成了今天这样的中华民族大家庭。

　　随着人类的进步，脱离了种族和氏族血缘关系为基础的组织框架之后，民族成了一个族群共同体的标志。民族国家，就是在这样的基础上建立起来的。从这个意义上说，民族文化涵盖了原来的种族血缘，成了一个民族大家庭的基础。

　　中华文化的形成，是农耕文化与游牧文化两种文化形态相互影响和渗透的结果。游牧民族的文化为农耕文化不断地补充着活力，最后发展成为今天的中华文化，也使汉族与各少数民族一起共同构成了中华民族。

　　长城内外民族融合历史悠久，范围极广，规模极大。民族融合的过程，也是中华民族多元一体格局形成的过程。在这个过程当中，逐步形成了大家对中华文化的认同。不论是在魏晋南北朝时期、辽金统

第二十二章
河边小城

一北方时期,还是元清统一全国时期,都一直坚守着对中华文化的认同和归属。

进入了府谷,就踏上了明代的榆林镇长城,继续向西将进入宁夏镇长城。提起明代榆林镇和宁夏镇长城,有一个人是非说不可的。这个人就是明朝著名将领、三边总制杨一清。

杨一清(1454年—1530年),字应宁,号邃俺,祖籍云南安宁,10岁即以明经神童被推荐为翰林秀才,14岁中乡试,19岁中成化八年进士。他担任了很长一段时间的中书舍人,负责书写诰敕、制诏、银册等。

弘治十五年(1502年),杨一清49岁,正值壮年时期,精力充沛,雄心勃勃,以都察副都御史职衔督理陕西马政。弘治十七年(1504年)升陕西巡抚,正德元年(1506年)升三边总制,晋右都御史。至此,他成为长城重镇陕西三边的行政和军事的最高领导者。正德五年(1510年)、嘉靖三年(1524年),杨一清又两度任三边总制,前后在镇七年之久。

成化以前,边患主要来自北方的蒙古。成化以后,蒙古、畏兀儿统治者也常常出兵东进骚扰。1487年弘治皇帝即位后,杨一清奏请建筑花马池一带边墙,提出花马池东至延绥安边营,西至宁夏黄河横城堡,长达400多里,没有高山巨堑作为险阻,所以敌骑能长驱直入,应该建筑边墙,以解决面临的威胁。弘治帝批准了他的奏请。

杨一清升副都御史之后,整治兵备,筑城修堡,劾罢庸官败将,训练士卒,军纪肃然。弘治十八年(1505年),蒙古鞑靼兵突入花马池,攻掠固原等地,杨一清由陕西率轻骑驰援,昼夜兼程至隆德(今属宁夏),用疑兵之策,夜发火炮,音震山谷,鞑靼兵以为明大军赶到,急

忙撤退北遁。

杨一清考虑延绥、宁夏、甘肃三镇长城没有统一管理，有警报也互不相援，就上奏明廷强化防御。他在分析研究边境战事及守备情况后，上报了修边墙、增设卫所等边防四策。明武宗批准了杨一清的方案，并拨发经费数十万两，还命杨一清主持边墙修筑工程。后因宦官刘瑾弄权，第二年他受到排挤就离职了。

正德二年（1507年）三月，杨一清回到丹徒，此时花马池长城工程尚未开工，他担心惨淡经营的修边工程中途夭折，离职前还连续两次上报朝廷，提出自己的建议。但杨一清苦心经营的边防工程，最后还是无功而停。

正德五年（1510年），宁夏发生何锦兵变。朝廷再次任命杨一清总制陕西、延绥、宁夏、甘肃各路军务。他迅速前往宁夏，平息了叛乱，其能力和忠心再一次被证实。

嘉靖三年（1524年），杨一清升任兵部尚书。他在巡视旧筑边墙时，见到红山至横城一段高厚坚固的边墙，感慨万千，不禁赋诗："老去寸心犹不死，仗谁经略了余忠？"这时的杨一清，已经是70多岁高龄，两鬓斑白，垂垂老矣。他把自己的壮年以至暮年的余力都献给了西北大地，献给了长城。

行走长城，一路能感受到历史上长城两边各个族群的出色人物，他们曾经在这片土地上或友好或对立。先人的碰撞、融汇经历还在感染着我们，如今都成了中华民族的共同记忆。

第二十三章

悠远的唢呐

没到过榆林的人,都以为陕北榆林应该会有很多窑洞,想不到这里古朴的大街小巷更像典型的北京周边古城,还有很多精致的四合院,其布局和样式都与北京的四合院非常相像。

我喜欢唢呐乐曲带来的那份高亢与苍凉之感,一声声情深意长的唢呐吹出了榆林人的潇洒,一段段陕北歌舞跳出了榆林人的浪漫。看着唢呐的吹奏者越吹越欢快,音乐伴奏下舞蹈的人群越跳越舒畅,你即便不熟悉,身也会情不自禁地扭起来,心也会随着唢呐声动起来。

榆林的唢呐,带着边关的激昂。那欢快激越的韵律,足以让长城跃动,让听者陶醉。

榆林城始建于明洪武初年,最初只是绥德卫的一个屯所。成化七年(1471),设置榆林卫。成化九年(1473年),巡抚都御史余子俊再次修筑榆林城。榆林镇原来称为延绥镇,镇指挥中心设在绥德。余子俊重修榆林城后,就移驻到榆林,从此以后,延绥镇才称为榆林镇。榆林镇是明长城九镇之一,总兵驻地榆林城在长城南,距镇北台5公里。榆林雅称榆阳,古时即有东扼雁朔、西卫宁夏、南蔽秦陇、北接河套之说,其军事地位十分重要。榆林东依驼山,故又称驼城,是座历史悠久的古城。春秋时期为晋国的属地,战国时期归属魏国,秦统一了六国以后,榆林地属上郡。唐和五代时期,属关内道管辖。

第二十三章
悠远的唢呐

榆林地处河套地区的南部，西接宁夏银川、东连山西大同二镇，正是黄土高原与北方的大漠草原相接壤地区，处在农耕民族与草原游牧民族发生接触的敏感地带。无论是从协调长城的东西军事联防，还是对抗北面依然存在的蒙古部族势力，榆林无疑都是战略要地。我们的长城万里行，从辽东走到这里，接触到了很多长城深层的文化。榆林这里同样也可以映射中华十万里长城的精彩，我们走进长城古老生命的深处，就能获取更多的感悟和精神享受。

古代长城内外各民族，不管是以和平往来的形式，还是以战争的形式，都在这里交流过。中原王朝与游牧民族，在交往过程中各有各的想法。

长城大多由中原王朝修建，中原王朝历史上只统一了黄河、长江、珠江流域，却没有真正统一蒙古高原的政权，秦、西汉、东汉、隋、明等朝代都是中原王朝。这些王朝也曾经为了统一草原地带做出过巨大的努力，甚至还夺取了辽河流域、河套地区、河西走廊等蒙古高原向中原的过渡地带，但最终都没有能够真正统一蒙古高原。

历史上，中华大地曾经存在多次数个政权分立的时期，各个政权的统治者都视自己为正统，长城也成了彼此设防的主要军事工程。

在中国历史上，草原民族建立的政权，也为中华民族的发展做出了卓越的贡献。30多年前我首次到草原，记得那是个隆冬时节，放眼如此宽广的草原，如此宽广的天空，感到特别震撼。

农耕文化与经济的发展一直受到北方游牧民族的影响，也伴随着多次侵扰，但农耕文化始终没有中断；不但没有中断，反而从游牧民族文化中吸取了有价值、有意义、有活力的文化成分。游牧民族也为发展以农耕文化为基础的中华文明做出了杰出的贡献，为中华文明体

系不断注入新的生命活力。

游牧民族在同农耕民族和平交往或南下扰掠的过程中,获得了与农耕文明交流接触的机会,使游牧民族的文化得到了很大的丰富,为游牧民族政权的建立提供了成熟的管理模式,同时为游牧文明注入了新的精神。农耕文化和游牧文化相互影响,推动了中华民族整体发展。

所以说,中国幅员辽阔的国土是各族共同开拓的,统一的多民族国家是大家共同缔造的,悠久的中华文化也是在各民族共同作用下不断发展的。这些看似空洞的话,踏上长城而发,便会感到并不是空话。

在不同的时间里,生活在长城沿线不同地方的各个族群,构成了长城历史的深远与厚重。这边的匈奴、东胡、柔然、鲜卑、突厥、契丹、女真、蒙古,那边的秦、汉、晋、唐、宋、明,你来我往,碰撞融合,有时是和亲,有时是贸易交流,有时是政治争斗,有时是军事攻防。今天是中原王朝之间依长城相互防御,明天可能要修长城抵御游牧政权,后天说不定就是某个游牧政权定居下来,也修筑起长城,以防御其他游牧力量。

历史上的长城线就在各个政权之间摆来摆去,形成了一道复杂的人文风景。今天,我们看这道风景时心情都很轻松,不知我们的那些先人们在这些复杂的变化中是怎样的心情。

历史在不停变幻的战与和中一路奔波,把我们带到了如今这个时代。

榆林城自成化九年之后又曾经历了三次较大规模的扩建,地方史志和图书中称这三次拓展修筑活动为"三拓榆阳"。

第一次是在明成化二十二年（1486年），向北拓展城郭，扩建到了从南城到当今上帝庙一带，人们称其为北城；第二次扩建是在弘治五年（1492年），增筑了南城郭至凯歌楼城区，被称为中城；第三次拓展城区始于正德十年（1515年），增建了南关外城，把城区拓展至榆阳河河沿，称作南城。

"三拓榆阳"后，榆林古城的面积不断扩大，地位也不断提升。后来，从嘉靖十九年（1540年）到万历十年（1582年）的几十年间，历代在榆林主事的官员对榆林城垣又多次加筑，增高、加厚了古城墙，还陆续把全部城墙用青砖加以包砌。

榆林古城内的街道组织有序，很有韵味。先有大街后有二街，大街上为六楼骑街，二街上则平展坦荡。两条南北大街，再以东西分割，然后各有上、中、下三条巷子同时分出，三三见九，小巷约在90条以上。如果登上城外的驼山顶俯瞰全城，城内棋盘状的街巷纵横有序，经纬交织，首尾相衔。

在漫长的历史时期内，有很多自北京来的官员、军人到榆林任职、商贾谋生。他们长期居住在榆林，因思念家乡，或是出于对北京建筑的热爱，就在榆林古城内建了很多北京风格的民居。

街面上青砖灰瓦的店铺鳞次栉比，数百条幽静的小巷内明清风格的四合院就有700多座，而房屋院落保存较完整的目前还有200多座。

古民居多为砖木结构，在形式上有独院的、两院式的、穿院式的京式四合院。人们走进小巷，仿佛到了北京。古城内还有很多明清时代的衙署、庙宇、府邸等建筑，都带有正宗的北京风格，所以这里又有"小北京"的雅称。

榆林古城的奇特景观"六楼骑街"非常有名,"南塔北台中古城,六楼骑街天下闻",塔为凌霄塔,台为四方台,而城内一条贯穿南北的轴心街上"骑"着一溜楼宇,依次是鼓楼、凯歌楼、新明楼、万佛楼、文昌阁、钟楼,这六座"骑"街之楼,各有故事,各有风采。

鼓楼建于明成化九年(1464年),台基是带有陕北特色的窑洞式建筑,连台基在内有三层,第二层上悬挂一面大鼓,过去为击鼓报时。

凯歌楼原为古城的南门,形制是门,又像是楼,这样建造既美观又便于戍守的军士瞭望敌情,有实用的防御功能。此楼于弘治五年(1492年)修建,原名怀德门,正德十六年(1521年)改为凯歌楼。

新明楼建于明嘉靖年间,"二拓榆阳"时城区向南扩展,原有鼓楼就明显偏北了,又新修一座偏南的鼓楼,即新明楼。此楼之"明",指立于楼上能看到日、月、星;有楼柱二十九根象征着二十八宿;楼顶部为十字歇山顶,寓意着日月交辉;还有重檐三滴水,蕴含着天、地、人。

万佛楼于清康熙二十七年(1688年)建筑,因二层通殿内原供有佛像万尊,故名为万佛楼。

文昌阁建于乾隆十九年(1754年),其楼基平面为正方形,所以人们又叫它四方台。文昌阁的第二层供奉着主宰人间功名利禄的文昌帝君,三层则供奉魁星神像,传说他手中执有点斗朱笔,专门点取科举仕子之名,学子一旦被他点中,文运官运即会亨通,这就是魁星点斗,金榜题名。

钟楼建于明成化八年(1472年),后来毁坏了。康熙年间(1662年—1722年)曾在原址上建了一座"八政牌楼",后来也毁于战火,现在保存的钟楼是1921年所建的。

榆林古城风光迷人,这里有曲调婉转的榆林小曲,犹如沙漠绿洲冒出的一股清泉，与高亢粗犷的信天游形成十分强烈的反差；有色香味醇的各色小吃，溢散着浓郁的地方风味；还有神态各异的泥塑作品，蕴含着黄土高原朴实的乡情民风。

古榆林所从属的上郡，最早为战国时期魏文侯所置。秦惠王十年（前328年），魏把上郡的15个县割让给秦国，上郡就成为秦初设置的三十六郡之一，郡治为肤施县，就在今榆林市南。西汉、东汉时期的设置没有变化。隋大业二年（606年），设置了银川郡，取代上郡，从此以后，"上郡"就成为历史名词了。

西汉之后，上郡一直是各朝的边郡。汉文帝后元六年（前158年），匈奴攻入上郡，杀掠严重。汉元康四年（前62年），上郡被匈奴占领。边郡地区不可避免地面临北方游牧民族的军事压力，所以如何治理边郡就成为考验中原王朝统治能力的一部分。

边郡地区的政治、经济、文化形态，与中原地区是完全不同的。

从政治方面说，中原王朝对边疆地区实施的控制，有时是设置边郡，直接管辖；有时是敕封边疆地区的民族政权，比如给首领加封中原官职，或是给名义上的官职，通过首领对边疆地区实行间接管理；有时仅是中原王朝与游牧民族搞协议性的合作，使这一地区保持非战状态。

想要让长城内外完全受控于中原王朝，那就必须实行军事管辖，就算是对长城外边的民族政权进行高度自治式的管理，也只有在长城里边实行有效的军事控制才行。

中原王朝由内向外，最大限度地推行从直接的治到间接的治再到不治的一个管理过程。越向外，中原王朝的控制力越弱，只能实行不治的政策了。

由内向外、由治向不治的过渡，是中原王朝由于力所不及而采取的一种策略。不管各时期中原王朝的力量如何，这些中原王朝从思想上一直还是坚持天下大一统的原则。

中原王朝在长城地区的政治管理基本有两种类型，一是统治型，二是治理型。

统治就是实行权威管理，处理与长城外各游牧民族的矛盾，这在一定时期内是有用的，但也容易激化矛盾，引发激烈的冲突。对长城地区实行统治型管理，侧重的是中原王朝的利益，弱化了游牧民族的参与。这种模式下，中原政权的力量一旦减弱，或游牧政权变强，平衡就容易被打破，从而失控。

治理型的管理，虽然前期也靠中原王朝的强制力，但更强调对不同民族利益的尊重和保护，注重中原王朝与游牧民族的利益整合，主要通过协调来实现治理。治理型管理要考虑各方利益平衡，通过协调来构建秩序，使矛盾得到缓解，将压力释放，避免矛盾不断积累，酿成更大的危机。治理型管理模式在长城地区，往往能取得好效果，它更强调建立具有建设性的互动关系，来保证长城地区的社会稳定。

治理型比统治型更适合、更能满足长城地区农耕经济和游牧经济的良性互动。统治型过于强调控制和打击，靠力量来压服对方，大部分时候都很难获得理想结果，更难以持续。

不论治理型还是统治型，在农耕和游牧过渡地区修长城，都没有割断长城内外族群的联系，长城内外一定是谁也离不开谁的关系，这才有了围绕在长城地区的交流和联系。

　　聊到这里，长城促进交流的作用就更清晰了，长城并不只是简单的隔离，长城可以降低冲突的程度，可以使不同族群的交流更有秩序，并能获得更好的效果。

第二十四章
长城线上的生意

登上镇北台的台顶，极目远眺，四周景物一览无余，有翻动绿浪的防护林带，有气象万千的榆林古城和新城。

无边无际的黄沙中，忽隐忽现的长城和似断似连的墙体、墩台、烽火台沉睡在毛乌素沙漠边缘。

榆林长城的镇北台，位于著名的红石峡东侧，距离榆林城约3公里左右。

镇北台建于明万历三十五年（1607年），是明长城现存体积最大的要塞之一，整个镇北台是以红山山体为基座，形状是正方梯形，上下共有4层，高达30多米，占地面积约有5056平方米。镇北台是一处茶马互市的贸易场所，是在长城关口开设，长城内与长城外进行贸易交流的市场。

镇北台的建筑结构为外砌砖石，内夯黄土，外形方正，整齐雄伟，四层叠加而起，并逐层递减。各层均用青砖包砌，各层台顶外侧用砖砌有约两米高的垛口，垛口上部设有瞭望口，各层的垛口内四周相通。

东墙南侧开设城门，东南角内侧铺设了马道，可通达墙顶。南墙中部开设有券门，券门横额石刻"向明"二字，为时任延绥巡抚都御史的涂宗浚所书。

长城是农耕和游牧族群长时间在农牧交错地区拉锯式争夺生存空

间的产物。长城都建设在边地,可边地并不是现代意义上的国界,只是历史上某个时间段的某个政权的控制线。

农耕经济可以自给自足,农民出于对土地的依赖,形成了天然缺乏战斗精神的性格特征。长城大都由农耕民族修建以防御游牧民族,或是由定居了的半农耕半游牧民族修建,防御更北边的游牧民族。

但农耕民族和游牧民族之间并不只是对抗,还需要相互交易。虽然中原地区的经济较为发达,双方还是你需要我、我需要你,这就是发展长城马市贸易的基础。

马市的发展由来已久,汉代就在长城区域设关市,贸易项目即以牛马为主。唐、宋、元等朝代也都开设马市,与边疆少数民族进行贸易。特别是明代在长城区域开设马市的时间和规模,都有很大的发展。

明朝较大和较重要的马市,均设于辽东长城的辽东马市,或宣府、大同长城的宣大马市,或榆林长城的镇北台马市。

西汉通过和亲与匈奴建立相对稳定的关系后,开通了关市,以丝绸、金属制品、粮食、酒等,交换马、牛、名贵毛皮及畜产品等。所以这一时期的关市又称"绢马互市""榷场""马市"等。唐朝与回鹘族绢马互市,是以进贡和回赐为主要方式,绢马互市密切了唐与回鹘的关系。

中原朝廷经常派"茶马御史"到各地巡视,以实现对茶马贸易的控制。随着长城内外农耕与游牧贸易的发展,关市开放的范围越来越广,规模和次数也更大更多。关市作为农耕民族和游牧民族互通有无、友好往来的场所,对长城内外的经济交流与发展有着积极的促进作用。

明代在长城沿线开设的与蒙古族的互市,有着十分明显的政治目的。茶是蒙古民族生活中的必需品,而草原地区又不生产茶。明朝统

治者严格控制着茶叶的生产和运销。在明朝与蒙古族关系紧张时，朝廷就以茶和其他蒙古族必需的生活物资作为控制蒙古民族的手段，配合军事行动，扼制蒙古民族的发展。官方封锁往往会受到民间贸易的冲击，朝廷虽然有禁令，不允许同长城外进行任何贸易行为，但禁令只是关闭了交易市场，很多地方的民间交往仍在私底下进行。

明朝对各地方马市的开放时间和规模都有明确具体的规定。成化十四年（1478年）规定，辽东镇长城的开原马市，每月开放一次，由初一到初五。广宁马市每月开放两次，分别为初一到初五、十六到二十。

明万历年间（1573年—1620年），开市的次数越来越多，在一些地方甚至出现了不闭市的状况。交易品种越来越多，交易量也越来越大。长城外的民族到关市来进行贸易，要带着马匹等贸易货物，到指定的地方进行官验，获得批准后才能进入市场。

牧民到长城关隘进行马的交易，首先要由市场管理机构认定马的等级，马的交易价根据马的等级而定。明永乐元年（1403年），将马分为上上马、上马、中马、下马、驹五种。一匹上上马可以换八匹绢、十二匹布。永乐十五年（1417年），重新规定了马的价钱，一匹上上马可以换五石米、布绢各五匹。

官市之外的民市，原则上由贸易双方自由议价。长城里边的人可以用农具、服饰、粮谷、铁锅等物品交换牧民的马、牛、羊、毛皮、人参等。市场管理机构要征收"马市抽分"，作为管理和抚赏的费用。

官市除按马的等级付给物品外，还要按前来进行贸易的游牧民族首领职位的高低，另给数额不等的抚赏。

第二十四章
长城线上的生意

在长城镇北台、张家口、得胜堡等处的马市贸易中,我们可以看出,古代中原政权对长城区域的管理和控制是有长期固定模式的。

为了实现大一统的目的,中原王朝有的时候实行军事征讨,有的时候实行怀柔羁縻政策。开放马市贸易,是怀柔羁縻政策的举措。马市开放时,中原王朝一般处于主动地位,有的时候也处于被动地位。

被动与主动,长城内外双方往往是此消彼长、相互转换的。中原王朝被动的时候,一定是长城外边的游牧民族政权主动;中原王朝主动的时候,一定是长城外边的游牧民族政权被动。长城地区的这种状态,在不同的朝代或一个朝代的不同时期,都处于调整变化中。主动和被动,不仅表现在马市方面,在整体关系上同样如此。

中原王朝和长城外边的民族政权,往往随着各种事态的变化,采取相应的措施,以保证自己的利益最大化。中原王朝对于长城地区游牧民族政权采取的态度,大体有安抚和征伐两种。

怀柔羁縻政策,其实就是一种求和的政策。中原王朝对长城地区的民族政权,通过抚慰、安抚的政策,做出一些妥协和让步,以求得这一地区的安定。抚慰和安抚的前提是自己一方的力量已经大于对方的力量或基本持平。否则根本谈不上给对方以安抚,势弱方没有办法采取主动的安抚措施,求得和平。

而另一种做法就是征伐,中原王朝通过战争手段对游牧民族地区进行武力征伐,杀伤游牧民族的有生力量,破坏游牧经济的生产基础,消灭游牧政权主力部队等,都是武装征伐的措施。

在长城地区,若游牧民族政权力量衰弱或瓦解,中原王朝更多倾

向于安抚,对于靠近中原王朝的游牧政权进行安抚,也是中原政权求得稳定的手段。

在很多时候,安抚和征伐配合使用,确实可以使长城地区的军事压力得到有效缓解,获得较长时期的稳定。

但这稳定,只是一定时期内的缓解。随着双方态势发生变化,各自权衡利弊后又会调整战略,采取相应措施以维护利益。这就需要在条件变化之后,根据新条件进行协商,寻求建立新的平衡。

在镇北台以西,还有一处景观叫红石峡。这里因在夕阳西照时有红石映目而得名,红石峡摩崖石刻在长城众多的摩崖石刻中规模最大,开凿时期可以追溯到宋代,已经有近千年的历史,是一处追忆历史和体验石刻艺术的好去处。东崖为宋、元时期的古刹雄山寺,两岸有座普渡桥飞架东西。

红石峡现存有185块摩崖石刻字幅,刻字的大小不同,字幅的长宽规格也不一。石刻的内容有题诗、记功、纪游、喻景、抒怀等,书法真草隶篆俱全,大多为汉文,兼有蒙文,其笔法各异,镌刻风格有别。其中有"万里长城""还我山河""中外一统""蒙汉一家"等字幅。

第二十五章

岁月兴庆府

俗话说"黄河九曲,唯富一套",说的就是宁夏和内蒙古黄河沿岸河套平原的富庶。滚滚黄河奔流而来,到宁夏河套之前经过的都是山区,唯独到了河套平原就温顺下来,从来没有过泛滥成灾的时候。

在黄河的养育下,宁夏河套平原经济发达。银川平原上沟渠纵横,由渠道和林网构成的一块块田园,稻麦茁壮,一派江南水乡的景象。

明长城自陕西定边进入宁夏,向西经灵武、盐池再沿黄河向西北延伸,过黄河之后,向西南石嘴山方向而去,经贺兰口到三关口,形成了一个口袋状,围着银川市绕了一个大圈子,然后向西南经青铜峡到胜金关,经过中卫、沙坡头再进入甘肃省境内。

西夏文化是银川的一个亮点,距离银川不远的贺兰山东麓的戈壁荒漠上,有西夏古文化遗址西夏王陵,在贺兰山东麓还发现了数以万计的古代岩画。宁夏境内除了明长城,还遗存有秦长城、汉长城和隋长城。

西夏也修过长城,不过不是在宁夏,而是在很北边的内蒙古和蒙古国。20世纪80年代苏联和蒙古国的考古工作者对位于蒙古国南戈壁省长城进行调查,并采集部分红柳木橛、梭梭标本进行了测定,得知其时代约为10世纪至13世纪,判定为西夏长城。后来在内蒙古也找到了西夏长城遗址。

第二十五章
岁月兴庆府

"银"的含义,并非是指金银的银,而是湖光靓丽,波光潋滟中银光闪闪之意。银川远郊的平原上,沟渠纵横交织,湖泊珠连其间,阳光照耀下,鳞波闪闪,用"银川"来形容这里湖光水乡风光,真是太合适了。在银川可以看见大片绿油油的麦田,这在西部地区是不太容易看到的景象。

殷商时期,这里是北羌族、熏育族的家园,春秋战国时期有羌族生存在此;秦灭六国后,蒙恬率30万大军,在北方戍边,并筑秦长城,足迹曾留在这里;两千多年前,汉成帝阳朔年间(前24年—前21年),建北典农城,揭开了银川漫长的城市发展历史。

北周武帝建德三年(574年),迁徙两万户到银川,在这里复置怀远县,并增设怀远郡,怀远城成立,县治、郡治都在银川。唐高宗仪凤二年(677年),因为黄河改道西移,怀远城也只好跟着向西迁移,筑起了新城,这座新城就是银川古城的前身。宋朝开宝年间(968年—976年)改置为怀远镇,成为河外六镇之首。

宋咸平四年(1001年)9月,党项族拓跋部落首领李继迁攻克了怀远镇,并占领了河外六镇,第二年又从灵州迁徙移民到怀远。宋天禧四年(1020年)11月,李继迁的儿子李德明把政治中心从灵州迁到怀远镇,把怀远城改名为兴州,并开始营建城池门阙、宫殿楼宇、宗庙社稷建筑。从此,银川始有兴州名号。

宋明道二年(1033年)5月,李德明之子李元昊改兴州为兴庆府。宋宝元元年(1038年)10月,李元昊在兴庆府南筑坛受册,即皇帝位,建立了大夏,史上称其为西夏。从此,银川的前身兴庆府,作为国都与北宋的东京、辽国的上京鼎足而立。

也就是说,那时的天下有三个中心。

古代的帝王们，为了维护天下的安全、秩序，或是修筑长城，或是强化军队。但任何一个帝王都不能容忍天下还有其他中心，统治中心只能有一个，那就是自己。所以西夏、北宋、辽国共享一个天下，都无法吃掉其余两方的时候，确实比较难受。

李元昊是党项族的民族精英，宋朝曾加封他为难定军节度使，赐世袭西平王。称帝前，他改唐宋两朝皇帝所赐给党项族的姓为嵬名氏，自诩为"青天子"。李元昊自幼聪慧，擅长兵法、佛法、汉文等，20岁就领军到前线作战。

他在位期间，继续对宋、吐蕃、回鹘作战，并且连续取得胜利，确立并拓展了夏的疆域。他下令实行了许多有利西夏发展的政策，倡导农业生产，注重手工业和铁冶业的发展；还强调保持党项族的风俗习惯，命令居民依照羌族原有习俗秃发，禁止如汉人一样的束发习俗，废弃了唐宋皇帝所赐的李、赵姓氏，改党项姓氏；去除了宋朝皇帝赐给的爵号，使用自己的年号；大胆任用汉人中有才能者出任重要官职，并发布了西夏文字；西夏的官制、军制、礼制也都在他的安排下构建起来。

西夏前后经历10代君主，长达189年，这个阶段也是宁夏平原历史上的辉煌时期，经济发达，文化昌盛。摆脱游牧生活的党项民族，进入宁夏平原后，基本完成了从游牧向定居农耕的转变。期间，中原文化、河套文化、西夏文化、伊斯兰文化等交流融汇，奠定了银川历史多元文化的发展基础。

宋庆历八年（1048年），由于李元昊实行的建国方略，和一部分贵族的主张发生了矛盾，皇族与后族的斗争激化，冲突中李元昊被其子宁令哥刺杀，死后谥武烈皇帝。

第二十五章
岁月兴庆府

西夏保义二年（1227年），在蒙古大军的攻击下，兴庆府结束了长达189年的国都历史。由于先前成吉思汗军队攻打西夏时非常惨烈，蒙古军队虽围城半年久攻不下，一代天骄成吉思汗也丧命于这场苦战。于是，蒙古战士发誓要给成吉思汗报仇。兴庆府城中弹尽粮绝，党项人开城投降后，蒙古军还是进行了屠城，党项族遭到了惨绝人寰的大屠杀。

元朝在银川先是设置中兴路，至元二十五年（1288年），取西夏故地安宁之意，改为宁夏府路，这也是"宁夏"这一地名的最初来源和正式使用。

明朝为了加强北部边地的长城防御，设置宁夏镇，银川是宁夏镇的治所。宁夏镇防区包括盐池至靖远之间的长城防御，辖区内的长城分为东、北、西三部分。明太祖朱元璋曾在此设置宁夏府，设立宁夏卫，隶属陕西都司，并从内地迁来5万人以充实和发展宁夏，后来又在宁夏增设前、中、左、右共计五屯卫。

在明长城九大军镇之中，宁夏镇的总兵就住在银川。银川可谓是长城线上的一颗明珠。明朝的宁夏镇配有总兵官、副总兵、参将等各级官吏，总兵官挂征西将军印，有马步军人数37800多人，战马13800匹。

包括明朝在内的历代政权，为了维护其天下的安全和秩序，在宁夏等各处地域修筑长城。

"天下"和"长城"是两个关联性很强的概念。在儒家思想体系里，"天下"代表着理想秩序，长城的修建一定程度上就是为了保护天下的

文明价值不受外来冲击。

事实上,历朝历代的帝王认为,天下只属于他们。朝野士人虽然要服从帝王,但官员、士人思想中的天下与帝王思想中的天下还是有区别的,他们虽然要维护帝王的家天下,但儒家文化却让他们觉得天下更是一套礼仪秩序,不是只属于哪一个帝王或王朝,天下是永恒的。

帝王可以使用绝对权力来修长城,但如果所有的人都认为修长城只利于帝王一人,那长城修建工程就很难实施。历代文武官员之所以遵从帝王的旨意,非常投入地修建长城,一是对帝王权力的服从,二是认为修建长城事关百姓的利益。修长城可以保护帝王王权的安全,也可以保护百姓的生活安全。

秦始皇、汉武帝和明太祖等帝王下达修筑长城命令时,内心想的是什么呢?是只想保护他们自家权力能持续下去,还是想着公众的安全,或是保护先进的文化传统不被破坏?也可能这几个想法都有。我们只能从文献史料中去分析,去走进古代帝王的内心,一边抚摸着长城,一边去揣度古人的想法。

有趣的是,由帝王到主要大臣,再到更下级的官员,乃至普通士人、百姓,每个阶层的欲望都不一样,对修建长城以保护天下秩序的看法也一定不一样。

修建了长城的中原王朝,一般会有这样一个普遍认识:天下就是他们从地理意义出发,以中原为中心的空间世界。

秦汉以后的时代,中原政权的天下秩序,首先就在于直接治理的那些州府郡县。之后再扩展到以羁縻、土司等各种体制达到间接治理目的的边远区域。比如明代,对于东北和西藏、云南等地,就是这样控制的。再扩展,就关联到了朝鲜、越南等朝贡政权。就这样,这些地理位置或远或近、控制力或强或弱的圈层，都属于传统的天下秩序。

另外，与天下相关的还有一个叫作"夷夏"的概念，即天下的中心是华夏，四周是所谓的蛮夷，蛮夷也是天下的一部分。由于华夏族群最先是从中原发展壮大的，中原就是当今地处黄河中下游的河南、陕西、山西和山东等地，中心区域的东边是东夷，南边叫作南蛮，北方叫作北狄，西边叫作西戎。蛮夷如果能够遵从中原的礼教秩序，就会被华夏所接纳。否则，就会被华夏所隔离。

华夏族群主体是农耕为主要的生活方式，而那些所谓的蛮夷，特别是北方蛮夷，基本是游牧民族、渔猎民族。历史上，双方在长城区域彼此渗透，最后的结果就是分不清你我，你中有我，我中有你。事实上，大家都生活在共同的天下，谁都没有办法例外，每个人都离不开共同经济文化环境的滋养。

所谓的"胡人""蛮夷"，在经济、文化等方面被汉化了，而汉人也不同程度地接纳了胡文化。结果是，古代各个政权的天下都随历史而去，多元一体融汇而成的中华民族生生不息，共同生活在同一片天空下，长城也成了历史融汇的见证。

第二十六章

三关口

三关口也叫赤木口,地处宁夏永宁县与内蒙古阿拉善左旗交界、贺兰山中部,东北方向距银川约有 40 公里,是内蒙古阿拉善高原通往宁夏平原的主要通道。从银川到巴彦浩特的公路,正好从三关口穿过。历史上曾有很多故事发生在这里。

巍巍贺兰山,从阿拉善高原到银川平原,绵延数百里,群峰叠嶂,尤其贺兰山东侧,以断层接临银川平原,更是陡峭难攀。这里的长城并非人们所熟知的那样是连绵不断的墙体,大多是在山峪峡谷内外可通步骑之处,斩山削壁,修墙建关。长城不一定是高大连续的墙体,各地修建长城时,不少地段都是借助天然险阻建成,贺兰山一带的某些长城段落就是如此。

贺兰山十分陡峭,但到三关口处陡然平缓下来,关口地势十分开阔,此关自古即为阿拉善高原进入宁夏平原的通道。明朝特别注意三关口的防御,据说仅一次修关就派了 4000 多名军夫。平常这里驻防一位游击将军,统千军进行守卫。

三关口为嘉靖十九年(1540 年)都御史杨守礼、总兵官任杰修筑,从东向西设立了关防三道。头道关为主关,南北与长城主体城墙相连接,夯土城墙起于北侧山上,过关后向南而去。过头道关顺公路向西约 2.5 公里,即为二道关,如今仅在关口南侧的山头上还残存有一座夯土墩台。

第二十六章
三关口

过了二道关顺路向西，山谷渐趋狭窄，约 2.5 公里后便为两壁相夹一道，十分险要，此处便是第三道关，如今已无任何遗址。

当初蒙古军队第三次攻打西夏时，首选三关口为突破口。当时三关口称克夷门，是西夏屯兵之地，在这里，蒙古军同西夏军展开了大战，最后，骁勇善战的蒙古军攻占此关，之后兵锋直指西夏都城。

明朝这里更是烽火不断。到了清朝同治年间（1862 年—1874 年），在遍及西北的回民反清斗争中，三关口也是回民军与清军屡次争夺的战场。

长城绝大部分都修建在中国的北方，因为只有在北方，中原政权才面临着强大的游牧民族威胁，才有调整农耕与游牧冲突的需要。

北方所包括的东北、华北和西北大部分地方，都修筑有长城。这些地方在不同的朝代，农耕和游牧之间的分界线是不一样的，中原政权和游牧政权管理的区域也不一样。所以，历代长城修筑时，选择的路线走向也不一样。

长城地区的东部主要是燕山山脉，燕山是华北平原主要的屏障，也是东北盆地进入华北平原的必经之地。如果游牧民族政权占据这个地区，就有了向中原发起进攻的立脚点。历朝历代都十分重视此地，并且将其视为战略重地，构建起长城防御体系。

中部地区的阴山山脉，是保护河套平原的战略要地。河套平原自古是农耕民族和游牧民族交替占有的地区。谁占有水草肥美的河套平原，谁就占有了主动权。这个地区也是游牧民族与农耕民族冲突、融合程度最高的地区。

西部河西走廊和以西的西域地区，也是长城防御的重点地区。对中原王朝来说，河西走廊始终是东西大通道。特别是汉代打通西域、

开通丝绸之路以后，这个地区对于中原王朝对外交往就显得更为重要。河西走廊有几个绿洲，由于有很好的水源，十分适宜农业生产，所以也采用了农业耕作，是中原王朝开拓边疆、发展农耕经济的重点地区。

西域对于中原，具有很高的战略地位。丝绸之路打通以后，西域是东西方文明交流的必经之地，也是青海和宁夏的一个屏障。如果西域被强大的游牧政权据有，青海、甘肃和宁夏就会受到游牧民族的极大威胁。占据了西域的游牧民族，很容易对中原王朝构成包抄。中原王朝始终很重视与西域各族的关系。

除了春秋战国时期，其他历代修筑长城，主要都是定居的农耕政权为了防御游牧政权。就算是游牧政权修筑的长城，也是定居之后才修，处于游牧状态下的政权是不会修筑长城的。长城是静态的，而游牧是动态的，固定地守在长城那里，就没法游牧了。

最早在长城沿线与中原华夏族相联系的是东胡族，春秋战国时东胡族分布在赵、燕两国的北部和东北部。《史记·匈奴列传》记载，东胡族曾向周成王纳贡称臣。后来周王室衰微，仅在名义上保存着天下宗主地位，中原列强迭起，东胡新兴贵族就伺机南下，大量抢掠人口和财物，所以才有赵、燕筑北长城防御东胡。

汉初，东胡族瓦解，大部分融合于匈奴。匈奴族在战国时期就游牧于黄河河套地区和阴山一带。冒顿单于时期（前 209 年—前 174 年），匈奴先后同化了东胡、月氏、楼烦、白羊、丁零等民族，建立了强大的政权。

第二十六章
三关口

汉武帝由元朔二年（前127年）到太初元年（前104年），先后四次较大规模地修筑长城，就是为了防御匈奴。汉宣帝甘露二年（前52年），由于匈奴集团内部发生了争权夺位斗争，呼韩邪单于归附汉朝，由此以后匈奴族大量入居汉朝长城沿线各郡，与汉族杂居，到了南北朝时更大量入居中原，最后同化于汉族中，还有约10万户于汉代同化于鲜卑族中。

鲜卑族是参与修筑长城的另一个重要民族。鲜卑源于东胡，最初分布在鲜卑山（今内蒙古哲里木盟科尔沁左翼中旗西部）。东汉建武三十年（54年），鲜卑大人仇贲、满头等，到洛阳要求归附汉朝，东汉王朝封仇贲为王，满头为侯。南北朝时期鲜卑拓跋氏建立的北魏政权，是中国历史上第一个由少数民族作为统治民族，控制着北方几乎全部领土的中原王朝，也是中国历史上第一次大规模修筑长城的少数民族政权。

契丹族本是鲜卑族的一支，与其他几个民族同化、融合，约在7世纪初形成的部落联盟，主要活动于潢水（今内蒙古西拉木伦河）和土河（今内蒙古老哈河）流域一带。唐贞观二年（628年），部落联盟首领率部归附唐王朝。神册元年（916年），建立了国号为契丹的政权。大同元年（947年），改称为辽。契丹族在辽朝时，进入燕云十六州和汉族杂处，辽朝灭亡以后，主要同化于汉族；在东北的部分族群，同化于女真族；西迁建立西辽国的部分，国灭后，主要同化于汉族和蒙古族。

长城内外不同的民族政权间的对抗，大致有以下三种情况：

一是双方以战争形式进行的大规模军事决战，胜败将决定谁对这片土地具有控制权。如蒙古族在银川地区对西夏的战争，最后以西夏

灭国而告终。当然,这样的战争毕竟不是双方的常态。

二是不以决战形式进行战争,经常性的冲突属于常态。对于游牧民族分散、小股、骚扰性、抢掠的对抗,中原守军往往处于劣势。明朝所设置的三关口,就是为了解决内蒙古阿拉善高原各部族抢掠的防御设施。

三是通过有效的协调、管控,构建起良好的秩序,长城内外进行有序地交流。这样做也会有一些利益冲突,但毕竟可以建立起相互联系。由于长城以有效防御作为必要的条件,保障了交往的正常进行,在一般情况下,双方便不会发生战争。如果长城里边的王朝强大了,进攻长城的民族政权就不会选择第一种模式。随着中原王朝的衰落,第三种模式也就失去了必要,常常采取第二种模式。第三种模式只有在任何一方都没有对另一方形成绝对优势的时候,良好的秩序才可以正常运转。

由三关口沿银巴公路向北到泉齐沟,贺兰山东麓洪积扇上坐落着西夏王陵,从戈壁荒漠上远远望去,夕阳映照下的一座座陵墓呈现出一片金光灿烂的奇异景致。

西夏的10个皇帝中,除了最后一位皇帝是被蒙古军队攻陷兴庆府杀掉以外,其余9个皇帝都得到了妥善安葬。陵邑位于陵区北部,四周筑有夯土城墙,陵城内设有广场、道路、院落、水井和房屋等,这些建筑的遗迹都清晰可见,布局十分规范整齐。

陵城内分前、中、后三个部分,中部和后部的正中各有一座规模宏大的殿堂,其他建筑多集中在城的前部和中部,并组成一座座封闭式庭院。9座帝陵和208座王臣的陪葬墓都建在西夏王陵的陵城内。

气势壮观、庄重肃穆的西夏王陵将近40平方公里,连同绿化区总

第二十六章 三关口

面积超过50平方公里。每一座帝陵就是一座神城，每一座神城几乎是一个独立的建筑群。四角均筑有角台，高大的阙台雄踞神道两侧，中部和后部正中各建有一座殿堂。陵城内还筑造了门阙、鹊台、碑亭、神墙、月城、陵台石像等。八角塔形的陵台高达20多米，可以俯瞰整个规模宏大的陵区。

当初蒙古士兵为了给成吉思汗报仇，对兴庆府进行屠城后摧毁了西夏王陵。

一千多年来，由于历代战火的焚毁和风雨的侵蚀，绵延长达10多公里的神城，除坚固的陵墓，其他所有建筑几乎都已毁损殆尽。除仁宗李仁孝的寿陵有残碑可证外，其他陵号已难同陵冢核对。直到近些年，经考古工作者的挖掘和不断修复，陵区才又逐渐恢复了昔日的风貌。

如今，一座座高大的陵墓塔耸立在戈壁上，陵区内还修建了西夏王陵博物馆，金碧辉煌的殿堂里珍藏着从西夏王陵中出土的许多文物，如铜牛石马、人形石座。这些出土文物，件件造型粗犷、浑厚古朴，通过观赏这些文物，可以想象昔日党项人的生活习俗与文化，领略到800多年前西夏王国的辉煌。

宁夏博物馆考古工作者发掘了西夏陵区8号帝陵和3座陪葬墓，基本弄清了西夏王陵的形制和葬俗。从出土的雕龙栏杆、莲花柱础、兽面和花卉滴水、白瓷板瓦，及采集到的高达1.52米的琉璃鸱吻等大量建筑特征来看，当年的西夏陵园建筑还是具有很高艺术水准的。

在宁夏，除了银川贺兰山的这个三关口，还有另一个三关口，它位于六盘山地区的固原市泾源县境内，目前走312国道就要经过三关口公路隧道。

第二十七章

西风故城

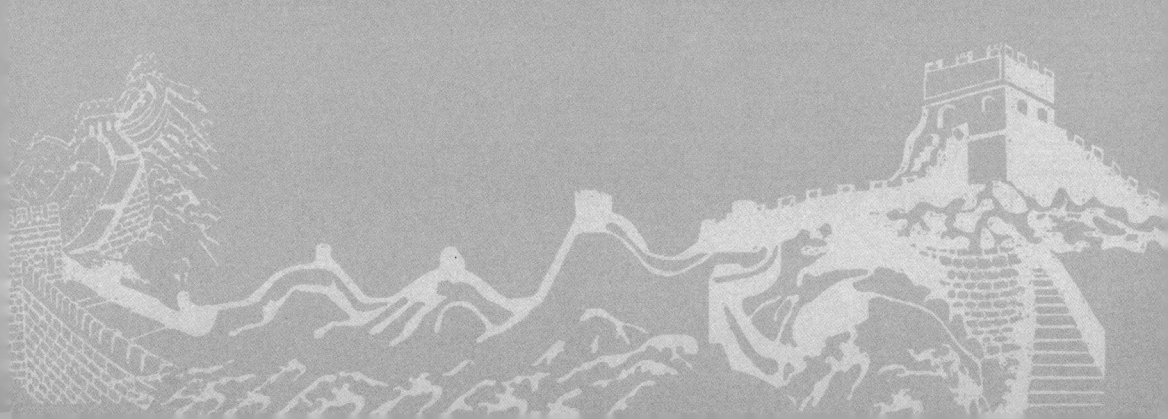

长城
漫话

我来到固原,依然为寻找长城,走在固原这座千年古城的大街上,西风拂面。

固原是古丝绸之路东段北道上的重镇,古人说它"左控五原,右带金兰,黄河绕北,崆峒阻南,据八郡之肩背,绾三镇之要膂",可见其地理位置何等重要。这片土地是关中通往塞外的咽喉要道,也是历史上的长期纷争之地。

不论你是否去过长城,也一定知道毛泽东的诗句"不到长城非好汉",但你可能不知道,"不到长城非好汉"这句诗写自固原的六盘山。这首诗是红一方面军于1935年10月7日翻越六盘山,路经秦长城时,毛泽东吟诵而发,10月22日到达陕北瓦窑堡以后所作,初名《长征谣》,后改为《清平乐·六盘山》。

宁夏南部的固原城,远在战国时期就是军事要地了。固原境内最早的长城是战国时期修建的秦长城,为秦昭王三十五年(前272年)时秦国为防匈奴所筑。秦始皇统一全国后,修筑长城时又重新修筑了这段长城。

在历史记忆的深处,固原古城建于何时似乎鲜为人知了。史书有这样的记载:汉元鼎三年(前114年),汉武帝为加强西北边地的军事防御,在此设置安定郡,郡治就设在高平城(今固原)。北周天和四年(569

年)正月,新筑原州城(今固原),在高平古城又扩大增筑了一座新城,高平城就成了内城。从此固原城就形成了构造为内外双城的"回"字形格局。

明代,固原是朝廷在西北边境地带设置的九个军镇之一,叫作固原镇,也是陕西三边总督办公之所。明朝加强了固原城防,并对固原城多次修缮。在明景泰三年(1452年),对内城进行了一次修葺;成化五年(1469年),又增筑了内城;弘治十五年(1502年),三边总督秦纮修筑了外关城;明神宗万历三年(1575年),三边总督石茂华在任时,对固原城的外城墙加以包砖,固原城的最后格局和型制基本定形。

修建固原城这样坚固的长城防御系统,既是为了发挥关隘实战功能,又可以让对方看到己方要保卫长城以内地区安全的决心和意志,实现长城的威慑作用。

要想对敌方进行战略性的威慑,就必须让对方认识并相信己方的能力和决心。长城就是这样的一个标志,长城的存在本身便是向对方传递己方的力量和决心。大规模地修建长城,并在长城沿线驻有重兵,就是一种军事造势。通过这样的行动,显示己方军事准备的力度,和准备给予来犯之敌以沉重打击的决心。

当然,仅靠长城来实现战略威慑是不够的,还要靠军队驻守及长城上的军事活动,以显示长城守卫的军事力量和战斗能力,迫使对方放弃进攻长城的企图。

除了示形于敌、显示威力之外,还要有一些军事打击来增强威慑作用。若威慑仅仅是摆在那里给人看的,就不足以使对方在心理上真正产生畏惧,并因此屈服。所以,要采取一些军事行动,使对方在进攻长城时遭到重创。只有军事打击与坚固的长城墙体、精良的驻军,

形成一种相互呼应的态势,才能真正起到战略威慑作用。

固原古城作为军事重镇,除秦昭王、秦始皇于此修筑过长城之外,汉文帝时还在今固原城东南设有萧关。萧关在当时是关中与陇东的交通要冲,因关口附近萧蒿茂密而得名。

古人称萧关为长安咽喉、西凉襟带,一点也不过分。西汉前期,由于政权无力与匈奴作战,对匈奴的掠扰只能采取忍让的态度。萧关所在的陇西郡,是几个主要受害地区之一。匈奴连年入侵汉朝边郡,掠掳人口畜产。在漫长的历史中,这里常常兵灾战祸横生,致使土地贫瘠,古塞荒凉。

遗憾的是,这座古时规模宏大的砖城已经不复存在。现在,只在西湖公园里面保存了500米左右比较完整的内城墙,而外城墙保存比较完好的只有和平门、靖朔门。

古时的固原城和山海关、张家口、大同等一样,都是长城防御体系中的重要节点,同时又是一个具有代表性的古城。中国历史的各朝各代,即便是唐、宋这样没有大规模修筑长城的朝代,都十分重视长城防御体系的营造,包括对城池防御体系的营造。

长城作为一道坚固的防御工事,其存在本身对于游牧骑兵来说就是一种巨大的威慑。游牧骑兵擅长策马而行,让他们弃马攻城,便失去了其军事优势。有长城这样雄伟的墙体,完全可以制止一些对农耕地区的小规模骚扰和掠夺。在这个意义上说,长城本身就已经实现了防御目的。

第二十七章
西风故城

营建城池防御体系，就是要最大限度地保护自己的有生力量，拒敌于城池之外。所以，城池防御体系实际上也不是一个孤立的城，它是具有防御纵深的一体化的布防。

城池防御体系的主体构成是城墙，与城墙共同组成强化防御力量的建筑，有城楼、瓮城、马面、垛口、角楼等设施，这些都是强化城墙防御功能的建筑，同样起强化城墙防御功能的还有城墙外面的堑壕等。

较大的城防体系由内外诸城共同构筑成具有纵深防御的城池，外层的防御是为了保障里层核心防御区的安全而构筑起来的外延防御体。这种防御体的作用，是将进攻的敌人阻挡在城池之外。

城池防御的核心思想，是把自己围在一个安全的体系之内。因为高大城墙构成的防御体系在冷兵器时代是很难攻破的，攻城方要想夺取城池，必须付出很大的代价。

城池既然是防御体系，就会重点考虑军事防御的要求。所以重要的城池，特别是长城地区与长城建筑相配套的、军事冲突频发和比较激烈地区的城池，更要注重军事防御的需求。这些城池一般选在交通便捷、易守难攻的地方，可以充分利用山脉和河流这些天然屏障。

城池防御体系中，城墙是防御主体，城门是防御重点。因为城门是整个高大封闭的城墙中最薄弱的部位，是最容易被突破的地方。所以为了加强城门的防御，采取在城门外建设瓮城的方式。在城门外建半圆形或方形的瓮城保护城门，具有很高的军事价值。攻城的一方即突破瓮城的城门而进入瓮城，还会遭遇四面环绕、居高临下的打击，没有办法集中精力再对主城门进行攻击。所以，瓮城是保护城门十分有效的防御设计。

坚固、高大的城墙对进攻方具有很强的威慑作用，对于守城一方

来说，既有利于作战，又可以很好地鼓舞士气。因为进攻如此坚固的城墙是要付出很大代价的，所以会给进攻方造成巨大的心理压力。特别是城墙与险峻的山体和宽阔的河流相结合，形成一个天然与人工构筑物紧密联系的防御体，进攻方承受着压迫感，自会三思而行。

在中国古代的战争中，高大、坚固的城墙和城外的沟堑等组合成一种难以逾越的屏障，在很多军事事件中都发挥了很重要的作用。曾有孤立的城池坚守七八个月的围攻，并在最后获得胜利的例子。

进攻的敌军经过每一次攻打关城作战后，都会消耗很大。如果没有任何准备时间，又要面对新的攻城战，而且由于进攻距离的限制，攻城的难度会越来越大。将防御纵深扩大，可以使敌人在一次进攻得手后，仍难以突破防御，被迫陷入耗时较长的战斗中。随着时间的延长，优势将向有利于长城防御者的方向转化。

长城主要是防御游牧民族的袭扰，而游牧民族多以骑兵作战，特点是机动性强，但快速深入后遇到阻碍必然会停顿。这时防御方若利用险要处的城堡，调配有足够的兵力，就可以给已相对疲惫的敌方以致命的打击。当敌军向纵深发展的时候，还可以截断敌人的后退路线，打击敌方。所以，长城及其相关的防御设置的布局，要统筹考虑整体的作战需要。

很多关城都筑有高大的关楼、角楼和城墙上的敌楼。这些错落排列的建筑，既显示了整座城池的雄伟，又具有很强的监视功能。通过这些高大的建筑物，可以观察四周的敌情，随时调整自己的军事布防。

长城防御部队的首要任务，就是坚守长城的城墙、敌楼、关隘、城堡，阻止游牧民族骑兵的快速进攻。通过坚守阵地，可以有效地消耗敌人和延长敌人进攻的时间。长城在防御敌方的抢掠行为、破坏敌

第二十七章
西风故城

人抢掠的目的时，可以发挥很大的作用。

站在固原的土地上，若是静下心来，就依稀可闻悲怆高亢的花儿秦腔，仿佛遥遥可见秦帝王巡视天下的马车仪仗。秦皇北上，为了一个更强大帝国的梦想；单于南下，游牧人的马背驮着匈奴族生命的希望。

战国七雄之一的秦国秦昭王，曾在固原一带修筑长城，以拒北方义渠戎；汉代时设萧关，成为关中北面的门户；唐朝曾设陇山关。古代商旅踏上著名的丝绸之路，是由长安出发，经过固原、海源而入河西走廊，去往西域各国。到了明代，作为长城九镇之一的固原，地位愈发重要，成了总兵和总制的驻地。

明代是固原建城历史上最为辉煌的一个阶段，那时，高大的内城墙"周围九里三分"，设有炮台28座；外城墙"周围十三里七分"，设有炮台31座。

如今，我们可以在固原博物馆看到清代固原城复原模型，从中领略固原古城的模样，也可以去固原外城的西北处观看保存比较完好的部分古迹，借此一睹固原古城曾经的风姿。

固原是历代帝王身影出没较多的一个地方。公元前220年，秦始皇北巡时曾途经此地，发现这里气候清爽宜人，就停驾以践行宫之乐，在这里躲避盛夏暑热，还兴致勃勃地去了平凉与泾源之间的鸡头山。

六盘山是一座久负盛名的山，一代天骄成吉思汗在征服西亚、中亚和伊朗高原，摧毁西夏王国之前，曾到六盘山避暑，他的避暑地就在美丽的泾河畔、六盘山中的凉殿峡。成吉思汗还在六盘山下的开城建立了行宫，在这里休养生息，整肃军队，后病逝于此。忽必烈第三子被封为安西王，又在成吉思汗行宫的基础上建立了安西王府。

这里的长城,如同一个神圣而又残酷的符号,也是不同民族光辉灿烂历史文化的勋章。在固原的周边地区,历代均有建筑城池、长城等防御工程。

战国七雄之一的秦国秦昭王曾在固原一带修筑长城,以拒北方义渠戎。固原境内的秦长城遗址,见证了从战国到统一全国的秦历史。

秦是一个古老民族,发祥于古西岐之地,擅长狩猎、养马、御车,吃苦耐劳。西周末年,周朝王驾东迁,秦襄公因护送周平王东迁有功,而被封为诸侯,建国都于雍(今陕西凤翔)。百年之后,秦穆公任用蹇叔和百里奚等贤能治理秦国,使秦国很快变得强大起来。秦国东面与晋国相邻,东进受阻,秦穆公就向西扩张,先后灭掉西戎人的12个国家,拓展疆土千余里,成为西部地区的霸主。

战国时期,秦孝公任用商鞅变法以图强,使秦国成为战国七雄中最强大的国家。秦惠文王时期,发兵攻取西南地区的巴蜀两国,后经秦武王和秦昭王几十年的努力,战败了楚国,夺得汉中地区,秦国把西岐、关中和巴蜀连成一片,又攻占了楚国郢都,把疆域推进到洞庭湖畔。

到秦王嬴政执政的时候,统一中国已经水到渠成。秦王任用王翦、王贲和蒙武、蒙恬父子为将,重用尉缭和李斯,调整、部署了对付其他六国的战略,最终灭掉六国,统一了中国。

秦始皇统一中国后,在原有战国时期的秦长城、赵长城、燕长城等旧长城的基础上,增建了一部分,连接而成万里长城。据《水经注》中记载,秦始皇长城在固原地区的西吉、固原、彭阳三县市的境内缠绕,

第二十七章
西风故城

全长约 174 公里。

出固原向北往银川方向，翻一道山梁，就是战国时期的秦长城。不过今天它已经面目全非了，经几千年的日晒雨淋，风蚀雪融，城墙已倒塌，看起来如一条长长的土龙，在夕阳的照射下显得是那么苍凉。

站在废弃的秦长城上，西风尽吹处，仿佛有滚滚而来的千军万马受阻于城下。暗淡天光中，有万羽齐发，万马奔腾，杀声震天。

不论是司马错、李信、蒙恬还是王贲，他们建功立业都是为了国家的繁荣与复兴。不同族群之间，在长城线上的战斗太多了。历史上，万里长城起作用的时代基本上都是民族斗争比较尖锐复杂的时代。在长城的历史中，攻守双方常常是两个或几个不同的民族。尽管长城内外双方在当时是敌对关系，但发生在长城上的民族战争却是中华民族大家庭中的内部战争。古代攻守长城的各方，都是中华民族的成员。当时分别建立起来的政权，虽然彼此互为敌国，可从今天整个中华民族来讲，都是整体不可分割的组成部分。

中国历史上，这种情况经常有。

春秋时期，整个国家是统一的，却有两百多诸侯在打仗；三国时期的魏、蜀、吴三分天下，同发生在长城内外的战争性质一样。民族战争绝不是历史长河中的偶然事件，而是民族矛盾长期发展的必然结果，是民族矛盾集中激化的表现。如果过分地回避战争，就等于回避民族矛盾，而民族矛盾则是长城产生、发展过程中的一个不可回避的因素。

中国历史上，少数民族及其政权与中原王朝尽管彼此互相对立，存在内外之分，但双方并没有中外之别，就连少数民族统治者也不认为自己建立的政权为外国政权。如十六国时，匈奴屠各人刘渊建立汉国，

并自称汉王、汉帝。他还立汉高祖以下三祖五宗神主祭之。

辽太祖耶律阿保机曾就奉祀一个在历史上有大功大德者的人选问题，命大臣们讨论，有大臣说要敬佛，阿保机说佛教不是中国教，皇太子说孔子为世人所尊敬，应当奉祀他。阿保机特别高兴，就批准修建孔庙。征服者为被征服者较高文明和文化所征服，在中国多次发生，这并不是偶然现象。

中国历史上，统一是主流。从秦汉时期，我国统一的多民族国家开始形成，至清初统一多民族国家真正建立起来为止，约两千年。在这一历史时期，中国有过四次大的统一，即秦汉、隋唐、元明、清。这四次大统一，有一个本质上的共同点，就是都使我国统一的多民族国家向前发展了一步。

除最后的清之外，每次大的统一时期，中原统治者常大修长城。这是因为，在统一的过程中，仍有局部的分裂。只要有分裂存在，长城才会产生并发挥作用。

第二十八章

马踏飞燕

甘肃省武威市在今天看来不算大城市，但在汉唐之际却是河西地区的军政要地、经济文化中心，是中国西北地区仅次于长安的大城市。

唐朝为对付吐蕃和突厥，在河西地区设立了河西节度使，其治所就在武威。

武威汉墓还出土有举世闻名的"马踏飞燕"文物。

在著名的河西走廊上，长城与丝绸之路相伴，古人走过的路，我们今天继续行走。

武威是西汉河西四郡中最东端的一个郡，是河西走廊的东大门，汉代长城和明代长城皆由武威东面和北面穿过。

在中国历史上，武威不论是文化方面还是军事方面都有着特殊地位。武威城位于甘肃河西走廊东段的武威绿洲之上，其西南为祁连山地，东北部长城以外是腾格里沙漠的一部分。流经武威境内的石羊河水系诸河发源于祁连山，其流水主要靠祁连山雪水和部分雨水补给，是武威绿洲耕地灌溉的主要水源。武威南部和西部的草场也十分丰茂，自古即为难得的天然牧场。

河西走廊是地理概念，同时也是个人文概念，许多族群在这条人文走廊上穿行往来。所有人都抱着希望，赶赴他们各自的目的地，就像今天的我们。河西走廊东起乌鞘岭，西到新疆，南依祁连山，北枕

第二十八章
马踏飞燕

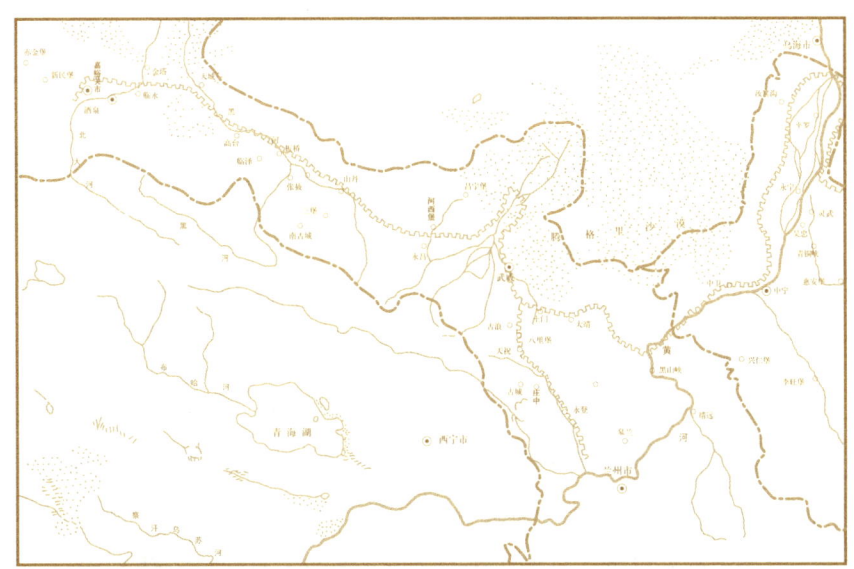

甘肃省所辖明长城图

龙首、合黎诸山,东西长度约有 1000 公里,南北最宽处只有 100 多公里。这样一个狭长的地带,却是丝绸之路的必经之地,是历代征战的古战场。

这里在明朝归甘肃镇管辖,历史上在河西走廊遗留下来的长城城墙、烽台、城堡等遗址随处可见,行走在河西走廊,只要用心,就不难找到古时留下的印记。

甘肃这个名称,取甘州(今甘肃张掖)、肃州(今甘肃酒泉)两地名的首字组合而成。甘肃镇是明长城九镇中设置比较晚的几个镇之一。

明朝初年修建长城,主要是集中力量防御榆林以东的几个军镇。到了明成化时期以后,蒙古族鞑靼部屡次攻击明朝的延绥、固原等地,后来的吐蕃也开始发动进攻,明朝才开始加强延绥到甘肃一带的长城防御。

甘肃镇长城在明朝统治的几百年里,也是长城九镇中经受战火较少的一镇。

甘肃镇和其他各镇一样，都是先筑关城后修长城墙体。甘肃镇设置得虽然比较晚，可这里的长城关隘建设得却是很早的。洪武五年（1372年），设置了嘉峪关。

甘肃镇长城主要是在嘉靖、隆庆、万历年间修建的。

嘉靖二十五年（1546年），右佥都御史杨博巡抚甘肃时，大兴屯利，募民垦田，并保证永不征租。此外还修筑了甘州、肃州的长城。

继杨博之后，隆庆末年（1572年）及万历初年（1573年），廖逢节任都御史时，也较大规模地修筑了甘肃镇长城。廖逢节主持修筑的长城，同以前及其他镇不大一样，他主要是依靠分守在长城沿线的戍卒和开垦屯田的屯户进行无偿劳动，不向朝廷要钱，所以一般情况下也不必请求朝廷批准。地方志中对廖逢节时修长城多有记载。

再一次较大规模修筑甘肃镇长城是在万历二十七年（1599年）。万历二十六年（1598年），兵部尚书李汶组织了松山之战，收复景泰一带之后，于第二年下令修建从黄河索桥到古浪土门子的200公里长城。

明代甘肃镇长城虽然只修筑到嘉峪关，可在嘉峪关以西到敦煌、哈密一带先后设置了七卫，史称关西七卫。这关西七卫的正副指挥，都由当地少数民族的酋长担任，明朝政权封给他们相应的官职，由他们负责这一地区的军政事务。

行走在河西走廊，总有一个感觉，古人好像在同我们玩一个寻宝游戏，他们把宝贝藏在走廊的各处，并且设置了标记，留给后人去追寻。长城，就是古人为我们留下的标记之一。

远古时期的地质活动在祁连山北麓形成了河西走廊，走廊一侧是浩瀚的腾格里沙漠和巴丹吉林沙漠，另一侧是青藏高原北缘的祁连山

第二十八章
马踏飞燕

地。由于青藏高原高寒、沙漠地带干旱,如果没有这个走廊,东西交通就面临着难以逾越的障碍。

中国背对亚欧大陆,面向海洋,三面都有高山、荒漠环绕,处于相对独立的自然环境中。在以陆路交通为重的古代,河西走廊则是一条中原地区与西域沟通的天然通路,使得中原地区在自然地理方面相对独立又不完全隔绝。

黄河中下游和长江中下游地区,气候特别适合农业发展,这种地理条件下产生的中原农耕经济,靠着发达的文化,对周边的各个族群构成强大的吸引力,形成了中原地区独特的内聚力,使中华文明得以存续和发展,这是中华民族多元一体格局形成的基础。

中国古代把这样特殊的地理位置称为中原,即天下之中的意思,认为这片土地是天下的中心地区。

河西走廊是丝绸之路从中原向西延伸的金色走廊,是古代先辈们努力开创的财富大道,又是朝廷派使出入关中,抵达西域各国友好往来的外交驿路。这条走廊,见证了中国古代不同民族、不同文化的碰撞和融合。

古人吟咏"黄河远上白云间,一片孤城万仞山,羌笛何须怨杨柳,春风不度玉门关",这首《凉州词》描绘出一幅既浪漫又苍凉、既美丽又沧桑的风景,短短四句诗道出了河西走廊壮阔的山河风光,以及西部峥嵘岁月的神秘色彩。

西部是中国历史上神秘且辽远的区域,这里有众多待开发利用的

资源,更有魅力无穷的文化积淀。此处有两条长城,一条是汉代长城,一条是明代长城,两条长城出现的时间相隔了1500多年。明长城延伸到甘肃省嘉峪关,而汉长城继续向西,一直伸向新疆。

河西走廊两侧,一边是奇崛雄浑的祁连山,一边是无边无际的腾格里、巴丹吉林大沙漠。多少个世纪里,这条古老的大道上,驼铃声声,摇曳着星月,商队、军人、僧侣络绎不绝,往来穿梭。

当初,汉武帝出于军事目地,派张骞前往西域各国去做军事联络,想找到军事同盟,共同抗击匈奴,没想到落难在塞北的张骞十多年后回到长安,给汉武帝带回来重要的外交信息,西部有很多友好的国家愿意和汉朝往来。中西部的文化、经济交流开始了,长城也就在西部诞生了。

武威是和这些历史、文化息息相关的古城,这个名字却带有武力征服的色彩。

汉武帝元狩二年(前121年),汉武帝派骠骑将军霍去病率汉军远征河西,击败了强大的匈奴,为了彰显武功军威,就给此地取了这个名字。

武威是丝绸之路进入河西走廊的第一个重镇,汉武帝派军队征服西域匈奴,开疆扩土,开辟了河西四郡,武威是其中一郡。在汉元封五年(前106年),天下分设13州,各州由刺史治理,史称"十三部刺史",武威郡属于凉州刺史部。到了东汉三国时期(220年—280年),凉州的治所就设在武威。

在群雄割据的东晋十六国时期,先后有前凉、后凉、南凉、北凉等政权,将国都设在今天的武威。通过不断的经营,隋朝和唐朝时,武威已经是河西走廊地区的一个大城市,进入了"七城十万家"的辉

第二十八章
马踏飞燕

煌时代。当时就有"金张掖，银武威"之说。

在宋朝时，凉州是党项族西夏国的重要城镇。元朝时蒙古政权在这里设立了永昌府，元太子阔端和西藏佛教领袖萨班，还在这里举行过具有重大历史意义的凉州会谈。中原与西部的经济、文化、宗教交流从未间断，古凉州在千年的历史长河中默默地承担着自己的使命。

作为古代军事重镇，武威是汉长城和明长城防御体系的重要节点，虽然古城雄伟的城墙已经所剩无几，但武威城外高大坚固的明代长城，傲然矗立在田野里，向后人诉说着西部长城的文化个性。

汉朝开辟河西四郡后，为了更好地经营河西，确保丝绸之路的畅通，就大力修筑长城。汉长城年代太久远了，现在已经被风化成一道土垅，可还是能从这里体会得出一夫当关，万夫不敌的气概。

在明朝的万历年间（1573年—1620年），为了加强武威的军事力量，防御北元力量发动的进攻，也在这里强化防御力量。现在，武威境内的明长城大部分保存完好。汉、明长城并立是河西走廊的一个奇观，两条万里长城相遇，永恒的文化在这里凝固。

河西走廊是古代各族群流动的一个主要通路，长城区域各个族群的活动主要还是受自然因素的影响，特别是气候条件决定着农耕和游牧族群之间互动关系。

我们现在已经知道，最初的畜牧业是从原始农业中分离出来的，畜牧区的形成和扩展过程同时也是农耕区的退缩过程。距离现在3000年-3500年时，畜牧业开始了向东、向南甚至向西的扩展，而农耕区就在相应的方向退缩，这样的退缩过程一直持续到战国时期。

战国时期的燕、赵两个诸侯国，用强大的军事手段把游牧民族驱赶到农牧交错带以北，然后修筑了长城，加以防范。这是一个标志性

的事件，从而使长达近千年，受自然气候因素影响的农、牧两种生产方式争夺生存空间的斗争，在长城两边呈现出拉锯式的互动。

当农耕经济扩张到长城区域更北方，就要受到自然的阻隔，因为在古代条件下，寒冷的地区很难成功种植庄稼，那里的草原更适合逐水草而居的生活方式。

就这样，几千年来，中国历史就在以中原地区为核心的一大片周边地域，以黄河、长江流域高度发达的文化为强大吸引力，影响着周边各地区的不同民族。对各族群的影响，既体现了经济文化的交流，也体现了交流过程中的碰撞，河西走廊东端的武威等地争夺生存空间的斗争也一直以各种方式进行着。

漫步在武威古城的大街上，回味诗人的杰作风韵，虽不知道王之涣到底有没有来过武威，却感觉诗人的身影时隐时现。《凉州词》这样的传世之作，让王之涣立足于他所处的那个时代，成为一颗熠熠生辉的亮星，他的诗勾起多少人对西部的梦想！

武威有一座明代修筑的文庙，更能让人体会到凉州文化与内地文化的一脉相承。武威文庙是明正统四年（1439年）修建的，后来又经过了多次扩建，总面积约有1500平方米，由孔庙、文昌宫和儒学院三大部分构成。现在文庙里的孔庙和文昌宫保存完好，古庙里面古树参天，静雅肃然。

这座被称作是陇佑学官之冠的武威文庙，位于市区的东南部，由一大片雄伟的古建筑群所组成。古代许多文人墨客在这里修身治学，祭祀孔圣。

文昌殿卷棚内挂了数十块多出自历代翰林进士之笔的匾额。在一个大殿中保存如此多的匾额，在河西乃至甘肃省也仅此一处。从匾额

第二十八章 马踏飞燕

的落款看，早自康熙，晚至民国，题名五花八门，官职尊卑不同，其中"聚精扬纪""书城不夜"还被选入《中华名匾》。"文化大革命"时期，当地人在匾额下方专门糊了一个顶篷遮挡，才使这些珍贵的文物躲过了那场劫难。

武威市有举世闻名的中国旅游标志"马踏飞燕"。马踏飞燕是东汉时期铸造的一件青铜艺术品，又名马超龙雀。一匹奔马踏在一只矫健的飞燕羽背上。这匹极具浪漫主义气息的骏马，形神兼备，矫健彪悍，气韵生动，身躯浑圆雄劲，马头稍微向左扬起，昂首嘶鸣，三足腾空而起，向前方奔驰。让人难以想象，1700多年前的祖先是如何以浪漫主义和超越现实的幻想力产生这样神奇的创作。"马踏飞燕"的历史文化艺术价值极高，体现了古人的龙马精神。

这正是汉代工匠的神奇构思所在。最为精妙的是马的右后足巧妙地轻踏在一只飞鸟的背上，这只鸟的眼就像鹰眼一样，而体型却像燕子。鸟儿与骏马配合得恰到好处，向人们表现了一个几乎无法言表的奇妙瞬间。在马的足下，鸟儿展翅回首，悚然惊视。

"马踏飞燕"是出土于雷台汉墓的一件国宝，地点在武威市北关中路的雷台公园里面。雷台是一坐高约10米的夯土台，曾是祭祀雷神的场所。

顺着长城，由东向西走，就到了武威，这里与河北省、北京市一带的长城风貌自然大不相同。不同的气候条件下，各地的地理特点也不一样，修筑长城所用的材料之类也就不同。

气候情况的变化对长城的影响还不只是建筑方面，有时候直接影响着长城区域的军事、经济等活动。气候的变化会直接导致长城区域经济活动的剧烈变化，从而也会进一步影响长城军事活动的变化。

竺可桢等著名近代气象学者的研究结果告诉我们，从两千多年前的先秦时期到明末，中国气候经历了十次较大的变化。

气候变化造成的旱涝灾害，以旱灾为主。有学者对地方志中关于近两千年的36750场旱涝记载的分析表明，我国自公元初年以来，水灾相对减少，而旱灾相对增加了。对北方长城沿线来说，涝灾几乎少到可以忽略的程度，而旱灾则是经常性的灾害。

先秦至西汉时期是气候温暖期，平均气温比今天要高8-10摄氏度，一直持续到公元初年。农作植物的种植北界，比今日要更靠北。作为草原民族的匈奴，就是在这个时期发展到最强大的，且连年胁迫汉帝国，向草原输送大量的物资，还全面控制了西域。

自公元之初起气候开始转寒，到东汉末年下降到比现在还寒冷。从2世纪到3世纪后期，寒冷达到顶点，年平均温度比现在要低1-2摄氏度。寒冷气候一直持续了下来，直到6世纪下半叶才开始转暖。

在公元前2世纪后期，汉朝对匈奴进行了三次大规模的战争，将匈奴军队击溃，并深入匈奴境内，修建了长城。汉匈战争后，匈奴迁到自然环境更恶劣的漠北，随后分裂成为五部分，还开始了一场大混战。西汉后期，匈奴分裂为南北两部，南匈奴内迁，与汉和亲，北匈奴继续与汉为敌。1世纪后期，汉联合南匈奴等北方民族大破北匈奴，迫使其向西迁移，从而引发了世界性的民族大迁徙。

到了7世纪中叶，气候已明显变暖，年平均温度高于今日。相对温暖的气候，是造就大唐盛世的因素之一。唐朝处于中国历史上的一个温暖期，整个唐代特别寒冷下暴雪的年数比较少，冬天北方无雪或雪量很少的年数竟达十几次之多，在中国历史各朝代中也属于很少见的现象。

气候变暖使得传统的农牧分界线在唐朝大幅度北移，北方的边防部队有了足够的给养保障，军事防御更稳固。唐代后期，气候开始由温暖转为寒冷，严重的霜雪冻坏了庄稼和草地，又使农牧分界线大幅度南移，游牧民族也随之向南推进，形成对中原农耕民族的威胁。

从 10 世纪开始，气候又趋于变冷，并在 12 世纪达到顶峰。13 世纪初期和中期曾有一个温暖时期，但持续的时间很短暂。14 世纪的气温低于今日，也低于 13 世纪。宋辽金时期是历史上最冷的时期之一，冷得连鄱阳湖、洞庭湖和太湖都结了冰，冰上甚至可以走车马。这个时期，宋、辽、金、西夏和后来的蒙古国的战争连年不断。

气候变化对农业产量的影响，在农作物生长期较短的北方长城地区最大。古代北方的农业主要是靠天吃饭，若某一年的总产量有 10% 以上的减少，就会引起大量人口的死亡和社会动荡。若连年持续减产，发展到难以维持一般民众的生存需要，必然会引起社会混乱，中国历史上饥荒年代农民造反的事例太多了。

东部的华北地区是修建长城的主要地区，分布着很多朝代的长城。特别是明长城的蓟镇、宣府镇、大同镇、山西镇都在华北地区。从地理上，华北地区处于温度和降水量变化最为显著的北纬 35-40 度之间，生态基础又比较脆弱，对气候变化的反应也特别强烈。一旦气候变冷变干，农业生产就要受到较大的影响，就会加剧农业生产的衰落。气候变冷导致原有耕地减产，使得大量耕地被迫放弃耕种，很多农民也只好被迫弃农就牧。

长城又是中国北方农牧业的分界线，秦长城和明长城的位置有很大的变化，特别是在陕西、山西、河北等省，明长城比秦长城向南退了 200-400 公里。造成这种情形的一个原因，就是气候造成农业区域的移动，长城线就随着农牧界线的移动而移动了。

历史上，武威的天空有时硝烟弥漫，有时和平曙光当空，还有时佛光高照。丝绸之路开通以后，各种文化就在河西走廊上流动起来，佛教通过这里，由西域东传到中原腹地。在佛教昌盛的隋唐，武威的佛教也非常兴盛。武威市北大街上就矗立着一座罗什寺塔，是为了纪念一代西域名僧鸠摩罗什而建的。

第二十九章 张中国之掖

长城
漫话

"不望祁连山顶雪,错将张掖当江南",在明朝,张掖是长城防线上的甘州卫,也是长城九镇中甘肃镇最高指挥机构所在地。

张掖位于甘肃河西走廊的中部,既有南国风韵,又颇具塞上风情,草原、湿地、沙漠和冰峰相映成趣。

祁连山顶终年积雪,每到了春暖季节,融化的雪水汇集到贯穿全境的黑河里,滋润着这片土地,形成张掖近郊特有的荒漠绿洲景象,出现了"一城山光,半城塔影,连片苇溪,遍地古刹"的甘州古城风景。历代各个族群在张掖一带生息,或者出于各自目的,越过张掖,去往他处,不知道历史上那一群又一群人,最终流动到了何方。人类在前进的同时,永远不可以忘记历史,因那些能够超越时光留存下来的东西都凝聚了无数先人的创造力。长城目睹了多少个新纪元的曙光,在这些曙光中,有多少美好故事,就有多少罪恶行为,或如日中天,或纷落于地。

长城的历史是人创造的,历史通过文字将这些故事传给了我们,长城也在风雨中向后人述说着他们的辉煌。可那些长城创造者,那些创造了历史之后又消失在历史中的生命,如今又在哪里呢?

当初我们徒步考察万里长城时,地形图上的长城是静止的,但在我的心中,那是一道道血脉,时刻都在流动着。我已经记不清有多少

第二十九章
张中国之掖

次夜宿长城，头枕青砖，在寂静中倾听长城粗重的呼吸，每当这时我都会很兴奋。

我抚摸着古老的城砖，觉得他们的印记就凝缩在这些砖石里，我真的时常能在长城的青砖灰石之中，触碰到长城创造者们的欢欣悲怒。

明朝在张掖这里配备有总兵官、协守副总兵、分守副总兵、分守参将、游击将军。据明穆宗隆庆三年（1569年）的统计资料记载，这一区域实有兵员47500人、马22300多匹。

明朝一直鼓励在张掖屯田，并派驻军及其家属与当地群众共同开发经营，使张掖繁盛起来。清朝继承明制，大量征召民众，迁住张掖，其政策也比以往更加优厚，大大推进了这个地区生产力的发展，"金张掖银武威"是现实，可不只是说说而已。

明朝对张掖城进行过多次重修扩建，明武宗正德二年（1507年）时，还在城中建了一座可以俯瞰四方的镇远楼，如今人们叫它钟鼓楼。数百年后，钟鼓楼仍然傲然矗立在张掖城的中心地带。

这座鼓楼是张掖市的标志性建筑，基座中还有个十字洞通向东西南北，与四条大街相衔接交汇。内地的很多古城都有钟鼓楼，凡是能够闯过战火等各种灾祸留存至今的，其身上都承载了当地千百年的文化积累，鼓楼的"肚子"里仿佛有讲不完的故事。

常言道，建筑是固化了的艺术，要了解各地的文化，就去寻找一下那座古城里的建筑，那是一把把钥匙，可以帮助你打开历史之门。张掖的钟鼓楼就是如此，其造型雄伟壮观，高达21米，由楼台和三层

楼阁组成。楼上四面都悬有匾额,东面是"金城春雨",西面是"玉关晓月",南面是"祁连晴雪",北面是"居延古牧"。匾额文字不多,却传达出了这个丝路古城深厚的文化意境。

张掖古城自古就流传着一个传说:佛祖释迦牟尼涅槃火化之后得到了84000枚舍利子,其后印度的佛教护法名王阿育王就造了阿育王塔,在每个塔中都置放了佛祖的舍利子,并且送往世界各地建塔供奉,中国一共建造了16座这样的塔,张掖古城中的木塔便是其中之一。

这座古色古香的楼阁式木塔就建在张掖城的县府街,砖砌塔身,木构外檐,塔的形状是八面九层,每一层的八个角上都有一个用木头雕成的口含宝珠的龙头。这座木塔不仅造型非常优美,而且结构也十分精巧。登临塔顶,四处眺望,张掖全市的风光尽收眼底。

明清两朝时,张掖城里的河湖面积大概要占到三分之一左右,城区内外到处都是水流汩汩,湖面映着山光,北周木塔和明代鼓楼等古建筑点缀其间,仿佛江南的水乡古城。

翻阅张掖历史,远在夏商时代,这里就居住着古羌人,周时为戎狄民族的家园,春秋战国时期则由乌孙人占据。后来,强大的月氏族来了,面对能征善战,拥有20万骑射军队的月氏族,乌孙人无法抵挡,只好逃到新疆伊犁一带。占领了张掖的月氏人就在这里繁衍生息,民乐的永固城和临泽的昭武城,就是月氏人当年在黑河两岸建设起来的城堡。

当强大的匈奴族击败了月氏,张掖就成了匈奴人的领地。公元前121年,汉骠骑将军霍去病率军征讨匈奴,取得胜利后,汉朝就在此地设立了张掖郡,取张掖之名的含义是断匈奴之臂,张中国之掖,有提振雄风、展汉军之威,震慑四方之意。

第二十九章
张中国之掖

长城最大的作用是维护王朝统一稳定的政治局面。客观上为经济的发展提供了必要的环境保障，是长城促进经济发展的首要方面。

汉朝对匈奴的胜利来得并不容易。刘邦、项羽之间的楚汉战争，以刘邦重新统一中国而告结束。在这一时期，匈奴族在冒顿单于领导下，以武力统一了蒙古高原，建立起一个东到辽河、西逾葱岭、南临阴山、北抵贝加尔湖，拥有30万控弦之士的强大政权。

在西汉初年（前202年），汉朝无力对匈奴发动大规模军事行动，就修复了秦朝的长城。长城障塞阻止了匈奴小股力量的抢掠，使北方农户可以在相对安全的条件下耕田种地，为恢复经济争取了时间，为积蓄力量创造了条件。

公元前127年，匈奴进攻上谷、渔阳等地，汉武帝为了争取主动，就采取了胡骑东进、汉骑西击的做法，派卫青等将领，率汉军主力，由云中（今内蒙古呼和浩特西南）出发，沿黄河河套北岸西进，到高阙后再南下，打败了匈奴军，收取了河南地。然后，就修缮秦时沿黄河的长城和高阙一线长城。这时修长城的目的，是为进一步夺取阴山一带作准备。

阴山不能有效控制，就不能真正解决汉朝边境的安定问题。为了彻底击败匈奴，汉武帝一方面派遣使者出使西域，联合月氏、大夏和乌孙等政权，并设置酒泉郡，以隔绝匈奴其他族群沟通之路；另一方面派卫青、霍去病等人，率汉军连续发动四次大的战役，远出长城之外两千余里，大破匈奴军，终于迫使匈奴远遁，漠南之地再无匈奴王庭。

就这样，作为匈奴南进主要战略基地的阴山完全被汉朝给控制了。为了巩固这个成果，汉武帝下令，在阴山以北修筑长城。

汉朝除了把秦始皇万里长城加以修缮利用外，还新筑了东起甘肃

兰州的黄河北岸,西到新疆库尔勒附近的河西长城;东起内蒙古化德县,西到甘肃金塔县的漠南长城。汉朝的长城和秦代原有长城联结为一体,穿行在今朝鲜北部和我国辽宁、内蒙古、河北、宁夏、甘肃、新疆等地,这就是中国历史上分布地域最广、跨度最大,总长度达一万公里的汉代长城。

长城的存在对于制止战争、发展贸易具有一定作用。汉武帝北逐匈奴之后修建的长城,阻止了匈奴残余势力的抢掠。汉匈双方进入了一个相对和缓的时期,各方积极发展经济,并在长城沿线进行物资交流,自发地进行商品贸易,出现了"六七十年间,北部边城晏闭,牛马布野"的局面。

张掖并非一座孤城,还有丝绸之路上的大小城堡维系着汉长城的防御体系。

西汉把长城延伸到了新疆,西汉的政治势力也就进入了新疆。西域都护府初设于西汉宣帝神爵二年(前60年),位于今新疆轮台东北的乌垒城,在西域行使监护西域各属国的任务。

东汉和帝永元三年(91年),汉朝的名臣班超平定西域,后来朝廷就任命班超为西域都护,驻龟兹境的它乾城(今新疆库车附近)。

张掖作为古丝绸之路上的一处重镇,张骞、班超、法显、玄奘乃至马可·波罗等人都在这块土地上留下过足印。

地处河西走廊咽喉地带的张掖,曾经是丝绸之路上的一处商业枢纽,来自西域地区的商队一度云集这个国际贸易城市,东罗马和波斯的钱币也曾出现在张掖的交易市场上。到了隋代,张掖更成了中原政权经营河西地区的大本营。

第二十九章
张中国之掖

　　隋朝的隋炀帝即位以后，为了沟通丝绸之路，强化对西域的经营，几次派出军队攻击吐谷浑和西突厥，并且取得了胜利。局面打开后，大量的西域商人来到张掖，同中原地区进行贸易交流。隋炀帝就派他比较信任的大臣裴矩前往张掖进行管理，主持与西域各国的贸易事宜，并了解西域各国的情况。

　　裴矩到了张掖后，经常来往于敦煌和张掖之间，利用掌管与西域商人贸易的便利，通过同西域商人的亲身接触，了解到了西域诸国的山川地理、物产风土等。他把这些情况搜集整理成包括三卷、四十四国的《西域图记》，上交给隋炀帝。这让隋炀帝非常兴奋，还亲自召见裴矩，向他仔细询问西域的有关情况。

　　隋炀帝热心了解西域情况是有目的的，他一直都很重视那里的经营情况。裴矩回到张掖后，对进入河西的客商们给予更多的优待，河西诸地的商贸活动越来越繁荣兴盛。

　　隋大业五年（609 年），隋炀帝亲自出巡西部的时候到了张掖，在焉支山下接见了高昌国的国王麴伯雅等西域 27 个地区的国王、使者和商人。史书上记载，大隋在张掖举行的盛会，场面相当壮观，这既是一场政治和文化的盛会，也是一场大规模的商品交易会。参加盛会的西域使者们佩戴着兰玉，在乐曲中尽情歌舞。张掖当地的民众也都穿着盛装前来观看，人群长达几十里。

　　隋炀帝的这次西巡使丝路贸易更加繁荣，扩大了西域各国和中原地区的商贸、文化交流，张掖城的中西贸易中转站地位也被进一步强化了。

经济活动是一切社会存在和发展的基础，长城修筑的过程与各个时期的经济发展有密切联系，对经济起着或推动或制约的作用。修建长城目的，是保卫农耕地区的安全，从而保护经济发展。而修建长城和守卫长城也要受到经济条件的制约，反过来还会对经济发展起到一定的抑制作用。

长城的修建在社会承受能力之内时，一定程度上有利于农业发展。当长城修建的规模超出了财力和民力可承受的限度时，就会影响经济发展，从而激化社会矛盾，严重影响政权稳定。

长城地区的经济状态与中原王朝采取什么样的策略，或长城外边的游牧民族采取什么样的策略，都有着密切关系。

长城内外在经济上和政治上的对抗，虽然是完全不同的两种社会生产模式，但都是导致战争的诱因，长城地区时常紧张的政治形态下，中原王朝采取错误的经济政策也常会激化对抗而引起战争。

修建长城与社会经济发展相互影响，总体作用是积极的。修建长城抵御了游牧民族南下抢掠，保护了农耕地区的正常生产生活。农耕地区经济的发展，又为修筑长城提供了财力支持，为守卫长城的部队提供粮食供应。

丝绸西去，佛法东来，就这样张掖成了盛极一时的东西方交流之地，来自各方的文化也在这里交汇融合。再后来，虽然汉唐之风渐行渐远，包括修建大佛寺的西夏人在内的后来者却熙熙攘攘，古城风情依旧。

战争是残酷的，打仗总有胜负，胜者的损失也是相当大的，据不完全统计，在汉武帝时期，汉兵战死、降于匈奴者有14万人，匈奴战死或降于汉者达21万人。匈奴方面的马匹损失还找不到记载，但汉军

第二十九章
张中国之掖

在元狩四年（前119年）由卫青和霍去病分道北击匈奴的那场战争中，出塞时的军马是14万匹，而入塞不满3万匹，一场战争就损失了11万匹马。长城历史上有着太多的征战，如果发生的大部分战争都能被遏止，长期处于平和状态下，该有多好。

在张掖古城南侧，有一座始建于西夏崇宗永安元年（1098年）的大佛寺。大佛寺的大佛殿里，供奉着一尊巨型释迦牟尼卧像。佛像整体都是木胎泥塑，全身彩绘，面部贴金。卧佛双目半睁半闭，神态平和恬静，身后还有十位低眉合掌的弟子。卧佛身长约34.5米，肩宽约7.5米，佛像巨大，仅卧佛的手指上就可以躺下一个人。

关于张掖大佛寺，还有一个故事。传说在很久之前，一位高僧云游到了张掖古城。有一天，这位高僧正在盘膝静坐，忽然觉得眼前佛光闪现，还隐隐地听到了诵经声。高僧想，这应该是佛祖显灵来指引他。他就顺着光和声音走到如今塑有大佛的位置，掘开地面后，发现了一座精致的玉雕卧佛。僧人感到非常震惊，就把这个离奇的遭遇讲给周围的人。那些西夏的贵族和僧众信徒们听说以后，纷纷前来朝拜，还捐资捐物，修建了这座规模宏大的寺庙，在大殿里塑起巨大的卧佛。

另外，据说元世祖忽必烈就降生在张掖。忽必烈之父是成吉思汗的第四个儿子，他携家眷到甘州时，忽必烈的母亲已怀有身孕，为了给将要降生的孩子祈福，就到甘州大佛寺上香。在寺庙里面，她突感不适，将要生产，寺中的长老就从外面请来产婆接生，忽必烈就出生在大佛寺里了。那时甘州属于西夏，虽然成吉思汗曾经率蒙古军队多次攻打西夏，但有一个时期由于西夏请和，双方通婚结盟，维持了十年左右的和平关系。忽必烈在这期间出生在张掖大佛寺，也不是没有可能。

在大佛殿中还有一组壁画，画中描绘的正是唐僧师徒四人前往西天求取真经的故事。按理说，取经故事绘制在佛殿中正合适，可经过有关学者的考证，这组壁画与《西游记》并不是一回事，要比后者还要早 300 多年。

大佛寺虽然只是一座寺庙，却隐藏着这么多故事，涉及这么多赫赫有名的人物。如今，在张掖古城中，鼓楼、古塔和古庙也只是散落的几处规模不大的建筑，却为喧嚣的生活带来了清静。大佛寺并没有远离尘世，红烛摇曳，香火依旧鼎盛。

第三十章

醉卧沙场
君莫笑

长城
漫话

  站在酒泉池边,清莹的泉水凝静了古城的风韵,令人好想陶醉在古老的传说里,安静地享受醇厚的西域风光。
  酒泉是一座座矗立在茫茫戈壁上的千年古城,连绵的祁连山是它的背景,一池泉水就是它的灵魂。

  酒泉,最早被叫作"金泉"。据传,古时有人口渴,到泉边喝水,俯下身突见水底有金色闪动,照水捞取,竟得真金,泉故曰金泉。
  西汉时骠骑将军霍去病接受汉武帝的命令征讨河西匈奴。霍去病凯旋,兵归酒泉时,汉武帝赐御酒为他庆功,霍将军认为打了胜仗,功在全军将士,由于人多酒少,他就下令把酒倒入一池泉水里,这样所有人都能喝到皇帝赐的御酒。为此,汉武帝赐名这池泉水为酒泉。现在酒泉的泉湖公园内有一亭,亭侧之泉,据说就是当年的那池泉。
  酒泉城中有一处名为西汉酒泉胜迹的园林,在园中古柳树下有一座亭子,亭里的石碑上有清代肃州官员陆廷栋"西汉酒泉胜迹"题字,石碑的背面记载了汉代霍去病将军把酒倾入泉中与众将士共饮的故事。
  这池泉水就是酒泉地名的来历,也是酒泉地区文化的核心载体。
  西汉对匈奴的征战取得连胜,汉武帝决定乘胜追击,展开收复河西之战。年仅19岁的霍去病成为汉军的统帅,率军两次西征,连老将飞将军李广也只能率部为他作策应。

第三十章
醉卧沙场君莫笑

第一次西征，配合作战的公孙敖在大漠中迷了路，没有起到应有的助攻作用，而老将李广所部则被匈奴左贤王包围。霍去病是孤军深入，在没有坚城作为屏障，更没有援军和后勤保障的情况下，霍去病所部在祁连山斩敌 30000 余人，俘虏匈奴王 5 人以及匈奴大小阏氏、匈奴王子 59 人，相国将军等 63 人。

经此一役，匈奴不得不退到焉支山北，霍去病于是率汉军收复了河西。

匈奴终于唱出了那首凄凉的哀歌："亡我祁连山，使我六畜不蕃息；失我焉支山，使我妇女无颜色。"从此，汉朝军威大振，而 19 岁的霍去病更成了令匈奴人闻风丧胆的战神。

第二次西征，霍去病率一万精锐骑兵在大漠中长途奔袭，接连获胜。在这场战斗中，匈奴大败，损失了 8000 多人，就连祭天金人也变成了汉军的战利品。而汉军也付出了惨重代价，一万精锐轻骑兵只剩下 3000 人。战争必然是残酷的，难怪古人有诗"醉卧沙场君莫笑，古来征战几人回"。

酒泉因霍去病而闻名，古城因酒泉而得名。说到霍去病，说到酒泉的传说，就不得不提到汉武帝和汉长城。

汉长城的长度，在中国历代长城中是第一。追寻汉长城，不可能离开河西四郡的开拓。在击溃河西匈奴，尽取河西之地后，汉设置了酒泉、张掖、敦煌和武威河西四郡。把长城从酒泉修建到了敦煌以西，在敦煌郡的西面设置了玉门关和阳关，扼控进入河西和中原地区的门户。

汉武帝时期，霍去病等将领统率中原军队，四处出击，既是为了解除来自草原地带的威胁，也是为了一统天下，成就汉朝稳固的基业。

"大一统"应该是长城两边所有族群共同的想法，中原方面的大一统，是把游牧区域纳入管理之中，永远解除来自对方的威胁；而游牧方面的大一统，是想冲过长城，占有中原，不再受长城的阻隔。特别是在中原文化中，大一统思想一直发挥着重要的作用，特别是表现在对中国疆域形成过程的影响。

像秦始皇、刘邦这样的中国古代帝王将相，一生都以统一天下为己任，他们深深地被大一统思想左右着。自从秦汉以来，尊崇儒家思想的各个政权，都把大一统当成行政指南。

一统天下，在儒家看来，并非简单的领土兼并欲望，而是要实现天下归于华夏的道德文化秩序。就因为有着大一统这个文化向心的追求，中国历史上尽管有过不少次规模不同的分裂，但被分裂的只是一家一姓的王朝政权，民众人心却总是希望统一的，大一统就成了中国历史发展的主线。

同时，大一统的天下观又要兼顾夷夏有别，依据中原政权自身条件，和各个方向上的"蛮夷"的实力，区别对待，通过长城来加以控制，以实现统治中心的稳定。

根据大一统的天下观，对于中原地区、长城之外和其他边疆地区的统治方式是不一样的，所以历史上才有了"因俗而治""以夷治夷"的做法。

清朝没有像秦汉明那样大规模地修长城，但在精神文化控制方面出台了好多措施，比较突出的一个就是所谓的"修德安民"。康熙帝在得意之余还写了一首诗"万里经营到海涯，纷纷调发逐浮夸。当时费尽生民力，天下何曾属尔家"，他这诗是在嘲笑秦始皇，说大清不修长城也照样能实现有效治理，而且没有华夷之辨，没有内外之分，真正

第三十章
醉卧沙场君莫笑

实现了"天下一家"。

不过,天下虽然没有为秦始皇一家永远持有,也没有被康熙一家长久管治,天下是民众的。帝王们都把夺得的天下当成私产,自我隔离于民众。对康熙来说,历史同样是冷酷的,不管你修不修长城,都不能永远把持天下。康熙皇帝嘲笑秦始皇,不过是五十步笑百步而已,并不高明。

清朝时期虽未大规模修长城,但清朝的封禁隔离政策在执行力度上一点儿也不比其他朝代差,对百姓的精神文化控制也不比秦朝弱。这种情况下,清朝怎能做到天下归心呢?

说中国人基本都有大一统心结,一点儿也不错,但要说清楚这心结是怎么来的,还真是很费工夫的一件事情。因为大一统,不是某个人在某一天突然确定下来的,是经过了几千年漫长的历史渐渐发展起来的,是逐步得到完善的。

中华民族在最初的起源时代,就表现出了交流和统一的趋势。

今天的很多人都见过从太空拍摄夜晚地球的图片,有的地方比较明亮,有的地方比较暗淡,甚至一片漆黑。明亮的地方是经济比较发达的都市集中区域,而暗淡区域的人类活动就比较少。历史也是这样,黄河中下游地区是中国文明的核心地带。早期的东亚大地上,星星点点分布着许多文明火种,但黄河中下游地区是最亮的,那里已经发展成文明进程先于周边的核心区域,对其他各族群有着强大的凝聚力。

看着远处苍莽的青山,再看着近处残破的长城,我们在内心一定会很自然地感慨大自然的神奇造化。

酒泉地区曾经高大雄武的长城墙体,如今大多已变成了不高的土梁,上面长满了茂盛的青草,拨开草就能看到下面斑驳的古城墙。土梁从脚下向远处而去,直到消失在荒野的尽头,偶尔有路从土梁中间穿插而过。这些长城遗址,穿越了两千年的时空。

酒泉地区的长城大约有130多公里,大半都是这个样子。长城与鼓楼、古城门以及曾经生活在这里的古人一样,都是生在这里,成长在这里,曾有过一度辉煌,更多时却是默默无闻,最后都会远去,留下一段段迷离的故事任后人追忆。

唐代的著名边塞诗人岑参在出塞路上多次经过酒泉,曾经在这里与志同道合的朋友们一同饮酒作赋,写下了好多令人追忆汉唐时光的诗文,比如在《酒泉太守席上醉后作》中写道:"酒泉太守能剑舞,高堂置酒夜击鼓。胡笳一曲断人肠,座上相看泪如雨。"

这就是岑参的风格,他虽伴泉饮酒,却仍然不能免除伤感。从他那气势豪迈、情辞慷慨的诗中,似乎又看到了那时酒泉的边塞景象。

可诗仙李白与岑参的感觉就完全不一样了,他说:"天若不爱酒,酒星不在天。地若不爱酒,地应无酒泉。天地既爱酒,爱酒不愧天。"

祁连山上的雪水渗入地下,再涌出地面而形成的清泉汨汨,直到现在,仿佛还能够品味到当年的绵绵酒香。汉代将军霍去病在此与将士畅饮,三军上下共同陶醉在建功立业的豪情中。唐代诗人则尽情挥洒杯中乾坤,于酒乡中感悟人生悲欢。宁静的酒泉香飘万里千年,让

第三十章
醉卧沙场君莫笑

实现了"天下一家"。

不过,天下虽然没有为秦始皇一家永远持有,也没有被康熙一家长久管治,天下是民众的。帝王们都把夺得的天下当成私产,自我隔离于民众。对康熙来说,历史同样是冷酷的,不管你修不修长城,都不能永远把持天下。康熙皇帝嘲笑秦始皇,不过是五十步笑百步而已,并不高明。

清朝时期虽未大规模修长城,但清朝的封禁隔离政策在执行力度上一点儿也不比其他朝代差,对百姓的精神文化控制也不比秦朝弱。这种情况下,清朝怎能做到天下归心呢?

说中国人基本都有大一统心结,一点儿也不错,但要说清楚这心结是怎么来的,还真是很费工夫的一件事情。因为大一统,不是某个人在某一天突然确定下来的,是经过了几千年漫长的历史渐渐发展起来的,是逐步得到完善的。

中华民族在最初的起源时代,就表现出了交流和统一的趋势。

今天的很多人都见过从太空拍摄夜晚地球的图片,有的地方比较明亮,有的地方比较暗淡,甚至一片漆黑。明亮的地方是经济比较发达的都市集中区域,而暗淡区域的人类活动就比较少。历史也是这样,黄河中下游地区是中国文明的核心地带。早期的东亚大地上,星星点点分布着许多文明火种,但黄河中下游地区是最亮的,那里已经发展成文明进程先于周边的核心区域,对其他各族群有着强大的凝聚力。

看着远处苍莽的青山，再看着近处残破的长城，我们在内心一定会很自然地感慨大自然的神奇造化。

酒泉地区曾经高大雄武的长城墙体，如今大多已变成了不高的土梁，上面长满了茂盛的青草，拨开草就能看到下面斑驳的古城墙。土梁从脚下向远处而去，直到消失在荒野的尽头，偶尔有路从土梁中间穿插而过。这些长城遗址，穿越了两千年的时空。

酒泉地区的长城大约有130多公里，大半都是这个样子。长城与鼓楼、古城门以及曾经生活在这里的古人一样，都是生在这里，成长在这里，曾有过一度辉煌，更多时却是默默无闻，最后都会远去，留下一段段迷离的故事任后人追忆。

唐代的著名边塞诗人岑参在出塞路上多次经过酒泉，曾经在这里与志同道合的朋友们一同饮酒作赋，写下了好多令人追忆汉唐时光的诗文，比如在《酒泉太守席上醉后作》中写道："酒泉太守能剑舞，高堂置酒夜击鼓。胡笳一曲断人肠，座上相看泪如雨。"

这就是岑参的风格，他虽伴泉饮酒，却仍然不能免除伤感。从他那气势豪迈、情辞慷慨的诗中，似乎又看到了那时酒泉的边塞景象。

可诗仙李白与岑参的感觉就完全不一样了，他说："天若不爱酒，酒星不在天。地若不爱酒，地应无酒泉。天地既爱酒，爱酒不愧天。"

祁连山上的雪水渗入地下，再涌出地面而形成的清泉汩汩，直到现在，仿佛还能够品味到当年的绵绵酒香。汉代将军霍去病在此与将士畅饮，三军上下共同陶醉在建功立业的豪情中。唐代诗人则尽情挥洒杯中乾坤，于酒乡中感悟人生悲欢。宁静的酒泉香飘万里千年，让

第三十章
醉卧沙场君莫笑

历代文武英豪得以纵情胸襟。

酒泉古城地处大漠边缘，气候类型是干旱少雨，可"西汉酒泉胜迹"却是绿荫一片。碑亭不远处的古柳是非常有名的左公柳，130多年树龄的垂杨柳需要三四个人才能合抱起来，虽然树皮已经是斑驳爆裂，枝干却虬韧有力，如同戈壁中的酒泉城一样，时刻显示着它固守绿洲的顽强生命力。

同治五年（1866年），清朝名臣左宗棠受命出任陕甘总督，率军平叛，为了军事运输和地方繁荣的需要，他下令拓修甘新大道，然后又命令参与筑路的军队在甘新大道的两边植树造林，只要是宜林地域和近城之地的路边都要栽上树，名为道柳，是为了保护路基，遏制风沙。左宗棠深感当地民众饱受风沙侵害之苦，所到之处总是动员植树造林，到了肃州城后，古城中的各条大街也是遍植翠柳。

光绪四年（1878年），左宗棠的好友杨昌濬应约西行帮办军务。他看到这西北大路两边杨柳行行，绿树成荫，仿若江南，就即景生情，写下了诗句"大将筹边尚未还，湘湖子弟遍天山。新栽杨柳三千里，引得春风度玉关"。我很能理解杨昌濬的心情，春风过处，细嫩的新枝轻拂着古风。

无论是徜徉在酒泉街头，还是静立在古泉旁边，古城处处风采神韵。你永远都无法数清这一池泉水融进了千古多少传奇，也无法猜透这座古城承载了多少往事，探寻文化，就是探寻长城、古城之上已被时间长河淹埋的历史。

第三十一章 明长城西端

长城
漫话

还记得1985年的9月24日的中午,我和吴德玉、张元华完成徒步考察明代长城,历时508天,终于登上了嘉峪关城楼。

那天,有很多的记者等在嘉峪关,他们见到黑手憔悴的我们有点迫不及待地问:"徒步走了508天,终于到达了终点,有什么感想?"

我回答:"到了!"

记者不解地追问:"没有了?"

我说:"走完了!"

是啊,我们当时只是感觉——到了,走完了。

面对雄浑壮丽的嘉峪关,我们都感慨万端,却又显得很木讷。猎猎西风,茫茫戈壁,我们就这样走过来了。

人生就像这长城路一样,迈出第一步的时候感觉路很长,嘉峪关仿佛在天尽头。一步一步真的走到嘉峪关时,又突然感觉原来这条路也就这样。

嘉峪关,地处河西走廊之咽喉,南枕祁连山脉的文殊山,北依连绵起伏的黑山,关城雄踞在两山之间形成的一个15公里的开阔地上。嘉峪关以明代万里长城西端起点而著称于世,其地势十分险要。在万里长城千百座雄关险隘中,嘉峪关是现存最完整的雄关之一。嘉峪关地区早已被使用,西汉时是酒泉防务的一部分,汉长城即行经此地,

第三十一章
明长城西端

但作为一座独立的关城,历史并不很长。明洪武五年(1372年),宋国公征虏大将军冯胜,率兵进军河西。他沿途巡视,最后看中了嘉峪关依山傍水,四面地域开阔,最宜建关的险要地形,奏朝廷弃敦煌不守,而筑嘉峪关城。

嘉峪关关城以内城为主,周长约640米,关城总面积约33500余平方米,城高约10.7米,以黄土夯筑而成,面向东西各开有一门,东为光化门,西为柔远门,两门都修筑了瓮城。

嘉峪关内城墙上还建有箭楼、敌楼、角楼、阁楼、闸门楼共14座。关城附近烽燧、墩台纵横交错,关城东、西、南、北、东北各路共有66座墩台。嘉峪关地势浑然峻险,雄势天成,攻防兼备,与附近的长城、城台、城壕、烽燧等设施构成了严密的军事防御体系。

嘉峪关的西门外立有一块高达3米多的石碑,上面刻有"天下雄关"四个大字,字体工整,笔力雄浑。此碑是清代嘉庆十四年(1809年)总兵李廷臣所书,从此"天下雄关"之称便以嘉峪关的代名词而名扬四海。

从明长城山海关到西端的嘉峪关,这么长的明长城是怎么修起来的呢?其实这样的问题常有人问。大家都很好奇持续修建了几千年的长城最初是怎么产生的,总有一批最早修建长城的人吧,他们是什么样的人。也有人问,长城这么空前庞大的工程得需要多少人,修筑的时候该怎样安排协作。

的确,靠少数人是无法完成长城这座伟大奇迹的。关于最初修建,长城与治水有着较深的渊源。

中国古代,大协作在长城产生之前就有很好的基础。大禹治水就是中国远古时期的一次大协作。在当时生产力十分落后的情况下,面

对黄河水患，单薄的个体没有力量也没有办法解决。在强大的自然力量面前，人类太脆弱了，为了抵御自然灾害，只有依靠集体的力量，使自己变得强大一些。

西方的诺亚方舟，就是人们面对洪水灾害无能为力之时创造出来的一个神话。中国的神话，则是以很多治水成功的英雄和人物为内容。大禹治水的传说发生在原始社会末期，这时候的农耕已经进入了锄耕阶段，农业耕作已经由高地转移到平原地区和河边，人们初步掌握了浇灌措施和技术，这才有了治水的需要。

大禹治水是一个很大的集体行动。能动员这么多人、这么多力量参加，说明当时的社会组织已经很稳定有效，也说明禹在当时社会的权力已经很大。只有在这样的权力基础上，才有可能实现大协作的完成。

中国长城的修建，也产生于这样一个集权的背景下。

有的文献说，长城的修建缘起于对河流防洪的河堤工程。不管这种说法是否准确，有一点可以肯定，修建长城大型工程的大协作与产生于防洪工程的大型河堤工程的修建，都需要同样的实力和有效的管理。

春秋时期，黄河下游河堤修建已经有不少记录。在今天的豫东、鲁西、晋南等地，当时都曾修建河堤。燕国在易水，魏国在北洛水，齐国在济水，也都修建了相当规模的堤防。齐国在平阴抵御来自晋国进攻的时候，就曾利用济水南岸的堤防。正是有春秋时期各国继续完善大协作的管理和施工实践，才为后来建筑长城这样的大工程提供了经验保障。

大禹等修堤坝工程本身是为了整体利益，长城的修建也是为了整体利益。大禹通过治水这样的大型工程，为形成更大、更强的部落联盟起到了推动作用。长城的修建，也促进了中原农耕民族政权的巩固

第三十一章
明长城西端

和发展。

修筑堤坝和修筑长城,都是为了保护农耕经济,都需要动用大量的人力和物力。对这两类大工程进行有效的管理,有着同样的难度。长城修筑好之后需要守卫,堤坝修筑好之后也需要维护和巡防,所以明朝负责水利建设的官员就曾讲过"筑堤如筑边,守堤如守边"。把修堤坝来解决水利问题与修长城来解决安全问题等同起来,说明其难度和重要性。

修建长城和修建堤坝,都是农耕经济解决来自外部的威胁而采取的行动。修长城解决的外部威胁,是游牧民族骑兵越过长城对农耕地区的抢掠。修建堤坝面对的外部威胁,是洪水给农耕地区带来的灾害。

长城的修建有效保障了农耕地区稳定的生产生活秩序。堤坝的修建大大提高了农耕地区抵御自然灾害的能力,为河道的通畅和农田的浇灌提供了支持。人类只有在生命财产得到保障之后,才能安然地享受阳光明媚,风和日丽。

为解决来自外部的威胁,不管威胁是自然还是人为,用无数劳动所堆积起来的集体力量,创造一个巨大的工程,完成一项艰难的工作,都是大协作产生的基础。没有巨大的威胁,也就很难凝聚起如此巨大的人力和物力去建造长城这样伟大的工程。

在明朝270多年的时间里,有关的军事行动大多集中在正北和东北这两个方位上,正北方向是对付蒙元势力,东北方向后来则是为了防御女真族。以北京为中心的正北长城防线和以辽东为战场的东北长

城防线上，曾经发生过多次大规模的战事。

在西北方向上就不一样了，从明太祖朱元璋时期开始，对那里的游牧民族采取的是友好交往政策，河西走廊地区保持了相当长时间的平安局面。明朝刚刚建立不久时，朱元璋就派徐达修筑了东部的居庸关和山海关，派冯胜修建了西部的嘉峪关。

冯胜，安徽人，是朱元璋手下一位非常得力的干将。他作战勇敢，又非常有智谋，在跟随着朱元璋的十多年里立下了赫赫战功。洪武五年（1372年），冯胜作为征西大将军，率领明军向陕西、甘肃方向进攻，击溃了那里的蒙元部队。

在征战期间，冯胜率兵来到了嘉峪关地区。巡视路途中，他越发觉得作为河西走廊咽喉，这里是一处战略要地，扼守着中原到西域的交通通道，此处的守卫必须要加以强化。他就奏请朝廷放弃敦煌，在依山傍水的险要之地修建了嘉峪关。

经过160多年的维护修建，到明嘉靖年间，嘉峪关已经成为一座巍峨的雄关，不过仍然只是文殊山和黑山之间的一座孤城，在关城的两边也没有修建其他防御工程。明嘉靖十八年（1539年），大学士翟銮巡察长城沿线守备督署的时候，认为嘉峪关作为河西走廊的一道重要关隘，应该加固关城，并且还要在关城的两边增筑城墙，强化整体防御功能。

主管官员肃州兵备李涵，从南面文殊山脚下的讨赖河北岸绝壁上，经过嘉峪关关城，再向北到黑山峭壁处，修建起高大的长城墙体。这样一来，嘉峪关的关城就有了两翼，而不再是一座孤城。

嘉峪关市的外郊就是荒凉的戈壁滩。站在深幽幽野茫茫的戈壁滩上，心中会升腾起一种萧瑟苍凉的感觉。嘉峪关外讨赖河边，滔滔讨赖河里

第三十一章
明长城西端

的乳白色河水是因为祁连雪山融化的水裹挟着山上乳色的山皮土。

我最初到嘉峪关考察时，讨赖河边的长城正准备着手修复，只有第一墩矗立在约 56 米深的讨赖河大峡谷的岸边，还有向嘉峪关城方向延伸的几段夯土残墙。

长城第一墩，古称讨赖河墩，修筑于明嘉靖十八年（1539 年），北距关城 7.5 公里，是嘉峪关城西明长城最南端的一座墩台，也是明代万里长城最西端的一座墩台。长城第一墩的西面就是浩瀚无际的大戈壁，北面与雄伟壮观的嘉峪关相连，南面是逶迤起伏的祁连雪山。

立足在长城废墟上，看着远处一阵阵秋风卷起的尘沙，就如同古战场上的两方军马。不过，嘉峪关地区在明朝时并没有发生过太多的大规模战事，偶尔有明军与吐鲁番武装之间的小规模冲突。

在明朝弘治元年（1488 年）的冬天，吐鲁番的阿黑麻起兵杀掉了哈密忠顺王罕慎，并且占有了哈密，这样一来，嘉峪关所受到的军事压力就增大了，防务的重要性也就突出地显现出来。明廷在通事王英的建议下，加派重兵守卫，封闭嘉峪关城，断绝了同西域地区的往来交流。

被动地守卫无法解决问题，弘治八年（1495 年）的冬天，明朝甘肃巡抚都御使许进和总兵刘宁就率领军队进驻嘉峪关，进一步强化关城的防御，然后又继续进兵哈密。吐鲁番武装的头领阿黑麻得知明朝大军发起攻击，不战而逃。

在明正德十年（1515 年）的春天，吐鲁番头领速坛满速儿与瓦剌势力联合起来，共同进攻河西走廊和青海地区。第二年的九月，他们的万余骑兵部队向嘉峪关发动了攻击，在强大的攻势面前，明朝的嘉峪关守军溃败了，关城也被攻破了。取得胜利的吐鲁番和瓦剌军队又

继续进逼肃州,攻破了肃州,抢掠了大量的牛羊牲畜和百姓之后才离去。

明正德十六年(1521年),吐鲁番军队又来了,他们在嘉峪关地区抢到了大批牛羊,掠走了不少百姓。

明朝嘉靖年代以后,驻守嘉峪关的明军同吐鲁番武装之间仍然会时常发生冲突。这种冲突的程度,同长城防御体系在正北方向对蒙古武装、在东北方向对女真武装的战斗相比,就小得多了。

金修长城是为了防御蒙古族。在金修建长城的时候,蒙古部族是进攻方,有很大的主动性。但是如果仔细思考一下金和蒙古族大冲突的原因,就不会单纯地认为,金作为已经定居了的游牧民族,仅仅是为了保护农耕经济的安全而对蒙古族进行防御。

在蒙古族还并不是很强大的时候,金朝对蒙古族进行了三年一次的减丁。减丁就是明目张胆地强迫蒙古族的儿童、青年男女充当金国的奴隶。金想通过减丁手段来逐渐弱化或灭掉蒙古族。在这样的压迫下,蒙古族的灭族之仇越强烈了。

金王朝也不会放弃对蒙古族进行长期强迫性的物资掠缴,所以蒙古族一直面临着灭种、灭族的威胁。在这种情况下,蒙古族才以复仇的名义作全民族的总动员,对金朝进行战争报复。因此,宏观地看待蒙古族和金之间的战争,就不会是这么简单了。

明代河西走廊嘉峪关地区所发生的战事,程度较轻的小规模冲突居多。在这条丝绸古道上,较多的时候还是商旅来往不绝的平和景象。

明朝通过与西域的经济贸易往来互通有无,加强了彼此间的文化

第三十一章
明长城西端

交往和政治联系。东西方陆地上的贸易交流，在汉唐时处于鼎盛的时期，到明朝虽衰落了却也没有中断。整个明代，驼铃声都长久地回荡在丝绸之路上。

明朝建立以后就和西域哈密、吐鲁番、撒马儿罕、火州、于阗等建立了贸易联系，嘉峪关也就成了丝绸古道上的一个通商口岸。明朝政府加强与西域各国的经济往来，目的是为了防止西域各番邦与蒙古贵族势力联合。

这是一个很有远瞻性的发展战略，在很大程度上减轻了西北地区带给明朝的军事压力，无形中促成了明朝与西域各番邦的友好贸易往来。西域各地的商贾也可以通过嘉峪关进入中原地区，与中原人进行商业交流。

西域商人进入嘉峪关以后，他们的人身安全和商业权利能够得到当地政府的保障。为保障与西域的顺利交流，明朝还从嘉峪关开始在商路上修筑防护设施，在纵深方向蔓延数月行程的距离里筑起城墙，挖了壕沟，配置驿站。

丝绸之路在一年四季中驼铃声声，来来往往的商人们顶着戈壁烈日，穿越大漠风雪，把中原地区生产的丝织品和陶器、工艺品、金银制品运往西域，把西域地区的宝石、工艺品、地毯、葡萄干等输送到中原。

明朝人把从西域远道而来的商贾称作"贾胡""贾回"。这些人通过嘉峪关时，要到官府换取通关文牒，然后再进入河西走廊，或是穿过河西走廊到中原去从事贸易活动。也有络绎的贡使队伍前往明都城，觐见明朝皇帝。

西域商贾们的行动都是要受到一定限制的，他们进入河西走廊以

后并不能随意改变行走路线,一定要从嘉峪关入境,若从别的地方绕道进来会被视作非法入境。

弘治二年(1489年),撒马儿罕的使臣要去北京,他们的路线是经过满剌加再到广东。这事被明朝礼部得知后,就告知南海并不是西域贡道,从那里通过是不行的。

过了一年,又有吐鲁番政权的贡使走海路,给明朝进贡狮子,广东那里的地方官员也没有按照规定办理。礼部认为这严重违反了相关的管理制度,就要求严惩玩忽职守的广东各级有关官员,并且还上奏皇帝,把没有按照规定路线前来进贡的使者驱逐出境。

为什么对远道而来的使者要求这么严格呢?既然是送贡礼,走海路和陆路不是一样么?其实,中原朝廷要求使者走事先确定的路线,既为体现外交法度的威仪,也是怕使者窥探其军政情况。

进入嘉峪关的西域商人、贡使以及随行人员,则会得到明朝官员们的热情接待,西域商贾和贡使们的通行、去留要求都会得到充分照顾。如果西域商人需要在中原地区长期经商,也可以在当地留居,并能享受到一些优惠政策。

由于明廷采取了这些优待措施,那些历经百般险阻远道而来的西域商人才更加愿意到中原地区做生意。

从西域远道而来的客人们,目的各不相同,明朝就根据他们各自的情况制订了相应的待遇。对于组团进京觐见皇帝奉送贡品的,朝廷与西域各国都有条约,还具体规定了几年入贡一次,每次贡使进京的时候可以带多少随行人员。

在弘治十三年(1500年)时,明孝宗皇帝向有关部门官员下达命令,说以后如果有各番邦使臣需要入朝进贡的,都要约定到八月初旬才能验放入关,每年只能准许一次,也不能人数过多。

在嘉靖初年(1521年)的时候,又规定了撒马儿罕和吐鲁番、火州、柳陈城等番邦每五年进贡一次,每次进贡时的使团不得超过10人。到嘉靖八年(1529年),由于西域的政治格局发生巨大变化,哈密政权的地位已经明显下降,明朝就取消了以前给哈密方面的优惠贸易政策,还减少了准许哈密商贾和贡使的入境人数。

官修的史书把周边各国、各民族与中原王朝的经济与政治联系归纳为朝贡。朝贡与册封在形式上表现的是政治行为,其实也是一种经济行为。朝贡与册封是中原王朝与周边各民族及属国建立起来的一套经济交往的秩序体系,这一体系伴随着古代历史的全过程。

朝贡就是周边的政权派遣使团向中原王朝表示臣服,并进贡一些重要的物资。中原王朝则对前来朝贡的政权给予册封,赏赐给他们比进贡更为丰厚的物资。朝贡体系在双方力量平衡的时期或中原王朝力量强大的时期,是一种和平交往,建立在经济互利的基础上。

朝贡活动一般是由礼部负责,作为一种政治任务或礼节性的规定,在中原王朝政治中具有极高的地位。威严庄重的礼仪是中原王朝借以形成至高无上形象的一种表现。中原王朝更多的时候坚持朝贡关系,就是通过这种关系表明中原王朝具有至高无上的地位。

中原王朝与游牧民族政权的朝贡关系,在中原王朝来说主要还是出于政治方面的考虑。对游牧民族政权来说,朝贡也可视为双方贸易活动的另一种形式。在满足了这个政治需要之后,中原王朝对经济方面的内容则相对来说考虑得较少。而游牧民族政权考虑的主要是经济利益,他们力争凭借自己的力量,在朝贡关系中寻求利益的最大化,而不太在意政治地位上是否平等。

　　册封是中原王朝对游牧民族政权政治地位的一种承认。建立起朝贡关系之后，中原王朝会派遣大臣前往册封地，对游牧民族政权的首领按照一定的仪式进行册封。游牧民族政权的统治者接受了中原王朝的册封，就等于臣服了中原王朝，并与中原王朝形成了朝贡关系。实际上，这样的朝贡关系建立起来之后，并不影响游牧民族政权统治者对原来管辖地区的统治，只是与中原王朝政权不再形成一种直接的对抗。

　　朝贡关系的基础，是中原王朝具有统治的力量。如果中原王朝衰败或是游牧民族政权强大起来，这种朝贡形式的经济关系也会被打破。

　　嘉峪关是明长城的西端，同时也是明政权的边地关口，朝贡使者和商人们自然就得从这里进入。所谓边地，就是中原王朝建立政权之后，中原农耕民族与其他民族相临近的地方。这里是中原王朝政权控制的、离权力核心较远的地区，也是中原王朝控制力相对薄弱的地区。

　　中央集权统治主要靠强化军事手段来实现对边地的控制，所以，很多朝代在边地施行的是军政一统的管理体制。在这个意义上来说，边地又是中原王朝的军事防御前沿地区、边防地区。

　　长城是中原民族与其他民族聚居地相分界地带，古人始终称长城地区为"边"或"边地"。在边地修建的城，称"边城""边邑"。为防御边地的游牧民族而设的关隘，如嘉峪关，就称为"边关"。明代更是将长城直接称为"边墙"，将分段管理长城的九个军事区域，称为"九边"。

　　"边"的含义很简单，表明中央王朝的直接管控地，到了边关就等于到了边缘地区。

第三十二章

阳关故人

长城漫话

敦煌是著名的旅游胜地,是丝绸之路上的一颗明珠,还是长城重镇。每次进入大戈壁,站在长城的烽火台上向四周望去,视线所及全是地平线,毫无遮挡,那才叫心旷神怡。

"敦"的含义是大,"煌"的含义是盛,"敦煌"就是盛大辉煌之意。来到敦煌,都要去看看玉门关、阳关、莫高窟和鸣沙山月牙泉,强大的文化与自然感染力可以洗刷心灵。

敦煌是文化古城、佛教古城和汉代长城古塞,又是世界不同文化的汇集地,来此走一遭,带走的一定是终生难忘的心灵印迹,能让人感受到不同文化的感染。

4000 年前,舜禹时的上古时期,敦煌地区就有了人类的先民活动。在夏、商、周时期,敦煌就有羌戎居住。到了战国,游牧的月氏族逐渐强大,赶走了羌人,成为这个地区的统治者。

秦汉时期,雄踞漠北的匈奴崛起,打败并赶走了月氏,占据了敦煌。至汉武帝时,汉军大举反击匈奴,迫使匈奴远遁漠北,河西地区至此归入汉朝的版图,后修建长城,对这片地区加以控制。西汉武帝元鼎六年(前 111 年),设置了敦煌郡。西汉末年,王莽篡汉后,改敦煌郡为敦德郡,东汉时再改称敦煌郡。主管西域事务的西域都护府副校尉长和后来的敦煌太守,都是驻在敦煌。东晋隆安四年(400 年),李暠

第三十二章
阳关故人

建西凉国,最初将都城设在敦煌。东晋前秦二年(366年)始开凿莫高窟。隋初废郡置瓜州,这是瓜州之称的第一次使用。唐武德二年(619年)置沙州,这是沙州之称的第一次使用,这个时期的敦煌进入到了历史上最辉煌的阶段。唐建中二年(781年),沙州城被吐蕃攻陷。60多年后,沙州人张议潮率州民起义,推翻吐蕃贵族统治,河西地区重新归于唐王朝。明永乐三年(1405年),朝廷在敦煌设沙州卫,后增设罕东左卫。嘉靖七年(1528年),明王朝关闭了嘉峪关以西地区,瓜州、沙州再也没有中原王朝的行政和军事机构。直到清雍正元年(1723年),才再设沙州所,很快又升为沙州卫。雍正四年(1726年),从甘肃56州县移民2400多户到沙州屯垦。

从敦煌市开车约一个小时,就到敦煌古城遗址了。这里已经不是城市景观,古城遗址处于沙漠的包围之中。敦煌古城修建于汉代,西凉、唐代做了两次规模较大的重修。古城遗址现仅存南、北、西三面残垣断壁,西墙正中开有一座城门。东面的城墙被河水冲毁,在党河西岸干涸的河床上,还可以找到一些遗址。

敦煌古城南北长约1132米,东西宽约718米。就地取土夯筑成,夯层厚约0.12米,城墙基宽约6-8米,墙高约4米多。四角都筑有下部夯筑、上部土坯垒砌的墩台,比城墙近高一倍。

登上高大的墩台,向远处望去,广袤而荒凉,是遥远得没有边界的沙漠。我生长在海边,每次看到沙漠都会想到大海。远望沙漠如同看到一片金黄色的汪洋,连绵起伏的一个个沙丘和一个个低谷是沙漠泛起的滚滚波涛。

在河西走廊的两端,敦煌和武威遥遥相对。一片沙漠戈壁中的敦煌有"戈壁绿洲"之称,古往今来生活在这里的族群,毫无例外要受

自然条件的影响。特别是在古代,绿洲就是人们的生存空间,历史上一些不同的族群都曾经把希望放到这里。

长城地区各族群的发展以及中华民族的融合,在不同时代表现出了不同状态。长城在多民族共生共存的地区、农耕跟游牧过渡地区存在的理由,就是不同的民族在一定的历史时期,多重矛盾和多重利益叠加在一起,要解决北方不同民族政权之间、不同民族文化之间和不同民族的不同阶层之间的矛盾,绝非简单的事情。修建长城,就成了解决问题的一个方法。

活跃在长城两侧的各个族群有着各自不同的历史记忆,但不同的记忆都有个共同基础,那就是地理、气候等自然条件。人再强大也强不过自然,各个族群的发展和各种军事、文化、经济行为都很大程度接受着自然的安排。敦煌从源起之时发展到现在,都在践行着这个规律。

长城地带以北方为主,很多区域经常是干旱少雨。从考古资料来看,更早的新石器时期,长城区域河流和湖泊还是相当多的,主要的河流和湖泊附近都有古人类遗址发现,内蒙古长城地区就发现有大量的新石器时代遗址。这些新石器文化遗址说明,海拉尔河流域和呼伦湖周围、科尔沁草原西拉木伦河和老哈河流域、锡林郭勒草原、乌兰察布高原和鄂尔多斯高原等地,都具有农业发展的自然条件。

生活在长城地区的人,与生活在更南面黄土高原、华北平原和长江流域的人,基本上同时期步入农业时代。这些地区的遗址,都有农业定居种植的文化遗存。虽然这些地方的自然条件比黄河流域和长江

第三十二章

阳关故人

流域差一些，但并没有差到不能或很难从事定居农业的程度。

可是沧海桑田，人类很难猜透大自然的用心，后来这些地方的气候渐渐发生了变化。从铜石并用时期一直到青铜完全替代石器的时期，北方长城地区的气候变化很大，气温越来越低，空气也越来越干燥，原来适合长庄稼的地方变得只适合长草，种地的农民只好去饲养牲畜，畜牧业渐渐替代了农业。游牧经济也是在这个时候，在长城地区逐渐成为单一的经济类型，新的生态平衡出现了。

在强大的自然力面前，人类无能为力，特别是在人类发展的早期。北方草原地区形成的以游牧为主的经济类型，对环境、气候等自然条件依赖性更强，受气候环境变化的影响更大。生产方式变了以后，族群的社会文化行为也会发生变化，由气候变化导致社会交流方式改变、族群迁徙等情况，又推动了经济、文化、军事等方面的碰撞。

气候变化加剧的时候，也是游牧经济生态系统出现大波动的时候。发生的自然灾害越严重，游牧民族与农耕民族在长城地区发生冲突的几率就越高，冲突的激烈程度就越强。军事冲突与自然环境给游牧社会造成的不稳定有着密切关系。

对于长城的修建，大自然是一个重要的推手。修建长城，是那些帝王做出的决策。但帝王们不知道，他们的决策是也听从于上天的。从根本上讲，人力是无法胜过自然力的，人只能想办法适应自然的安排。

长城多数时候都是农耕族群和游牧族群控制区域的分界线，分界线两边的文化形态不一样。农耕政权的帝王将相和知识阶层往往有一种基于农耕文化的优越感，以为自己比长城那边的游牧族群天然高一等。比如他们认为长城之处是苦寒、不毛之地，荒僻、旷远。历史上受交通条件的限制，西域这样的地带，在一般中原人士看来非常难以

接近，这种遥远不仅是空间距离，也是文化心理距离，所以古代文人形容西域时毫不吝啬"绝域""旷远""旷野"这些词。这就是古人在经济文化水平不高的情况下，社会文化受自然制约的一个实例。

中国的地域非常辽阔，各个地区的风俗差异很大，加上边地少数民族在文化习俗上有些方面独具特色，古代中原处于贵族阶层的统治者和文人，出于文化优越感，就在表述其风情时贬之为腥膻、犷悍等。

边地族群所处的自然环境，和中原比起来确实比较恶劣，有些地区不宜居住。中原多是风调雨顺，而北方长城之外常见严寒、风沙。对边地族群的描述，既有客观事实，也有比较多的主观想象，甚至故意歪曲。

长城边地作为中原王朝和游牧政权对峙的最前线，从来都属于中原王朝的重点管理范围。虽然从秦汉以来，中原都特别重视对长城区域的经略，但出于对边地族群认识上的偏差，不论中原王朝的帝王和大臣有多么英明，管理起来还是问题频出。

历朝有远见的统治者如秦始皇、汉武帝、明太祖等，有胆识的将相如蒙恬、张居正、戚继光等，为了经略长城区域，都付出过巨大努力，但大多收效只是一时。个中原因肯定是特别复杂，但出于中原政权的文化偏见，对边疆地域和族群认识上的偏差，应该是其中的重要因素。

中原方面一直是把边疆区域当作穷山恶水的无用之地，很少认真发展边地社会经济。汉武帝经营西域时，曾经进行大规模地开垦，后来由于人力财力就放弃了轮台屯田。到了汉宣帝时，又放弃车师屯田，理由是事情做好了对中原也没多大帮助，放弃了也不算多大的损失。

唐朝最初也很重视经营西域，后来朝廷财力紧张时，就连很有见识的名臣狄仁杰也主张放弃。

第三十二章
阳关故人

明朝初期,曾经把哈密作为西域的战略支点,设立了哈密卫。后来在嘉靖时期,西域威胁增大时,皇帝竟然采用了兵部尚书胡世宁的主张,弃守哈密,放弃的理由仍然如故。

到了清朝,西域回部势力反叛时,幸亏清廷采纳了左宗棠等人的主张,没有因为偏远而放弃,新疆才得以保全。

今天的敦煌之所以名闻世界,更多地是因为令人叹为观止的敦煌莫高窟。这座佛教石窟是融绘画、雕塑和建筑艺术于一体,以壁画为主、塑像为辅的大型石窟寺。莫高窟位于敦煌市东南 25 公里处的鸣沙山东麓,南北长约 1680 米,高约 50 米。洞窟分布高低错落、鳞次栉比,最多的地方有五层窟室。

莫高窟始建于十六国时期。北魏、西魏和北周时,皇室崇信佛教,石窟建造得到了皇室和王公贵族的支持。隋唐时期,随着丝绸之路的繁荣,莫高窟发展到鼎盛,仅武则天时期建造的洞窟就有一千多个。

吐蕃和归义军时期,莫高窟造像活动并未受太大影响。北宋、西夏和元代,莫高窟渐趋衰落,主要是重修前朝的窟室。元以后,随着丝绸之路的废弃,莫高窟也就逐渐被湮没。

光绪年间(1875 年—1908 年),一位叫王圆的道士到了莫高窟。这时的莫高窟已经十分荒凉,底层的洞窟已为黄沙掩盖。

王道士在莫高窟定居后,香火渐盛。他要用节省下来的钱财,重修和改造莫高窟,做的第一步工作就是清除底层洞窟中的积沙。光绪二十六年(1900 年)五月,王道士的雇工在清除第 16 窟甬道的积沙

时发现了藏经洞。藏经洞中的大批敦煌遗书和文物,被外国"探险队"掠走之后,分散于世界各地,并引起巨大的轰动。

莫高窟所在地的砂岩不适合制作石雕,所以莫高窟的造像除四座大佛是石胎泥塑外,其余均为木骨泥塑。石窟主要有禅窟、中心塔柱窟、殿堂窟、中心佛坛窟、四壁三龛窟、大像窟、涅槃窟等。各窟大小差别很大,最大的第16窟面积达268平方米,最小的第37窟高不足尺。

敦煌是河西走廊从东向西的最后一个绿洲,历史上在这片绿洲发生的一幕幕军事和文化传奇,包括与长城相关的军事活动,并非事出偶然,这与地理环境有很大的关系。

不管哪个游牧政权控制了这些绿洲,就可以寻求对游牧地区其他民族或部落的控制权。政权进一步强大之后,还可以依靠这些绿洲作为基地,随时对中原王朝的农耕地区出兵。

中原王朝政权如果控制了这些绿洲,就会大幅度地减少来自北方草原地区的威胁,并把这些绿洲发展成为中原王朝向外开拓和发展的基地。

类似敦煌这样宜耕宜牧的绿洲,又都是以绿洲为中心的获取经济收入的战略基地,所以游牧民族之间、游牧与农耕双方谁都不愿意主动放弃。

玉门关和阳关,都是汉代扼守河西走廊这块最西端绿洲的重要关隘。

玉门关是西汉时通往西域的交通门户之一,也是汉代长城上的最重要支点,丝绸之路的南路和北路皆必经此关,对中外交通、文化、经济交流都起过极其重要的作用。相传西域和田等地进贡的美玉,皆由塔里木盆地取道此关,玉门关因此得名。

唐诗中吟诵玉门关的诗句很多,如李白的"长风几万里,吹度玉

第三十二章
阳关故人

门关",王之涣的"羌笛何须怨杨柳,春风不度玉门关",王昌龄的"青海长云暗雪山,孤城遥望玉门关"。这些古往今来始终为人们喜爱称道的诗句,更使玉门关名声远扬。

但历史学家却告诉我们,诗人所吟诵的玉门关不是汉代玉门关,而是唐代玉门关,在今甘肃安西县双塔堡一带。那时候,汉代的玉门关早已因沙漠化而废弃。

阳关同玉门关一样,是汉长城的重要关隘,也是丝绸之路南路和北路的必经之地,在当时的政治、经济、文化等方面都具有重要的地位。据史书记载,阳关在玉门关之南,南为阳,北为阴,阳关因此而得名。

阳关也是古代诗人经常吟诵的对象,特别是唐诗中写阳关的佳句很多,不过大都是"绝域阳关道,胡烟与塞尘,三春时有雁,万里少行人"之类荒凉凄寂之作,使后人提及阳关,便会联想到一个幽灵往返、野兽出没、荒凉而无边无际的景观。

玉门关至阳关的70多公里,其间原有城墙相连接,今天在一些地方还有长城城墙遗址。长城遗址虽已很低矮,但烽燧遗址尚存几十座。

古时的敦煌曾是中西文化交流中心,来来往往的使节、商人和僧侣等把中华、印度和希腊等文化类型沟通起来,东西方文明交融互动,敦煌成就了中华文化的盛大辉煌。

唐朝时的诗人王维送友人元二出行安西,那时的阳关以外被中原人看作穷荒绝域,风物与中原相差太多,王维只好"劝君更尽一杯酒",只因"西出阳关无故人"。霍去病、王维、左宗棠等曾经在这条路上过往的芸芸众人,对敦煌和阳关来说应该也是故人了,他们或是军人,或是商人,或是书生,都走进了历史,只留下一些悠远的痕迹让我们追忆。

第三十三章 追寻长城的悠远

长城
漫话

　　我与大家相伴，从明长城的东端走到了长城的西端，聊的却不只是明长城。边走边看，边聊边体验各处长城的精妙。

　　长城就像一个人，有着从出生到长大的经历。长城从初建到发展再到成熟，经历了特别漫长且多彩的历史。

　　为什么大家都对长城感兴趣？我想因为它是人类文明进程中所表现出来的智慧与美的代表作。历史上的刀风枪雨经过时间的吹打已经越来越逊色，而长城的价值与魅力却在历史天幕上越来越明亮。

　　长城不属于某个朝代、民族的狭小历史，长城属于全人类宽广而开放的历史。每年千百万的各国游人登上长城，沉浸在感受人类祖先智慧的愉悦中，完全跨越了民族与国籍的限定，大家可以一起追溯长城的起源，共同探究长城的发展。

　　春秋时期，周王室权力衰落了，各个诸侯国出现大鱼吃小鱼、大国强国吞并弱国小国的状况。为了做霸主，一些较强大的诸侯国之间征战不休。进攻多了，防御就得加强，长城就这样产生了。

　　长城的修筑，前后延续了两千多年。据文献记载，最早的长城是公元前7世纪前后开始修建的。

　　在战国时期，诸侯国之间互相征战，形成了楚、秦、燕、齐、韩、赵、魏等七个比较强大的诸侯国。这些诸侯国之间经常发生冲突，出

第三十三章
追寻长城的悠远

于攻防需要，大家就在各自的领土上修了一条又一条长城。这些长城和一般的城堡围墙不同，是一道或者几道连续而且不封闭的墙体，并且修得都很长，不只是几公里，而是数百公里，甚至达上千公里。

到了公元前4世纪前后，各诸侯国之间战斗的攻防强度越来越大，城墙防御也就逐渐发展完善起来了。在这个时候，北部的燕、赵、秦等诸侯国修建的长城，成了调整中原农耕和北方游牧民族关系，维持长城地区安全秩序的一个手段。

公元前221年，秦始皇如愿灭掉六国，建立起中国第一个大一统王朝。但这时秦统一的只是中原地区和一部分游牧地区，北方匈奴、东胡等族群聚居的地区并没有完全归属，匈奴族对秦朝北部边境地区的威胁更是有增无减。

为了防御匈奴和东胡，秦始皇就下令大规模地修筑长城。秦始皇修筑的长城，除了北部阴山长城之外，基本就是在原来秦、赵、燕三国长城的基础上增修扩建，大体连成一条防御线。秦始皇长城也是中国的第一条万里长城。

秦朝以后，再一次大规模修筑长城的是汉朝。

秦末汉初，匈奴消灭了东胡，并且趁着中原战乱再一次强盛起来。汉武帝曾经多次派重兵攻击匈奴，然后陆续修筑了一条东起辽东西到新疆的万里长城。汉长城也是历史上最长的一条长城，长达两万多里。

到了南北朝时期，相继统治中国北部的是北魏、东魏、北齐和北周这样几个鲜卑贵族政权，这些少数民族建立起来的政权和此前的中原政权一样，也要受到来自北方的突厥、柔然等游牧民族的威胁，同样需要修筑长城进行防御。特别是在北齐时期，修筑长城的规模还是相当大的。北齐为了防御契丹、突厥等游牧武装的南下攻击，先后修

建了三条长城：第一条长城是从内蒙古的清水河县，经过张家口，向东到达山海关一带入海；第二条长城是为了防御北周而修建，西起山西汾阳县西北的黄栌岭，向东到达北京居庸关一带；第三条长城同样是为了防御北周，北起山西的五台，南到娘子关。北周政权统一了北方以后，同样为了防御突厥、契丹等草原民族，修缮加固了西起雁门，东到碣石的北齐长城。

隋开皇九年（589年），隋朝统一了中原。隋朝虽然结束了南北朝的分裂，可还是没能彻底解决突厥、契丹、吐谷浑等游牧民族的威胁，只好继续修筑长城。但实际上，隋朝时期来自长城外的威胁并不大。

唐朝时，突厥等游牧民族已经归中央政权统辖，所以就没有再大规模地修长城，只是在原来的长城地区设置一些屯兵的城堡。

到了宋朝，长城线上的雁门关一带一定程度上成了宋辽分疆而治的标志，不过这个时期并不长，宋朝只是在个别地方修缮利用过一些隋朝的长城，修建了烽火台和屯兵堡等设施。当辽朝的势力南下以后，长城地区被占据，黄河取代了长城，成为南北政权对峙的重要防线。

历史资料还有记载，辽朝也曾在修过长城，不过规模很小，使用的时间也不长。

下一个大规模修筑长城的朝代是金代。金长城是女真族所修建，这也是古代少数民族修建规模最大的一条长城，主要是为了防御蒙古族。金代长城有两段：一段从大兴安岭北麓沿着根河西行，穿行呼伦贝尔草原，到达蒙古国肯特省境内德尔盖尔汗山以北的沼泽地，这段长城也是我们现在看到的最北的长城；另一段是从嫩江西岸沿着兴安岭，向西进入漠北，到锡林郭勒盟，再向西南，沿着阴山到达黄河北岸。此后蒙古族兴起，并且陆续灭掉了金和南宋，建立了统一的元朝。

第三十三章
追寻长城的悠远

由于长城南北完全统一，元朝便没有必要修建长城。

元朝之后，再次大规模修筑的长城，是明朝为了防御蒙古族而修筑。明长城是规模最大也最坚固的长城。明长城不仅工程量大，在工程材料、修筑技术和防御力量配置方面也都有很大发展。明长城也是今天保存最完整的一条长城，山海关、八达岭、嘉峪关等著名关隘都是明代长城建筑。

清朝统一天下之后，有些地段的长城就变成实行满禁和蒙禁的管理设施，基本失去了长城原有的军事防御价值。

从秦汉，经唐宋，再到元明清，长城所见证的王朝基本可以分成两种类型：一种类型是在中原政权基础上发展起来的王朝，如秦、汉、唐、明；另一种类型是由边疆民族政权发展起来的王朝，如辽、金、元、清。历史上真正把中国古代农耕区域和游牧区域完全统一起来的，只有元朝和清朝，在这两个朝代里长城南北都在王朝的有效控制之下了。

长城既悠远又蕴含着那么多曲曲折折、或大或小的事理，而且魅力非凡。曾多次有人这样问过我：这么多年一直在做关于长城的事情，是想通过行走长城、研究长城证明什么？

我之所以放不下长城，一是感到长城需要，二是感到自己需要，后者虽因前者而产生，却比前者更有制约力。从社会和朋友们对我的关心和关注，我知道长城和我的生命已经很难分开了。长城能让一个人深沉无限，也能让一个人张扬万分。

长城让我在灵魂深处，与狭小的自我划开了明显的界限，让我产生和大众相伴的愉悦感，所以我特别愿意把自己的感受和心得同大家分享。不论在什么时间，在什么场合，聊起长城都是我最感惬意的时刻。

站在长城上,历史变得不再抽象空洞,而是看得见、摸得着。长城是历史生命的延续,他能给已逝去的历史不断灌注生命的气息。

我是长城虔诚的倾听者,还会一直倾听下去,并且愿意和更多的朋友们一起倾听长城。自从30多年前我徒步考察明长城开始,一直在文献中和大地上游历不同朝代的长城史。对我而言这是特别有趣的,每一段长城都美不胜收,每一处长城关隘都回味无穷,每一座镇城堡寨都美妙绝伦,每一处长城墙体都令我流连忘返。

客观地说,长城就是用于军事防御目的,作为永久性防御工程的一条不封闭长墙。长城是以长达千里甚至万里以上的城墙为线,以关隘为支撑点,以城堡为纵深,点线结合的巨型防御体系。长城由绵延伸展的一道或多道城墙,一重或多重关堡以及沿长城密布的烽燧、道路、各种附属设施,巧妙借助天然险阻而组成。

我每天都在看长城,听长城,触摸长城。在亲历、感受长城之时,我真心拥有了长城。我常陪同朋友们去看长城,去感受长城。雄伟的长城是人类文化遗产,但对于每一个人而言,如果你不去看或不去感受他,他就什么也不是,虽然他始终存在于那些地方。

许多地方都有长城,而且不少地方的长城还属于不同的朝代,在称谓上,不同时期的长城也是有区别的。

中国的历史文献特别丰富,两千多年来,对各个时期对于长城的修筑基本都有记载。各朝各代在记载长城时使用的名称有过很多形式,这些不同的名称,有的在一个时期里同时使用,有的只在某个时期或某个地域用过。

第三十三章
追寻长城的悠远

长城：这是最通用的称谓，从春秋时的齐长城，一直叫到现在。

方城：称长城建筑为方城，只在春秋时楚国用过。

堑、城堑、墙堑：这几种称谓基本通用，从战国直到明代几乎都使用过。蒙恬是秦始皇长城修筑的指挥者，秦始皇死后，他被秦二世和赵高、李斯所害，临死时，他认为之所以招来灾难是因为修长城之故，说："恬罪固当死矣，起临洮属之辽东，城堑万余里。"

塞、塞垣、塞围：在史书中用到"塞"字的地方很多，一般情况有两种意义。一是用以表示关口要隘。这些被称之为塞的关隘，有的就在长城之上，有的则在离长城很远的地方。另一个意义就是表示长城。

长城塞、亭障、障塞：这是把长城和塞并在一起的表示形式，也很常见。

壕堑、界壕：壕堑是长城建筑的一种形式，是指在不容易筑墙的地方挖有深广各若干丈的深沟，并把所挖取之土，堆在沟的一侧，其防御作用同修筑墙体是一致的。"界壕"则是金代长城的专用词，除金之外，基本没有使用"界壕"一词来称长城的。金代为防御蒙古族，在其与蒙古界挖掘壕沟，故称界壕。金界壕包括边堡、烽燧在内各种形式构成的长城防御体系。

边墙、边垣：把长城叫作边，主要是明朝。古代把东北、华北、西北、西南等边远地域叫作边地，明代就把修建在这一带的长城称为边墙或边垣。

回首历史的脚步，两千多年时光荏苒，长城所使用过的主要名称已经成为长城岁月写不完的沧桑的一部分。

我们沿着长城向前走，就是沿着时光溯流而上。你站在高山之上注视着长城，就真的能感觉到长城在群山之巅不停地奔跑着。那种奔

长城
漫话

跑一如从远古传来的歌声，悠长中带着颤动。奔跑带来的细微声响和动静都有一种能掀动天地的力量，能渗入你的骨髓，这就是长城的气息。

感受长城，感悟宁静的长城曾经震古烁今的过往，我们一路上聊过的这些沧桑，可以满足现实生活中无论如何都无法寻到的满足。其实这是在感受生命的脉动，长城传递给我们的，是人性的深切和神圣。我们就这样，触摸着长城，聊着长城，感受着长城，内心渐渐充实，步履更加有力。

关于长城，我们就先聊到这里吧。

这本拙著，实际上是在漫话我对长城的理解。既然是个人理解，就难免有不少主观成分。

对于长城博大精深的历史，我们知道的也只是皮毛。况且这其中，有我们理解不对的地方，有很多文献史料的记载错误，还有很多个古人以讹传讹的故事。

有多少，我不敢说。有，是肯定的。

我说了，你听了，你觉得有道理，就好。